ज्योतिष विद्या सीखें

ग्रह, राशि एवं नक्षत्रों के बारे में शास्त्र-सम्मत तथ्य

लेखक

ज्योतिष भूषण
लक्ष्मी नारायण शर्मा

वी एण्ड एस पब्लिशर्स

प्रकाशक

वी एण्ड एस पब्लिशर्स

F-2/16, अंसारी रोड, दरियागंज, नई दिल्ली-110002

☎ 23240026, 23240027 • *फैक्स:* 011-23240028

E-mail: info@vspublishers.com • *Website:* www.vspublishers.com

क्षेत्रीय कार्यालय : हैदराबाद

5-1-707/1, ब्रिज भवन (सेन्ट्रल बैंक ऑफ इण्डिया लेन के पास)

बैंक स्ट्रीट, कोटी, हैदराबाद-500 095

☎ 040-24737290

E-mail: vspublishershyd@gmail.com

शाखा : मुम्बई

जयवंत इंडस्ट्रिअल इस्टेट, 2nd फ्लोर - 222,

तारदेव रोड अपोजिट सोबो सेन्ट्रल मॉल, मुम्बई - 400 034

☎ 022-23510736

E-mail: vspublishersmum@gmail.com

फ़ॉलो करें:

हमारी सभी पुस्तकें **www.vspublishers.com** पर उपलब्ध हैं

मुद्रक: **रेप्रो नॉलेजकास्ट लिमीटेड, ठाणे**

प्रकाशकीय

जन विकास सम्बन्धी पुस्तकों के प्रकाशक वी एण्ड एस पब्लिशर्स पुस्तक प्रकाशन की अगली कड़ी में अपनी नवीनतम पुस्तक **'ज्योतिष विद्या सीखें'** आपके समक्ष प्रस्तुत करते हैं। आज के आधुनिक युग में समस्त मानव जाति कई प्रकार की चिन्ताओं से ग्रस्त है, लेकिन ज्योतिष विद्या द्वारा इन सभी समस्याओं का समाधान आसानी से किया जा सकता हैं।

प्रस्तुत पुस्तक में मानव जीवन के कल्याण से जुड़े सभी प्रकार के समस्याओं के निवारण के लिए उचित सुझाव दिये गये हैं। पुस्तक के प्रथम तीन अध्याय में ज्योतिष, कर्म एवं भाग्य, वैदिक गणित के सिद्धान्तों के अनुसार लग्न ज्ञात करने की आसान विधि सहित जन्मकुण्डली की रचना तथा ग्रह एवं राशियों आदि के वर्णन हैं। ज्योतिष एवं ग्रह नक्षत्र जैसे जटिल विषय के होते हुए भी इस पुस्तक की भाषा सरल व सहज रखी गयी है।

यह पुस्तक धार्मिक कर्मकांडों में रुचि रखने वाले उन सभी महिला/पुरुषों को समर्पित है जो इस पुस्तक में लिखी विधियों का अनुसरण कर अपने जीवन की कठिनाइयों का समाधान पाना चाहते हैं। हमें आशा है कि यह पुस्तक पाठकों की सभी समस्याओं का समाधान कर उनके जीवन की राह को आसान बनाने में सहायक सिद्ध होगी।

पाठकों से निवेदन है कि यदि पुस्तक में कही कोई त्रुटि रह गयी हो तो वे उसकी जानकारी हमें अवश्य दें।

धन्यवाद!

विषय-सूची

भूमिका

नवीनतम शोध पत्रों के अनुसार शिक्षा प्रसार से समाज की दशा और दिशा में भारी परिवर्तन हुआ है। अब उच्च शिक्षा प्राप्त युवक/युवतियाँ धन की लालसा से अभिभूत, जीवनयापन के सुख साधनों की चाह में, अपने जन्म स्थान/निवास स्थान से दूर सेवारत हो, उनके एकत्रीकरण में लगे रहते हैं। उनमें स्वतन्त्र रहने की आदत भी पनपी है। फलतः एकाकी परिवार/लघु परिवार प्रथा का जन्म हुआ है। इससे समाज में विघटन, भ्रष्टाचार, व्यभिचार, लड़ाई-झगड़े बढ़े हैं। इस प्रकार के दिन-प्रतिदिन बदलते सामाजिक परिवेश में आज प्रत्येक व्यक्ति अत्यधिक चिन्तित व दुःखी है। वह समाज में मान-सम्मान व प्रतिष्ठा दिलाने वाले आदर्शमय जीवन के सामाजिक मूल्यों को भूलता जा रहा है। ज्योतिष का एक मात्र उद्देश्य जन कल्याण है। ज्योतिष इन सामाजिक मूल्यों को बनाये रखने के लिये सुकर्म करने की प्रेरणा देता है। उनका पथ प्रदर्शन करता है और उन्हें उपाय भी सुझाता है, ताकि उनकी चिन्ता एवं दुःख दूर हो। उनका भविष्य उज्जवल हो। उनके जीवन में सुख-शान्ति का वास हो।

प्रस्तुत पुस्तक **"ज्योतिष विद्या सीखें"** उपायों के संदर्भ में लेखक का एक लघु प्रयास है। पुस्तक के प्रारम्भिक तीन अध्यायों में प्रथम में-ज्योतिष, कर्म और भाग्य/प्रारब्ध, द्वितीय में-वैदिक गणित के नियमों/सिद्धान्तों के अनुसार लग्न ज्ञात करने की आसान विधि सहित जन्मकुण्डली रचना, तृतीय में-ग्रह, राशि और नक्षत्र का समुचित वर्णन है। अध्याय चतुर्थ में जन्मकुण्डली के द्वादश भावों में नवग्रहों की अभीष्ट एवं अनिष्ट ग्रह स्थिति एवं प्रभाव दर्शाये गये हैं। अध्याय पंचम में अनिष्ट नवग्रह शान्ति की अचूक उपाय श्रृंखला दी गई है। इसमें मन्त्र शक्ति, यन्त्र बल, व्रत/उपवास लाभ, साधारण वस्तु दान, हवन/ अनुष्ठान/यज्ञ-एक दृष्टि, रत्न रहस्य, रुद्राक्ष फल आदि का विस्तृत वर्णन है।

लेखक का विश्वास है कि ज्योतिषप्रेमियों को यह पुस्तक पसन्द आयेगी और अनिष्ट ग्रह दोष स्थिति में आवश्यक उपाय कर लाभान्वित हो सकेंगे। इस पुस्तक के सम्पादन कार्य में सहयोग के लिये सहधर्मिणी श्रीमती पार्वती देवी, मित्रगण श्री संजय गांधी व श्री दिनेश भारद्वाज का आभारी हूँ। कुण्डली निर्माण में सहयोग के लिये अपने पौत्र चिरंजीव आशीष भारती और कम्प्यूटर लेजर टाईप सेटिंग में श्री दिनेश गुप्ता का धन्यवाद करता हूँ। अन्त में प्रिय श्री साहिल गुप्ता, निदेशक, वी एण्ड एस पब्लिशर्स, एफ-2/16 अन्सारी रोड, दरियागंज, नई दिल्ली-110002 के मिष्ठभाषी व्यवहार और पुस्तक के शीघ्र प्रकाशन पर साधुवाद करता हूँ।

मकर सक्रान्ति, 14 जनवरी, 2014

लक्ष्मीनारायण शर्मा
म०न०-77, सेक्टर-10ए,
गुड़गाँव-122001 (हरियाणा-भारत)
मोबाईल : 09911287445
Email : lakshmi_parwati@yahoo.com

अध्याय 1

ज्योतिष, कर्म और भाग्य (Astrology, Deeds & Luck)

ज्योतिष क्या है?

हिन्दू धर्म संस्कृति और सभ्यता के विकास में सर्वप्रथम 4 वेद, 18 पुराण और 1 महाभारत महाकाव्य का नाम आता है। यह तीनों एक प्रकार से वैज्ञानिक विधिपरक ग्रन्थ हैं। इनमें वेद जनसामान्य में आदर्शमय जीवन मूल्यों के संस्कार भरते हैं। उन्हें सुकर्म करते रहने की प्रेरणा देते हैं, ताकि वह जीवन में धर्मरत होकर, अर्थ एवं काम सुख आनन्दपूर्वक भली-भाँति भोगते हुये परम गति को प्राप्त हो। अतः वेद अधिक महत्त्वपूर्ण हैं। वेद के 6 प्रमुख अंग हैं। इन 6 अंगों में ज्योतिष चतुर्थ अंग है। वेदों का यह चतुर्थ अंग ज्योतिष इन सब अंगों में सर्वाधिक महत्त्वपूर्ण अंग है। यह वेदों का वह अंग है, जो मोरशिखा और नागमणि के समान सदैव ही देदीप्यमान रहता है। इसे वैदिक ज्योतिष या भारतीय ज्योतिष के नाम से जाना जाता है। यह वेदों के विशाल ज्ञानभण्डार की देखभाल करता है। उनका लालन-पालन करता है। यही कारण है कि ***"ज्योतिषम् वेदानां चक्षुः"*** ज्योतिष को वेद का नेत्र कहा गया है। यह हमारा सही पथ प्रदर्शन करते हैं। हमारी अज्ञानता के अंधकार को दूर कर ज्ञान का प्रकाश लाते हैं। वास्तव में नेत्र मानव शरीर के महत्त्वपूर्ण अंग होते हैं। उनके द्वारा जड़, चेतन आदि सभी वस्तुएँ प्रत्यक्ष रूप से देखी जा सकती हैं। उनकी आकृति, प्रकृति, आयु, बल, कार्यशैली, परिणाम आदि का भली-भाँति अनुमान लगाया जा सकता है। ज्योतिष या फलित ज्योतिष के माध्यम से भी आकाश स्थित ग्रह-नक्षत्रों के मानव जीवन पर पड़ने वाले प्रभाव के भूत, वर्तमान और भविष्य के फलादेश को क्रमशः देखा, समझा और जाना जा सकता है। प्रत्यक्ष एवं अप्रत्यक्ष रूप से इनका अनुभव किया जा सकता है। ज्योतिष काल ज्ञान/काल विज्ञान है। इसके द्वारा मानव जीवन में होने वाले शुभाशुभ कर्मों के लेखा-जोखा का ठीक-ठीक अनुमान लगाया जा सकता है। शुभाशुभ कर्म से ही जीवन में उतार-चढ़ाव आते हैं। मनुष्य के दुष्कर्म उसे गहरे गर्त में गिराते हैं, जबकि उसके अपने सुकर्म उसे ऊचाँईयों तक ले जाते हैं। ज्योतिष सदैव सुकर्म करने का मार्ग प्रशस्त करता है। वर्तमान में सुकर्म करने से पूर्व जन्म में किये गये पापकर्म भी धुल जाते हैं। अतः ज्योतिष और कर्म का परस्पर गहरा सम्बन्ध है।

ज्योतिष और कर्म

हिन्दू धर्म ग्रन्थों में वेद-पुराणों के पश्चात श्री मद्भागवतगीता और श्री रामचरितमानस

का विशेष स्थान है। श्री मद्भागवतगीता के द्वितीय अध्याय के 47 वें श्लोक में विष्णु के सोलह कला पूर्ण अष्टम अवतार श्रीकृष्ण युद्ध काल में अर्जुन को समझाते हुए कहते हैं - *"कर्मण्येवाधिकारस्ते मा फलेषु कदाचन। मा कर्मफलहेतुर्भूर्मा ते सक्तगोऽस्त्वकर्मणि॥"* अर्थात् कर्म करना तुम्हारा अधिकार है, लेकिन उसके फल पर कभी नहीं। कर्म को फल की इच्छा से कभी मत करो तथा कर्म करने में कोई आशक्ति भी न हो। लक्ष्य तक पहुँचने के लिये अहंकाररहित कर्म करें, सुकर्म करें और फल के बारे में न सोचें। श्री गोस्वामी तुलसीदास जी ने भी श्री रामचरितमानस अर्थात् रामायण में लिखा है - *"कर्म प्रधान विश्व रचि राखा। जो जस करहिं सो तस फल चाखा॥"* अर्थात् कर्म को प्रधान माना है। कर्म के अनुसार ही हर जीव को फल मिलता है। अत: ज्योतिष के मूलभूत आधारों में व्यक्ति से सम्बन्धित उसके अपने कर्म ही होते हैं। उसके अपने कर्म ही उसका भाग्य या प्रारब्ध निश्चित करते हैं। सुकर्म व्यक्ति को आदर्श जीवन जीने का मार्ग प्रशस्त करते हैं और मोक्ष दिलवाते हैं। उसे सांसारिक झंझटों से मुक्ति मिल जाती है। ऐसे व्यक्ति के चेहरे पर सदैव तेज झलकता रहता है और वह प्रसन्न रहता है। उसका प्रकृति से सम्बन्ध जुड़ जाता है और ईश्वर में आस्था बढ़ जाती है। वह ईश्वर उपासना और धार्मिक कृत्यों में लीन रहता है। उसका पुनर्जन्म नहीं होता है। व्यक्ति के दुष्कर्म उसको 84 हजार योनियों का चक्कर लगवाते हैं। उसका एक के बाद दूसरा जन्म होता रहता है। पुनर्जन्म के कारण उसे अनेकानेक सम/विषम परिस्थितियों से गुजरना पड़ता है। संघर्ष करना पड़ता है। वह मायामोह तथा कामवासना में उलझा रहता है। कष्ट उसे घेरे रहते हैं और वह सदैव ही दु:खी व चिन्तित रहता है। उसका जीवन एक प्रकार से नरक बन जाता है।

यद्यपि धर्म कर्म/सुकर्म आदर्शमय सुखी जीवन का प्रवेश द्वार है किन्तु आकाश मण्डल के ग्रह, नक्षत्र भी उसके दैनिक जीवन को प्रभावित करने में कोई चूक नहीं करते। कभी भी कोई भी प्राकृतिक आपदा आ सकती है। जून, 2013 में उत्तराखण्ड राज्य में केदारनाथ-बद्रीनाथ के समीप अचानक आई तेज वर्षा एवं बाढ़ ने हजारों धर्मयात्रियों एवं निवासियों की जान ले ली। भूस्खलन से भूमि, मकान, जीवनयापन का सामान, सड़क, वृक्ष सभी कुछ नष्ट हो गया। इसके अतिरिक्त गत वर्षों में विश्व के कितने ही देशों में समुद्री लहरों की प्राकृतिक आपदा से जन, धन और निवास की अत्यधिक हानि हुई। अनेक भूभाग नष्ट हो गये। एक प्रकार से सब कुछ नष्ट हो गया। इस प्रकार का यह विनाश व्यक्ति के कर्म दर्शाते हैं। अत: सर्वप्रथम कर्म को लेते हैं। किसी धर्माचार्य ने कहा भी है - *"करे सुकर्म सदा मिल सारे। होय अहित न कभी हमारे॥"*

कर्म के प्रकार

मनुष्य द्वारा किये जाने वाले कर्म तीन प्रकार के होते हैं - 1 संचित कर्म, 2 प्रारब्ध कर्म, 3 क्रियमाण कर्म। उनका विवरण नीचे दिया जा रहा है।

1. संचित कर्म (Cumulative Deeds)

संचित कर्म वह सब कर्म होते हैं, जो पिछले जन्मों से अब तक संचित हो चुके

हैं और जिनका फल भोगना शेष है। इन कर्मों के सम्पादन में व्यक्ति का अपना कोई सक्रिय योगदान नहीं होता है। इनमें मौसम, वातावरण, आस-पड़ोस, समाज, देश, संगति, धर्म आदि का प्रभाव पड़ता है। इसके अतिरिक्त इनमें असहाय अवस्था में, विवशता में, किसी दबाव में बेमन से किये गये कार्य भी शामिल होते हैं। ऐसे कर्म भाग्य का निर्माण नहीं करते हैं। वह निर्बल और हीनवीर्य होने के कारण स्वतः ही धीरे-धीरे नष्ट हो जाते हैं। इनके नष्ट होने में व्यक्ति द्वारा किये गये स्वाध्याय, देवदर्शन, कथा संकीर्तन, तीर्थयात्रा आदि का भी सहयोग होता है। यदि ऐसे शुभ कर्म व्यक्ति अपने जीवन में अपना लें, तो वह बलवान होकर भाग्य निर्माण में भी सक्षम हो उठते हैं और विनाश रुक सकता है।

2. प्रारब्ध कर्म (Destined Deeds)

प्रारब्ध कर्म सभी संचित कर्मों का वह भाग है, जो प्राणी को इस जन्म में भोगना होता है। यह स्वेच्छा से, जान-बूझकर और सक्रिय सहयोग से किये जाते हैं। इनका प्रारब्ध/भाग्य निर्माण में पूरा सहयोग होता है। यह शुभ एवं अशुभ दोनों प्रकार के हो सकते हैं। इनका फल अवश्य मिलता है। जीवन में किये गये/किये जा रहे क्रूर कर्मों को भी नष्ट किया जा सकता है, यदि सुयोग्य, सज्जन, उच्चकोटि के प्राणी सच्चे मन से इस सम्बन्ध में प्रायश्चित करें। आत्मज्ञान द्वारा भी इन्हें भस्मीभूत किया जा सकता है। विलोम क्रिया द्वारा भी इन्हें नष्ट किया जा सकता है। सामान्य व्यक्ति भी सक्रिय प्रायश्चित करके या दण्ड विधान प्रक्रिया द्वारा इन्हें नष्ट कर लाभ उठा सकते हैं। इन सभी चेतनाओं से सामंजस्य बिठाने में कई-कई जन्म व्यतीत हो जाते हैं। इस घोर कलियुग में धर्म में आस्था ही क्रूर कर्मों के नष्ट होने का एक मात्र सहारा या सही विधान है। धर्म पर पूर्ण आस्था बनाये रखने और विश्वासपूर्वक चलने से क्रूर कर्म नष्ट हो सकते हैं। शान्ति और सुख मिल सकता है। प्रारब्ध/भाग्य बदल सकता है।

प्रारब्ध/भाग्य की तीन श्रेणियाँ कही गयी हैं। 1-प्रबल, 2-साधारण और 3-गौण। जब अनेक बार विचार करने पर एक ही घटना का संकेत हो, तो ऐसा समझें कि प्रारब्ध/भाग्य प्रबल है। कर्म का फल भोगना ही होगा। जन्म लेने के बाद के कर्म क्रियमाण कर्म द्वारा भी कर्मफल में परिवर्तन सम्भव है। सुकर्म करने पर इनका लाभ मिल सकता है।

3. क्रियमाण कर्म (Present Deeds)

जन्म लेने के बाद के कर्म क्रियमाण कर्म कहलाते हैं। इनका कारण व्यक्ति की भौतिक आवश्यकता, प्रतिक्रिया, बाह्य प्रेरणा, संकल्प आदि हो सकते हैं। ऐसे कर्म कायिक, वाचिक, मानसिक, ऐच्छिक, अनैच्छिक, व्यक्तिगत, सार्वजनिक, प्रकृतिसम या दैवी होते हैं। शारीरिक प्रवृत्ति का फल तो शीघ्र मिल जाता है, किन्तु मानसिक एवं ऐच्छिक कार्यों का फल मिलने में अधिक समय लगता है। ऐसे कर्म संचित और भाग्य/प्रारब्ध कर्मों का परिष्कार करने में समय लगाते हैं। मृत्युपर्यन्त अन्तिम स्थिति या शुद्ध लाभ को अगले जन्म के लिए बचा लेते हैं। यही उनका भाग्य/प्रारब्ध बन जाता है। व्यक्ति के वर्तमान कर्मों पर भूतकाल में किये गये कर्मों का प्रभाव तथा

भविष्य के कर्मों पर वर्तमान कर्मों का प्रभाव होता है। इस प्रकार व्यक्ति के कर्म एक श्रृंखला के समान घटित होते रहते हैं।

ज्योतिष की कार्यक्षमता (Efficiency of Astrology)

सतयुग अर्थात् स्वर्णयुग, त्रेतायुग अर्थात् रजतयुग, द्वापर युग अर्थात् ताम्रयुग व्यतीत हुए कितनी ही शताब्दियाँ निकल गयी हैं। अब हम भौतिक संसार के चतुर्थ युग कलियुग अर्थात् लौहयुग में निवास कर रहे हैं। इस युग की भी बहुत-सी शताब्दियाँ चली गयी हैं। अब ऑटोमैटिक मशीनों का बोलबाला है। इस कलियुग में अब डिजिटल उपकरणों, यथा—मोबाइल, टेलीफोन, इण्टरनेट, टेलीविजन संस्कृति ने यह स्थान ले लिया है। वे पलक झपकते ही देश/विदेश के समाचारों से अवगत कराते हैं। तीव्रगामी अवागमन के साधन 24 घण्टे में दूर विदेश में रह रहे अपनों के पास पहुँचाते हैं। किन्तु आज का व्यक्ति भौतिक सुख-साधनों की लालसा, चमक-दमक और मायामोह के वशीभूत सत्य पथ से निरन्तर भटकता ही चला जा रहा है। सुकर्मों के स्थान पर कुकर्मों का बोलबाला है। प्रतिदिन भ्रष्टाचार, अनाचार, अत्याचार, व्यभिचार, बलात्कार एवं आतंकवाद के समाचार सुनने और पढ़ने को मिलते हैं। व्यक्ति की जन्मकुण्डली में बैठे अशुभ/अनिष्टकारी ग्रह ऐसे कुकर्म करने के लिये उसे प्रेरित करते हैं। ज्योतिष में इन कारणों को ढूँढ़ने की क्षमता व दक्षता है। साथ ही अशुभ/अनिष्टकारी ग्रहों के उपायों का प्रावधान भी है। उपाय अपनाने से अनिष्टकारी ग्रहों का प्रभाव कम होता है। मन को संतोष, शान्ति व सुख मिलता है और सुकर्म करने का मार्ग भी प्रशस्त होता है।

सुकर्म सौभाग्य/प्रारब्ध की कुन्जी (Good Deeds-A Key to Good luck)

व्यक्ति की जन्मकुण्डली में ग्रहस्थिति, ग्रहदृष्टि, ग्रहयोग और ग्रहदशा आदि द्वारा उसके कर्मफल या भाग्य का लेखा-जोखा ज्योतिष के माध्यम से आसानी से जाना जा सकता है। यदि वह चाहे, तो वह अपना भाग्य वर्तमान कर्मों के द्वारा सुधार ले। भाग्य/प्रारब्ध का प्रभाव शरीर और मन पर पड़ता है। जब मन व्यथित और विचलित होता है, व्यक्ति दु:खी होता है तथा अन्दर ही अन्दर रोता है। किन्तु आत्मा चैतन्य है। उस पर कर्मों का कोई प्रभाव नहीं होता है। दुर्भाग्य को दूर करने के लिए ऊँचे पर्वत जैसी चढ़ाई चढ़नी होती है, जो कठिन है, किन्तु असम्भव नहीं है। भाग्य भूतकाल में किये गये कर्मों से बना है तथा वर्तमान कर्मों से भी प्रभावित हो रहा है, अर्थात् बन या बिगड़ रहा है। ऐसी स्थिति में दुर्भागी भी अपना रास्ता बदल ले और मन में सुकर्म करने का संकल्प लेना ठान ले, तो निश्चय ही दुर्भाग्य सौभाग्य में बदल सकता है। उसे संतोषप्रद, आरामदायी एवं सुखमय जीवन का आनन्द मिल सकता है और वह समाज में प्रतिष्ठित हो सकता है। अत: कहा जाता है कि व्यक्ति के सुकर्म उसके सौभाग्य/प्रारब्ध की एक मात्र कुन्जी हैं।

🪷 🪷 🪷

अध्याय **2**

जन्मकुण्डली रचना (Casting A Birth Chart)

जन्मकुण्डली क्या है?

जन्मकुण्डली व्यक्ति के जन्म का एक आकाशीय मानचित्र या नक्शा होती है। यह आकाशीय मानचित्र जन्म के समय पूर्वी क्षितिज पर उदयरत राशि को आधार मानकर बनाया जाता है, इसलिए इसे राशि कुण्डली भी कहते हैं। इस राशि को लग्न राशि (Ascendent) कहा जाता है। इस लग्न राशि का बड़ा महत्त्व है। यह राशि जन्मकुण्डली के प्रथम भाव में स्थापित की जाती है। इसके पश्चात् घड़ी की सूईयों के प्रतिकूल क्रम में अन्य शेष 11 राशियाँ स्थापित कर दी जाती हैं। इस प्रकार भचक्र की कुल 12 राशियाँ 12 घरों/भावों में लिख दी जाती हैं। अन्त में जन्मकुण्डली को पूर्ण करने के लिए भाव स्थित राशियों में पंचांग में देखकर जन्म समय के समस्त 9 ग्रह रख दिये जाते हैं। जिस राशि में चन्द्र ग्रह होता है, वह राशि व्यक्ति की जन्म राशि कहलाती है। जन्म राशि के 9 अक्षरों में से जन्म के समय के नक्षत्र के चरणाक्षर के अनुसार व्यक्ति का नामकरण कर दिया जाता है। स्मरण रहे कि लग्न राशि के आधार पर कुण्डलियों में राशियों के क्रम बदलते रहते हैं, किन्तु भाव सदैव स्थिर रहते हैं। जन्मकुण्डली के साथ-साथ चन्द्र स्थित राशि/भाव को लग्न मानकर चन्द्रकुण्डली, सूर्य स्थित राशि/भाव को लग्न मानकर सूर्यकुण्डली और नवांश कुण्डली भी बना लेनी चाहिए। इससे फलकथन में सुविधा रहती है। आगे दी गयी उदाहरण कुण्डली संख्या-1 देखकर राशियों और भावों की अस्थिरता/स्थिरता का अनुभव करें।

वैदिक गणित विधि से लग्न ज्ञात करना

यह जन्म लग्न ज्ञात करने की सर्वाधिक आसान विधि है। इस विधि से लग्न निकालने के लिए सम्बन्धित व्यक्ति के निम्नलिखित तीन आँकड़े इकट्ठे करने होते हैं। तत्पश्चात नीचे दिये हुये नियमानुसार वैदिक गणित विधि से लग्न ज्ञात करने की प्रक्रिया अपनाये।

1. अंग्रेजी जन्म तिथि (Calendar Date of Birth)
2. जन्म का मानक समय (Standard Time of Birth)
3. जन्म स्थान, राज्य, देश (Place of Birth, State and Country)

वैदिक गणित विधि से लग्न ज्ञात करने का नियम

सर्वप्रथम अंग्रेजी जन्म तिथि को चौगुना करने के लिए 4 से गुणा करें। इस संख्या में नीचे दी गयी मास अंक सारिणी-क में अंकित जन्म मास की संख्या जोड़ें। पुनश्च जन्म के मानक समय की मिनट बनाकर उपरोक्त संख्या में मिनट की संख्या और जोड़ दें। कुल संख्या को नीचे दी गयी दूसरी लग्न राशि अंक सारिणी-ख में देखें। ख सारिणी में 1 से 1440 अंक दिये गये हैं। मीन राशि के नीचे दिये अंक 1420 से 76 को 1420 से 1440 एवं 1 से 76 पढ़ें। इस स्थिति में यह भी ध्यान रखें कि जन्म तिथि के चौगुने अंक, जन्म मास के अंक और जन्म के मानक समय के मिनट के अंक–तीनों का जोड़ 1440 से अधिक हो, तो कुल संख्या में से 1440 घटा दें और शेष अंक लग्न राशि अंक सारिणी-ख में देखें। जिस राशि अंक के मध्य यह संख्या हो, वह राशि व्यक्ति की जन्म लग्न है। उत्तर भारत पद्धति के अनुसार लग्न राशि को बीच शीर्ष में रखें तथा इसके बाद घड़ी की सूईयों के प्रतिकूल क्रम में शेष 11 राशियाँ रख दें। तत्कालीन पंचांग में देखकर राशियों में 9 ग्रह भी अंकित कर दें और ग्रह स्पष्ट निकाल लें। अब जन्मकुण्डली फलकथन के लिए तैयार है।

अंग्रेजी मास अंक सारिणी-क

जन.	फर.	मार्च	अप्रैल	मई	जून	जुलाई	अग.	सित.	अक्टू.	नव.	दिस.
726	850	960	1086	1208	1327	6	126	250	366	481	604

लग्न राशि अंक सारिणी-ख

मेष	वृष	मिथुन	कर्क	सिंह	कन्या	तुला	वृश्चिक	धनु	मकर	कुम्भ	मीन
77	182	303	435	567	692	819	950	1084	1209	1320	1420
से	से	से	से	से	से	से	से	से	से	से	से
181	302	434	566	691	818	949	1083	1208	1319	1419	76

लग्न ज्ञात करने का उदाहरण

इसके लिये सर्व प्रथम भारत के वर्तमान राष्ट्रपति श्री प्रणव मुखर्जी की लग्न ज्ञात करते हैं। विद्वान् ज्योतिषविद् के.एन. राव के अनुसार इनका जन्म-कांडी, जिला - मुर्शिदाबाद, राज्य - पश्चिमी बंगाल (भारत) में हुआ। तद्नुसार इनकी जन्म तिथि, जन्म समय व जन्म स्थान नीचे दिये जा रहे हैं।

(1) जन्म तिथि 01-02-1935, (2)जन्म समय 05-40 साय:, (3)जन्म स्थान कांडी–मुर्शिदाबाद (पश्चिमी बंगाल-भारत)।

उपरोक्त नियम अनुसार लग्न ज्ञात करना

जन्म तिथि के अंक 1×4	= 4 अंक
फरवरी मास के अंक	= 850
जन्म के स्टैन्डर्ड समय की मिनट	= 1060
कुल अंक	= 1914

नोटः कुल अंक 1440 से अधिक हैं। अतः 1440 घटाने पर 1914 – 1440 = 474 लग्न राशि अंक प्राप्त हुए। लग्न राशि अंक सारिणी में 474 अंक देखने पर कर्क राशि की लग्न (अंक 4) ज्ञात हुई।

उदाहरण जन्मकुण्डली

श्री प्रणव मुखर्जी (Example Birth Chart - Mr. Pranav Mukharjee)

उदाहरण के लिए नीचे उत्तर भारत नमूने के अनुसार बनी भारत के वर्तमान राष्ट्रपति श्री प्रणव मुखर्जी की जन्मकुण्डली दी जा रही है। इसमें 12 भाव मौजूद हैं। वैदिक गणित विधि से इनकी लग्न कर्क राशि (अंक 4) की निकलती है। अतः कर्क राशि अर्थात् अंक 4 को प्रथम भाव/लग्न भाव में रखा है। लग्न अनुसार शेष अन्य राशियाँ 5, 6, 7, 8, 9, 10, 11, 12, 1, 2, 3 क्रमानुसार घड़ी की सूईयों के प्रतिकूल क्रम में आगामी भावों में रख दी हैं। स्मरण रहे, लग्न राशि अनुसार राशियों के क्रम बदलते रहते हैं, किन्तु भाव सदैव स्थिर रहते हैं। लग्न भाव को प्रथम भाव माना गया है। भाव/राशि कुण्डली बनाने पश्चात् तत्कालीन पंचांग देखकर भावों/राशियों में ग्रह रख दिये जाते हैं। इस प्रकार जन्मकुण्डली तैयार की जाती है। श्री प्रणव मुखर्जी की जन्मकुण्डली नीचे दी जा रही है। कुण्डली का नीचे ज्योतिषीय विवेचन भी दिया जा रहा है।

जन्मकुण्डली

नवांश कुण्डली

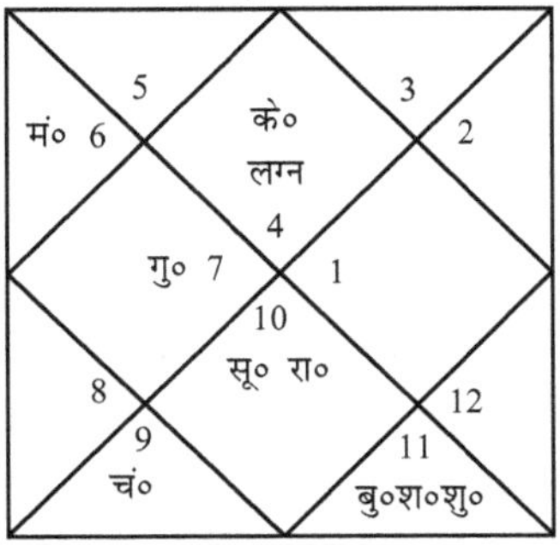

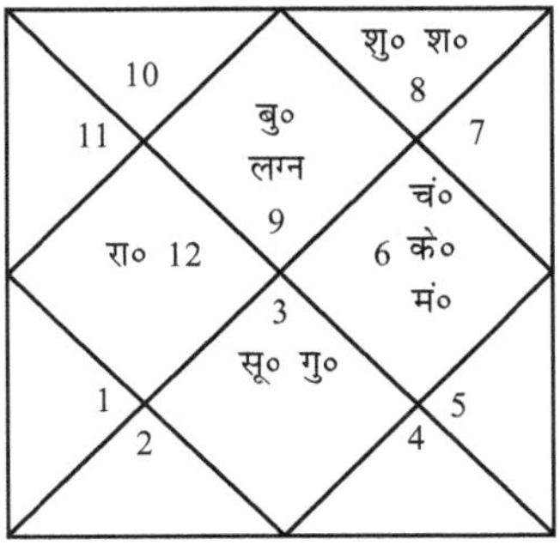

कुण्डली संख्या-1

ज्योतिषीय विवेचन

यह राशि क्रम की चतुर्थ राशि कर्क राशि लग्न कुण्डली है। इसका स्वामी शुभ ग्रह चन्द्र है। यह एक भावना प्रधान, संवेदनशील और परिवर्तनप्रिय राशि है। इस लग्न वाले व्यक्ति बहुत ही आत्मविश्वासी, कल्पनाशील, बुद्धिमान्, बातूनी, ईमानदार, अपने परिवार-समाज से जुड़े एवं एक स्थान पर न टिकने वाले व्यक्ति होते हैं। राशि स्वामी चन्द्र इन्हें सदैव ही इनकी भावना एवं चेतना का बोध कराते रहते हैं। यह जन्मकुण्डली लम्बे समय से विजित होते आ रहे एक बंगाली सांसद, भूतपूर्व

रक्षामन्त्री, वितमन्त्री श्री प्रणव मुखर्जी की है। अब वह भारत के राष्ट्रपति पद पर विराजमान हैं।

(1) सुदर्शन लग्न विचार

विद्वान् ज्योतिषविद् के.एन. राव के अनुसार इनका जन्म कांडी, जिला मुर्शिदाबाद, राज्य पश्चिमी बंगाल में हुआ। इस समय मिराती, जिला-बीरभूमि, राज्य-पश्चिमी बंगाल में रहते हैं। इनका जन्म कर्क लग्न में हुआ। जन्म लग्नेश चन्द्र गुरु की राशि धनु में षष्ठ भाव में, चन्द्र लग्नेश गुरु, शुक्र की राशि तुला में चतुर्थ भाव में और सूर्य लग्नेश शनि, अपनी मूल त्रिकोण राशि कुम्भ में अष्टम भाव में बैठे हैं। लग्न पर किसी भी लग्नेश की दृष्टि नहीं है। केवल लग्न कारक सूर्य सप्तम भाव से लग्न को देख रहा है, किन्तु राहु के साथ बैठे होने से प्रभावहीन स्थिति में है। चन्द्र भी षष्ठ भाव में बैठकर लग्न को कमजोर कर रहा है। नवांश कुण्डली में नवांश लग्नेश गुरु कारक सूर्य के साथ सप्तम भाव में बैठकर नवांश लग्न को देख रहा है। यह एक अच्छी स्थिति है। इसके अतिरिक्त जन्मकुण्डली में गुरु चतुर्थ भाव में सुख भाव में केन्द्र में विराजमान है। इस बारे में यह श्लोक प्रसिद्ध है– ***"किंकुर्वन्ति ग्रहा सर्वे, यत्र केन्द्रा बृहस्पति।"*** ऐसी स्थिति में जन्म लग्न ही उचित प्रतीत होता है। पूर्वाषाढ़ा नक्षत्र में जन्मे श्री प्रणव मुखर्जी शान्त स्वभाव वाले, कार्यकुशल, दूरदर्शी, परोपकारी, मित्रवान, धनवान, सुखी और अपने परिवार में भार्या को प्रथम स्थान देने वाले जातक हैं।

(2) ग्रह स्थिति, ग्रह दृष्टि एवं ग्रह योग

चतुर्थ भाव में सुख भाव में शुभ ग्रह गुरु के केन्द्रस्थ होने की स्थिति के फलस्वरूप श्री प्रणव मुखर्जी भारत के राष्ट्रपति बने, अर्थात् भारत के प्रथम नागरिक बने। चन्द्र लग्न से मंगल ग्रह के दशम भाव में होने से उन्हें और अधिक बल मिला। मित्रों के सहयोग और स्वयं के अथक प्रयासों से राष्ट्रपति के पद पर विजित होकर प्रथम नागरिक बने और राष्ट्रपति पद की शपथ ली। तत्कालीन चल रही शनि की महादशा, शुक्र की अन्तर्दशा और चन्द्र की प्रत्यान्तर्दशा में उन्हें यह पद प्राप्त हुआ। कर्क लग्न में बैठे केतु ने भी इस दिशा में उन्हें एकाग्रचित होकर बुद्धिमानी से कार्यरत रहने में सहयोग दिया। ईश्वर में आस्था और धर्म पर अटल विश्वास रखने की प्रेरणा दी। फलस्वरूप राष्ट्रपति का उच्च पद प्राप्त हुआ। गुरु की अष्टम भाव एवं अष्टम भाव में बैठे अष्टमेश शनि पर, साथ में बैठे शुभ ग्रह शुक्र और बुध पर तथा द्वादश भाव पर पूर्ण दृष्टि ने वैराग्य त्रिकोण के 4, 8, 12 भावों का, अर्थात् मोक्ष भावों का ऐसा पारस्परिक सम्बन्ध एवं सन्तुलन स्थापित किया कि उनकी कमजोर स्थिति भी सुदृढ़ होती चली गयी और उनका राष्ट्रपति पद का शुभ मार्ग प्रशस्त हुआ। वह भारत के 13वें राष्ट्रपति और प्रथम नागरिक बने।

(3) उपसंहार

उपरोक्त ग्रह स्थिति, ग्रह दृष्टि और ग्रह योगों से यह निष्कर्ष निकलता है कि जन्मकुण्डली में लग्न कारक सूर्य की लग्न पर दृष्टि एवं विशेषकर गुरु की केन्द्रस्थ स्थिति ने वैराग्य त्रिकोण के 4, 8, 12 भावों का, अर्थात् मोक्ष भावों का ऐसा सन्तुलन और अन्तरसम्बन्ध स्थापित किया कि उन्होंने राष्ट्रपति पद का चुनाव जीतकर भारत देश के राष्ट्रपति पद की बागडोर संभाली और देश में लोकप्रिय तथा विश्वविख्यात हुए। इस समय गोचरस्थ शनि चतुर्थ भाव में बैठे कर्म भाव को पूर्ण दृष्टि से देख रहे हैं और गुरु, केतु लाभ के एकादश भाव में बैठकर पंचम, सप्तम एवं नवम भाव भाग्य भाव को देख रहे हैं। समय लाभ एवं प्रगति का है, किन्तु उन्हें अपने विरोधियों/शत्रुओं से सदैव सतर्क रहना चाहिए। भारत के राजनीतिक इतिहास में उनका नाम दीर्घकाल तक अक्षुण्य रहेगा।

नोट: उपरोक्त विधि से पाठकगण भी अपनी जन्मकुण्डली तैयार कर सकते हैं और उसका फलकथन एवं सही विवेचन कर सकते हैं। फलकथन करते समय जन्म कुण्डली, नवांशकुण्डली में ग्रह स्थिति, ग्रह दृष्टि, ग्रह गोचर व ग्रह दशा पर ध्यान देना अत्यावश्यक है। लग्न, लग्नेश, ग्रह वर्गोत्तम हो सकते हैं।

भावों के अन्तरसम्बन्ध

श्री प्रणव मुखर्जी की उपरोक्त जन्मकुण्डली में भावों के अन्तरसम्बन्ध का वर्णन आया है। इस सम्बन्ध में भावों की महत्ता स्पष्ट दृष्टिगोचर होती है। ग्रह, राशि, नक्षत्र की अपेक्षा भाव को प्रधान माना है। भाव सदैव स्थिर रहते हैं। चराचर स्थिति अनुसार जन्मकुण्डली के 12 भावों को निम्नलिखित तीनसमूहों में बाँटा गया है।

1. केन्द्र भाव—1, 4, 7, 10 भाव। इन्हें चर भाव कहा गया है।
2. पणफर भाव—2, 5, 8, 11 भाव। इन्हें स्थिर भाव कहा गया है।
3. अपोक्लीम भाव—3, 6, 9, 12 भाव। इन्हें द्विस्वभाव भाव कहा गया है।

पणफर का 5वाँ और अपोक्लीम का 9वाँ भाव त्रिकोण भाव कहलाते हैं। विशेष कारणों से केन्द्र भावों और त्रिकोण भावों को अत्यधिक शुभ व लाभ के भाव कहा गया है। यदि प्रत्येक केन्द्र भाव से त्रिकोण भावों को गिना जाये, तो कुण्डली में 4 त्रिकोण बनते हैं। तीन भावों से मिलकर एक त्रिकोण बनता है। जन्मकुण्डली के इन 12 भावों से बने 4 त्रिकोण धर्म, अर्थ, काम, मोक्ष भावों के त्रिकोण कहलाते हैं। प्रत्येक त्रिकोणगत 3 भावों का परस्परगहरा सहसम्बन्ध/अन्तरसम्बन्ध हो सकता है। सामंजस्य की ऐसी स्थिति में यह तीनों भाव परस्पर अधिक लाभकारी होते हैं और एक-दूसरे को बल देते हैं। इन चार त्रिकोणों के नाम एवं विशेषताएँ निम्नलिखित हैं।

1. प्रथम त्रिकोण पुरुष त्रिकोण

प्रथम भाव से गिनने पर 1, 5, 9 भावों का त्रिकोण बनता है। इसे पुरुष त्रिकोण

कहते हैं। इस त्रिकोण के तीनों भाव धर्म के भाव कहलाते हैं। इन भावों से व्यक्ति के पौरुष, ऊर्जा, धार्मिक भावना, ईमानदारी, गुणवत्ता, नैतिकता, पवित्रता, ब्रह्मविद्या, पूजा-अर्चना, चिन्तन-मनन, ईश्वर में आस्था/विश्वास, दानपुण्य, बलिदान प्रवृत्ति की जानकारी होती है।

2. द्वितीय त्रिकोण ऐश्वर्य त्रिकोण

दशम भाव से गिनने पर 10, 2, 6 भावों का त्रिकोण बनता है। इसे ऐश्वर्य त्रिकोण कहते हैं। इस त्रिकोण के तीनों भाव अर्थ के भाव कहलाते हैं। इन भावों से व्यक्ति की आर्थिक स्थिति यथा आय-व्यय, लाभ-हानि, नौकरी-व्यवसाय या व्यापार, जीवन स्तर, सुख-समृद्धि, मान-सम्मान, निष्ठा-प्रतिष्ठा, रोग-कष्ट आदि का आंकलन होता है।

3. तृतीय त्रिकोण प्रकृति त्रिकोण

सप्तम भाव से गिनने पर 7, 11, 3 भावों का त्रिकोण बनता है। इसे प्रकृति त्रिकोण कहते हैं। इस त्रिकोण के तीनों भाव काम के भाव कहलाते हैं। इन भावों से व्यक्ति की इच्छाओं, लालसाओं, विलासिता की वस्तुओं, सुख-सम्बन्धों, विवाहित जीवन के आनन्द, कामवासना, महत्त्वाकांक्षा, उच्चाधिकार प्रकृति का पता लगता है।

4. चतुर्थ त्रिकोण वैराग्य त्रिकोण

चतुर्थ भाव से गिनने पर 4, 8, 12 भावों का त्रिकोण बनता है। इसे वैराग्य त्रिकोण कहते हैं। इस त्रिकोण के तीनों भाव मोक्ष के भाव कहलाते हैं। इन भावों में व्यक्ति के प्रति माता का प्यार व माता द्वारा देखभाल, उसकी अपनी सूझ-बूझ, विचारधारा, निवास और वाहन सुविधा, आयु योग, दैवी ज्ञान, ब्रह्मज्ञान, ईश्वरभक्ति और अन्त में मोक्ष/मुक्ति छिपी हैं।

शारीरिक संरचना बारे प्रथम भाव से देखना होता है। यदि ऐसी स्थिति में प्रथम भाव का पंचम और नवम भाव से सहसम्बन्ध/अन्तरसम्बन्ध होता है, तो कहा जा सकता है कि जातक शारीरिक रुप से बलिष्ठ होगा। इसी प्रकार मकान-वाहन बारे चतुर्थ भाव से, विवाह बारे सप्तम भाव से, नौकरी/व्यवसाय बारे दशम भाव से देखना होता है। यह सभी केन्द्र भाव है। यदि इनका सम्बन्ध अपने-अपने त्रिकोण भावों से हो जाये, तो ऐसा माना जायेगा कि ऐसा जातक इन सभी क्षेत्रों में सुखी व संतुष्ट होगा। अत: स्मरण रहे कि भावों के अन्तरसम्बन्ध बड़े महत्त्वपूर्ण होते हैं। सदैव लाभकारी होते हैं।

🙏🙏🙏

अध्याय 3

ग्रह, राशि और नक्षत्र
(Planets, Signs of Zodiac & Constellations)

सौरमण्डल के ग्रह (Solar System)

भौगोलिक दृष्टि से सौरमण्डल में सूर्य के अतिरिक्त कुल 9 ग्रह शामिल हैं। सूर्य को इन 9 ग्रहों का केन्द्र एवं जनक कहा गया है। सभी ग्रह पश्चिम से पूर्व की ओर चलते हुए अपने जनक सूर्य की परिक्रमा करते हैं। सूर्य से दूरी के अनुसार क्रमशः बुध, शुक्र, पृथ्वी, मंगल, गुरु, शनि, अरुण, वरुण और कुबेर हैं। अरुण, वरुण, कुबेर हमारी पृथ्वी से सूई की नोंक जैसे दिखाई देते हैं। बुध, शुक्र सूर्य के अधिक नजदीक हैं। यही कारण है कि दोनों चमकदार हैं। सूर्य से 72 अंश से कम दूरी होने पर यह जल जाते हैं, अर्थात् अस्त हो जाते हैं। ग्रहों के पुनः उपग्रह भी होते हैं। चन्द्रमा हमारी पृथ्वी काउपग्रह है।

ज्योतिष में नवग्रह व उनका विवरण (Planets Used in Astrology)

हम पृथ्वीवासियों पर ज्योतिष की धारणा के अनुसार सूर्य का प्रभाव पड़ता है। अतः ज्योतिष में सूर्य को पृथ्वी के स्थान पर एक प्रभावशाली ग्रह माना गया है। उपग्रह चन्द्रमा पृथ्वी के अधिक समीप है। उसका भी पृथ्वी व पृथ्वीवासियों पर सीधा प्रभाव पड़ता है। अतः उसे भी एक ग्रह माना गया है। अरुण, वरुण और कुबेर पृथ्वी से बहुत दूर हैं। इनका प्रभाव नगण्य है। अतः भारतीय ज्योतिष में उन्हें छोड़ दिया गया है। पृथ्वी और चन्द्रमा के बीच कटान बिन्दुओं को राहु व केतु नाम से छाया ग्रह की मान्यता दी गयी है। राहु का स्थान उत्तर संपात पर और केतु का स्थान दक्षिण संपात पर है। इस प्रकार ज्योतिष में राहु, केतु सहित नवग्रहों को स्थान दिया गया है। फल कथन में इनको महत्त्व दिया जाता है।

1. सूर्य (Sun)

वैदिक संहिताओं में सूर्य को कश्यप गोत्र का क्षत्रिय और कलिंग देश का स्वामी कहा गया है। तद्नुसार यह सात घोड़ों के रथ पर सवार होकर सभी भुवनों की यात्रा करते हैं। भौगोलिक दृष्टि से सूर्य सभी ग्रहों का जनक है और उनका सम्राट है। सूर्य एक अग्नि तत्त्व क्रूर ग्रह कहलाता है। यह तृतीय श्रेणी का पापग्रह है। हिन्दू धर्म संस्कृति के अनुसार ऊषाकाल के समय यह सृष्टि रचयिता ब्रह्मदेव का भव्य प्रतिविम्ब लगता है। प्रातःकाल के पश्चात् सृष्टि पालनहार विष्णुदेव की

मनमोहक प्रतिमूर्ति प्रतीत होता है। सूर्यास्त, अर्थात् गोधूलि के समय सृष्टि विनाशक ताण्डवकारी महादेवसम दृष्टिगोचर होता है। यद्यपि यह एक तेजस्वी, ओजस्वी, उदारहृदयी, आत्मविश्वासी, उच्च विचारों वाला ग्रह है, किन्तु सम्प्रभुताप्रिय, अहंकारी, उदण्ड और क्रोधी भी है। इसका क्रोध क्षणिक होता है। यह स्वतन्त्र विचारों से भरपूर अधिकारिक प्रवृत्ति वाला ग्रह है। शरीर पित्त प्रकृति वाला है। इसका सिद्धान्त है–हम अपना कार्य कैसे करें और दूसरों को कैसे निर्देशित करें। यह व्यक्ति को 21-22 वर्ष की आयु में अपनी दशा आने पर उच्च पद दिलाने, ऊँचाइयों तक ले जाने, भाग्यशाली बनाने में सहायता करता है। उसकी प्रगति-उन्नति व सफलता में चार चाँद लगाता है। यह आत्मा, पिता और बच्चों का अधिष्ठाता है। यह व्यक्ति को राष्ट्रपति, राज्यपाल, मन्त्री, नेता प्रशासनिक अधिकारी के पद तक पहुँचाता है। यह नेत्र, हृदय, और पेड़ू के ऊपरी भाग का संचालन करता है। दशम भाव में होने पर अधिक बलशाली होता है। इनके देवता कल्याणकारी/चक्रधारी भगवान विष्णु हैं। इनका शुभ रत्न माणिक्य है।

2. चन्द्र (Moon)

वैदिक संहिताओं में चन्द्र का अत्रि गोत्र है और यह यमुना के समीपवर्ती देश के स्वामी हैं। तद्नुसार यह दस घोड़ों के त्रिचक्र रथ पर सवार होकर सुमेरु की प्रदक्षिणा करते हैं। हिन्दू धर्म संस्कृति के अनुसार चन्द्र को सूर्य साम्राज्ञी की उपाधि भी दी गयी है। यह तृतीय श्रेणी का शुभ ग्रह है। भौगोलिक दृष्टि से यह हमारी पृथ्वी का उपग्रह है और जल तत्त्व, शीतल एवं शान्त ग्रह है। इसमें मातृत्व के सभी गुण पाये जाते हैं, यथा–प्रेम-प्यार, समझने की शक्ति, देख-रेख का दायित्व आदि। यह मास के दो सप्ताह बढ़ता जाता है। यह अपनी रोशनी से रिझाता है और उजाला लाता है। बाद के दो सप्ताह घटता जाता है। अन्धियारा लाता है। अमावस की रात घोर अंधेरे की रात होती है। यह मिष्ठभाषी, व्यवहारकुशल और मानवता के प्रति समान भाव रखने वाला ग्रह है, किन्तु अत्यधिक भावुक, कल्पनाशील और निष्क्रिय ग्रह है। यह कफकारी और वायुविकारी प्रकृति वाला ग्रह है। इसका सिद्धान्त है–हम कैसे अनुभव करें और दूसरों को प्रत्युत्तर कैसे दें। यह 23-24 वर्ष की आयु में अपनी दशा आने पर व्यक्ति के सौभाग्य और सफलता की वृद्धि करता है। यह व्यक्ति की बाह्य प्रवृत्ति को दर्शाता है। यह समुद्रतट नियन्त्रक, जलयान निर्माता, दर्शनशास्त्री और प्रकृतिविज्ञानी तैयार करता है। इसका फेफड़ों पर नियन्त्रण होता है और मन-मस्तिष्क को प्रभावित करता है। चन्द्र सूर्य के साथ होने पर निष्प्रभावी होता है। इनके देवता भोलेभण्डारी भगवान शिव हैं और इनका शुभ रत्न मोती है।

3. मंगल (Mars)

वैदिक संहिताओं में मंगल को भारद्वाज गोत्र का क्षत्रिय और अवन्ति देश का स्वामी कहा गया है। इनका वाहन मेष है। मंगल ग्रह को सेनापति का स्थान दिया गया

है। कहा जाता है कि दैवी प्रकोप से जब एक बार पृथ्वी जलमग्न हो गयी, तो समुद्र मन्थन के समय विष्णुदेव ने पृथ्वी को समुद्र से निकाला और तब मंगल ग्रह का जन्म हुआ। भौगोलिक दृष्टि से यह लाल रंग का कान्तिमान एवं अग्नि तत्त्व ग्रह है। हिन्दू धर्म संस्कृति ग्रन्थों में इस प्रकार का वर्णन मिलता है। यह द्वितीय श्रेणी का पापग्रह है। यद्यपि यह एक निडर, साहसी, सुदृढ़, स्वतन्त्रता सेनानीसम ग्रह है, किन्तु स्वार्थी, आवेगी, कठोर, निर्दयी और रात में सेंध मारकर चोरी करने वाला चोर भी है। यह सदैव ही विजयी होना पसन्द करता है। यह पित्त प्रकृति वाला ग्रह है। इसका सिद्धान्त है–हम कार्य को कैसे सम्पादित करें और कैसे पूरा करें। यह व्यक्ति को निडर, साहसी, उत्साही और ऊर्जावान बनाता है। यह व्यक्ति को 27–28 वर्ष की उम्र में अपनी दशा आने पर जीवनयापन के सभी सुख प्रदान करता है। यह पुलिस या फौज में सिपाही/ अधिकारी, यान्त्रिक अभियन्ता, खिलाड़ी, पहलवान जैसे पद दिलाता है। यह खोपड़ी, खून व टेस्टीकल्स पर राज करता है। यह द्वितीय भाव में निष्प्रभावी होता है। इनके देवता पवनपुत्र/रामभक्त हनुमान जी है और इनका शुभ रत्न मूँगा है।

4. बुध (Mercury)

वैदिक संहिताओं में बुध का अत्रि गोत्र है और इन्हें मगध देश का स्वामी कहा गया है। तद्नुसार इनका वाहन सिंह है। भौगोलिक दृष्टि से सूर्य के अधिक निकट होने से इसे राजकुमार का दर्जा दिया गया है। यह चतुर्थ श्रेणी का शुभ ग्रह है। यह बुद्धिमान, विद्वान् और आविष्कारक प्रवृत्ति का पृथ्वी तत्त्व ग्रह है। यह देश/प्रदेश में सूखा, बाढ़, भूकम्प आदि लाता है। यद्यपि एक राजनयिक, कूटनीतिज्ञ, कार्यकुशल, परिवर्तनशील, बहुमुखी योग्यता वाला, सूचना देने में सदैव तत्पर स्वभाव वाला ग्रह है, किन्तु एक प्रकार से समालोचक, व्यंगकार, अशान्त और ड़रपोक भी है। व्यक्ति को सुयोग्य, शिक्षित और विद्वान् बनाता है। यह कफ, पित्त, वात्कारी प्रकृति का ग्रह है। इसका सिद्धान्त है–हम कब, कैसे, क्या सोचें-विचारें और बोलें। यह व्यक्ति को 33–34 वर्ष की उम्र में अपनी दशा आने पर बुद्धिमान् और ज्ञानवान् बनाता है। व्यक्ति को उच्च पद दिलाता है। व्यक्ति के सामाजिक स्तर को ऊँचा उठाता है। यह इन्द्रियों, स्मरणशक्ति, मन-मस्तिष्क अर्थात् भेजा, त्वचा अर्थात् चमड़ी और भुजाओं की देखरेख करता है। यह पुस्तक प्रकाशक, सम्पादक, सुवक्ता, परिवहन व्यवस्थापक बनाता है। यह सूर्य के अधिक निकट होने से अर्थात् 72 अंश कम दूरी होने पर अस्त हो जाता है अर्थात् जल जाता हैं व निष्क्रिय हो जाता है। यह चतुर्थ भाव में निष्प्रभावी होता है। इनकी देवता सिंहवाहिनी माँ देवी दुर्गा हैं। इनका शुभ रत्न पन्ना है।

5. गुरु (Jupiter)

वैदिक संहिताओं में गुरु को अंगिरा गोत्र का ब्राह्मण और सिंधु देश का स्वामी कहा

गया है। तद्नुसार यह कमल पर आसीन हैं। गुरु ग्रह को देवताओं का गुरु, अर्थात् सुरगुरु कहा गया है। भौगोलिक दृष्टि से यह सूर्य के बाद सबसे बड़ा ग्रह है। यह प्रथम श्रेणी का आकाश तत्त्व शुभ ग्रह है। गुरु शास्त्रविद्यानिपुण होता है। यह व्यक्ति को विभिन्न क्षेत्रों में विशेषज्ञ बनाने में सहायता करता है। यह एक आस्तिक, अर्थात् ईश्वरभक्त ग्रह है। यद्यपि यह न्यायप्रिय, गुणवान, स्वच्छताप्रेमी, आशावादी, देखरेख करने वाला तथा एक अच्छा सलाहकार है, किन्तु यह अति आसक्त, अति आंकिक, धीमी गति से कार्य करने वाला, आरामपसन्द, अपव्ययी ग्रह भी है। यह कफकारी प्रकृति का ग्रह है। इसका सिद्धान्त है–हम कैसे जानें, समझें और प्रगति पथ पर अग्रसर हों। यह व्यक्ति के शैक्षिक विकास में सहयोगी की भूमिका निभाता है। यह व्यक्ति को 16 से 20 वर्ष की किशोरावस्था उम्र में ही अपनी दशा आने पर बुद्धिमान् और विद्वान् बनाता है। प्रगति पथ पर ले जाता है। इससे व्यक्ति के सौभाग्य की वृद्धि होती है। इस ग्रह का कोर्ट, कचहरी, प्रशासन, जनसामान्य, शिष्टाचार, धार्मिक अनुष्ठान, विदेश यात्रा आदि पर पूर्ण नियन्त्रण है। यह सुयोग्य शिक्षक, प्राचार्य, न्यायाधीश, वैज्ञानिक, लेखक, पुजारी/पादरी जैसे व्यवसाय दिलाता है। यह पीठ, कूल्हे और पैर पर नियन्त्रण रखता है। इनको प्रभावित एवं परिचालित करता है। यह पंचम भाव का कारक ग्रह है, किन्तु पंचम भाव में होने पर निष्प्रभावी होता है। इनके देवता जल में कमलासीन सृष्टि रचियिता ब्रह्मा जी हैं। इनका शुभ रत्न पीत पुखराज है।

6. शुक्र (Venus)

वैदिक संहिताओं में शुक्र को भृगुगोत्रीय ब्राह्मण और भोजकट देश का स्वामी कहा गया है। तद्नुसार यह श्वेत कमल पर विराजमान हैं। शुक्र ग्रह को दानवों का गुरु, अर्थात् असुरगुरु माना जाता है। भौगोलिक दृष्टि से यह बुध ग्रह के अधिक समीप है। यह द्वितीय श्रेणी का शुभ ग्रह है। यह अति आकर्षक और चमकीला जल तत्त्व ग्रह है। यह व्यक्ति को धनवान बनाता है और जीवनयापन की सभी सुविधाएँ उपलब्ध कराता है। यह वर्षा के मार्ग में अवरोधी की भूमिका निभाता है। यह शिव का उपासक है। यह मृत्युसंजीवनीविद्याजनित ग्रह है। यह निर्जीव को सजीव कर सकता है। मृत व्यक्ति को जीवन दे सकता है। यह बहुत ही शिष्ट, विनम्र, उदार, सन्तुलित, शान्तिप्रिय, कालविज्ञानी और सामाजिक सद्भाव रखने वाला ग्रह है, किन्तु आलसी, अकर्मण्य, आनन्दप्रेमी, सुख चाहने वाला एक चतुर–चालाक ग्रह है। यह कफ, पित्त प्रकृति वाला ग्रह है। इसका सिद्धान्त है– हम खुश कैसे रहें और प्रीति–प्यार भरे परस्पर सम्बन्ध कैसे स्थापित करें। यह 25–26 वर्ष की उम्र में अपनी दशा आने पर व्यक्ति के आनन्द प्रवाह में वृद्धि करता है और सुख–सुविधाओं का प्रबन्ध करता है। यह व्यक्ति की नृत्य कला, गीत–संगीत प्रवृत्ति, प्यार और कामुकता में भी वृद्धि करता है तथा उसकी सुन्दरता, स्वच्छता एवं चरित्र पर दृष्टि रखता है। यह व्यक्ति को कवि, लेखक, अभिनेता, नृत्यकार, गीतकार, संगीतकार, ज्योतिषी, चिकित्सक,

मोटरगाड़ी अभियन्ता जैसी नौकरी करने के लिए उकसाता है। यह व्यक्ति के चेहरे, गुर्दे और मूत्र सम्बन्धी गुप्तांगों पर पूर्ण नियन्त्रण रखता है। यह षष्ठ एवं सप्तम भाव में होने पर निष्प्रभावी होता है। इनकी देवता साक्षात धन की देवी माँ लक्ष्मी जी हैं। इनका शुभ रत्न बहुमूल्य हीरा है।

7. शनि (Saturn)

वैदिक संहिताओं में शनि को कश्यप गोत्रीय शूद्र और सौराष्ट्र देश का स्वामी कहा गया है। इनका वाहन गीध है। हिन्दू धर्म संस्कृति के अनुसार शनि को सूर्य का पुत्र कहा गया है। भौगोलिक दृष्टि से भी यह सूर्य से टूटकर बने पिण्ड का एक हिस्सा है। यह अपने पिता सूर्य से शत्रुता रखता है। यह प्रथम श्रेणी का पापग्रह है। इसको यमराज अर्थात् मृत्युदेव के नाम से भी पुकारा जाता है। यह योगी/संन्यासी/ सन्तों का पालनहार है। शनि शुभ भाव/राशि में बैठा हो, तो व्यक्ति को जीवनयापन की सभी सुख-सुविधाएँ उपलब्ध कराता है। उसे ऊँचाइयों तक ले जाता है और सफलता दिलाता है। यह एक विश्वसनीय, परिरक्षित और परिनिर्मित ग्रह है, किन्तु थका देने वाला, शुष्क, परिश्रमप्रिय, प्रतिबन्धित ग्रह भी है। यह वात प्रकृति वाला वायु तत्त्व ग्रह है। इसका सिद्धान्त है–हम अपने को कैसे दिखायें और जिम्मेदारियाँ निभाते हुये अपने जीवन को कैसे चलायें। यह व्यक्ति को 35–36 वर्ष की उम्र में अपनी दशा आने पर सौभाग्यशाली बनाने और सुख-समृद्धि दिलाने में सहयोगी की भूमिका निभाता है। यह दीर्घायु करता है और मृत्यु भी देता है। यह दुश्मनी बढ़ाता है और राजनीति में ले जाता है। अच्छा सरकारी पद भी दिलाता है। समस्त गैसीय उपकरणों/इलेक्ट्रोनिक उपकरणों के उत्पादन में सहायता करता है। यह एक अच्छा किसान, राजनेता, वकील, मन्त्री, वैद्युतिकी उपकरण व्यवसायी बनाता है। व्यक्ति के विवाह में रुकावट लाता है। इनके देवता भगवान श्री वटुक भैरव जी हैं और इनका शुभ रत्न कीमती नीलम है

8. राहु (North Node of Moon)

वैदिक संहिताओं में राहु को पैठानीस गोत्रीय शूद्र और मलय देश का स्वामी कहा गया है। इनका वाहन भी बुध के समान सिंह है। भौगोलिक दृष्टि से यह चन्द्रकक्षीय पथ और पृथ्वी के घूर्णन के मध्य का उत्तरी विच्छेद बिन्दु है। इसे उत्तर संपात कहा जाता है। यह शरीर रहित एक सिर है। यह धुएँ जैसे मटमैले-नीले रंग का ग्रह है। इसे शनिवत् ग्रह की संज्ञा दी गयी है। यह भावस्थित राशि स्वामी के परिणाम परिलक्षित करता है। इसके परिणामस्वरूप ग्रहण भी पड़ते हैं। इससे कुछ देर के लिए पृथ्वी पर अंधेरा छा जाता है। यह चतुर्थ श्रेणी का पापग्रह है। यह नवनिर्माण, जाँच-पड़ताल, भौतिक प्रगति, विदेश यात्रा कराने वाला ग्रह है, किन्तु अव्यवस्था फैलाने वाला, विश्वासघाती, धोखेबाज एवं हानिकारक ग्रह है। कभी-कभी अचानक गुप्त धन भी दिलाता है। यह वात प्रकृति वाला ग्रह है। इसका सिद्धान्त है–हम अपने चरित्र और

चाल-चलन को कैसे छिपायें। यह प्रगति और सफलता दिलाने हेतु व्यक्ति को उत्साहित करता है और 41–42 वर्ष की उम्र में अपनी दशा आने पर धन संग्रह कराने में सहायता करता है। इसकी दशा में शुभ/अशुभ दोनों प्रकार के प्रभाव परिलक्षित होते हैं, यथा–लाटरी से धन मिलना, दुर्घटना होना, हृदयघात, पक्षाघात आदि बीमारियाँ होना। यह त्रिषडाय, अर्थात् 3,6,11 भावों में शुभ और लाभकारी होता है। कभी-कभी केन्द्र और त्रिकोण भावों में होने पर भी अच्छा फल देता है। इनके देवता भी श्री वटुक भैरव जी हैं और इनका शुभ रत्न गोमेद है।

9. केतु (South Node of Moon)

वैदिक संहिताओं में केतु को जैमिनी गोत्रीय शूद्र और कुशद्वीप का स्वामी कहा गया है। इनका वाहन शनि के समान गीध है। भौगोलिक दृष्टि से यह चन्द्रकक्षीय पथ और पृथ्वी के घूर्णन के मध्य का दक्षिणी विच्छेद बिन्दु है। इसे दक्षिण संपात कहा जाता है। यह सिर रहित एक शरीर है। यह भी धुएँ जैसे मटमैले–नीले रंग का ग्रह है। यह चतुर्थ श्रेणी का पापग्रह है। यह गिद्धयान पर सवारी करता है। इसे मंगलवत् ग्रह की संज्ञा दी गयी है। इसके परिणाम भाव स्थित राशि स्वामी के अनुसार होते हैं। यद्यपि यह उच्च अनुकूलन, अत्यधिक अन्तर्ज्ञान, अध्यात्मिक प्रवृत्ति वाला और दूसरों की पहचान कराने वाला ग्रह है, किन्तु अव्यवस्थित, अकारक, अस्थिर एवं अविश्वसनीय ग्रह भी है। यह मोक्ष मार्ग की ओर ले जाता है। ईश्वरभक्ति में ध्यानमग्न होने की प्रेरणा देता है। यह वात प्रकृति वाला ग्रह है। इसका सिद्धान्त है–हम अपने को कैसे पहचानें और अपने आदर्शों/सिद्धान्तों को कैसे उजागर व आलोकित करें। यह व्यक्ति को 47–48 वर्ष की उम्र में अपनी दशा आने पर सुख व शान्ति का जीवन प्रदान करता है। इस स्थिति में व्यक्ति प्रसन्नचित्त और ध्यानमग्न होता है। कभी-कभी यह व्यक्ति को झगड़ालू बनाता है। विक्षिप्त अवस्था की स्थिति भी उत्पन्न करता है। व्यक्ति परिवार/समाज से परे ईश्वरभक्ति में लीन रहता है, ताकि मोक्ष मिल सके। यह त्रिषडाय, अर्थात् 3, 6, 11 भावों में होने पर शुभ और लाभकारी परिणाम देता है। कभी-कभी केन्द्र और त्रिकोण भावों में होने पर भी सुखप्रद होता है। इनके देवता बुद्धिप्रदायक श्री गणेश जी हैं और इनका शुभ रत्न लहसुनिया है।

ग्रहों की श्रेणियाँ (Types of Planets)

सभी 9 ग्रहों को दो श्रेणियों में बाँटा गया है। इनके नाम शुभ या सौम्य ग्रह और अशुभ या पापग्रह हैं। इनका विवरण निम्नलिखित है।

1. शुभ या सौम्य ग्रह (Benefics)

पूर्ण चन्द्र (Waxing Moon), बुध, शुक्र, गुरु क्रमशः अधिकाधिक शुभ ग्रह हैं। यह 1, 2, 4, 5, 7, 9, 10 और 11 भावों में अत्यधिक शुभ, लाभकारी व मंगलकारी होते हैं और 3, 6 भावों में धीमी गति से लाभ पहुँचाते हैं। शेष 8, 12 भावों में होने पर हानिकर व अनिष्टकारी होते हैं।

ज्योतिष विद्या सीखें

2. अशुभ या पापग्रह (Malefics)

सूर्य, मंगल, शनि, राहु, केतु क्रमशः अधिकाधिक अशुभ ग्रह या पापग्रह हैं। क्षीण चन्द्र (Waning Moon), भी पापग्रहों की श्रेणी में आता है। उपरोक्त पापग्रहों के साथ बुध भी पापग्रह बन जाता है। अधिकांशतः हानिकर व कष्टदायी होते हैं। केवल 8वें और 12वें भाव छोड़कर शेष भावों में कभी-कभी थोड़ा लाभ भी देते हैं। नीचे सूर्यादि ग्रहों के मित्रग्रहों, शत्रुग्रहों, समग्रहों, ग्रहदृष्टि, निष्फल ग्रह की सारिणी देखे।

ग्रह मित्रता, ग्रह दृष्टि व निष्फल ग्रह सारिणी

ग्रह	मित्रग्रह	शत्रुग्रह	समग्रह	ग्रहदृष्टि	निष्फल ग्रह
सूर्य	गुरु, मंगल, चन्द्र	शुक्र, शनि, राहु	बुध	7वें भाव पर	सूर्य चन्द्र युति भाव में
चन्द्र	सूर्य, बुध	राहु, केतु	मंगल, गुरु, शुक्र, शनि	7वें भाव पर	-
मंगल	चन्द्र, गुरु, सूर्य	बुध, राहु	शुक्र, शनि	4थे, 7वें, 8वें भाव पर	2रे भाव में
बुध	राहु, शुक्र, सूर्य	चन्द्र	मंगल, गुरु, शनि	7वें भाव पर	4थे भाव में
गुरु	सूर्य, चन्द्र, मंगल	बुध, शुक्र	शनि, राहु	5वें, 7वें, 9वें भाव पर	5वें भाव में
शुक्र	बुध, शनि, राहु	सूर्य, चन्द्र	मंगल, गुरु	7वें भाव पर	6ठे व 7वें भाव में
शनि	बुध, शुक्र, राहु	सूर्य, चन्द्र, मंगल	गुरु	3रे, 7वें, 10वें भाव पर	7वें भाव में
राहु	शुक्र, शनि, बुध	सूर्य, चन्द्र, मंगल	गुरु	5वें, 7वें, 9वें भाव पर	-
केतु	शुक्र, शनि, बुध	सूर्य, चन्द्र, मंगल	गुरु	5वें, 7वें, 9वें भाव पर	-

ग्रहों की अवस्था (Planetary Position)

ग्रहों की निम्नलिखित दस अवस्था होती हैं। इनका मानव जीवन पर गहरा प्रभाव पड़ता है। ग्रह पीड़ित (Unhappy) और विकल (Uneasy) होने पर निष्फल एवं प्रभावहीन होते हैं।

1. दीप्त (Bright) जब कोई ग्रह उच्च राशि का होता है, दीप्त अवस्था कहलाती है। ऐसी अवस्था में वाहन सुख, मान-सम्मान, यश-प्रतिष्ठा, धन लाभ, संतान सुख मिलता है। शत्रुजयी करता है।

2. स्वस्थ (Healthy) जब कोई ग्रह स्वराशि का होता है, स्वस्थ होता है। ऐसा ग्रह प्रतिष्ठा और धन लाभ दिलाता है। वंश की वृद्धि होती है।

3. मुदित (Happy) जब कोई ग्रह मित्र राशि में होता है, मुदित कहलाता है। शुभ व लाभकारी होता है। आनन्द व संतोष मिलता है। शत्रुजयी व भोगी करता है।

4. शान्त (Favourable) जब कोई ग्रह वर्ग विशेष (होरा, द्रेष्काण, नवमांश, द्वादशांश, त्रिशांश आदि) में शुभ स्थान पर होता है, शान्त अवस्था में मंगलकारी होता है। कार्य सिद्ध करता है। धर्मात्मा, विद्वान और मन्त्री बनाता है।

5. शक्त (Powerful) जब कोई ग्रह वक्री होता है, शक्त कहलाता है। स्वास्थ्य हानि व धनहानि कराता है। शुभ भाव में होने पर लोकप्रिय, कीर्तिवान एवं धनवान करता है।

6. पीड़ित (Unhappy) हम जानते हैं कि प्रत्येक राशि 30 अंश की होती है। जब कोई ग्रह राशि के प्रथम 3 अंश तक या अंतिम 3 अंश तक अर्थात् 0 अंश से 3 अंश और 28 अंश से 30 अंश पर होता है, तो वह पीड़ित होता है। ऐसा ग्रह निष्फल व प्रभावहीन होता है। शत्रुपीड़ा, बन्धुवियोग लाता है। प्रवासी बनाता है।

7. दीन (Helpless) जब कोई ग्रह शत्रु राशि में होता है, दीन कहलाता है। ऐसा ग्रह धनहानि कराता है। पाप कर्म करने को प्रेरित करता है। मान-सम्मान व प्रतिष्ठा को गिराता है।

8. खल (Bad) जब कोई ग्रह नीच राशि में होता है, तो वह खल (दुष्ट) कहलाता है। यह कष्टकारी होता है। झगड़ा, मुकदमा, जेल, धनहानि कराता है और मानसिक तनाव लाता है। चिन्ताओं में वृद्धि करता है।

9. विकल (Uneasy) जब कोई ग्रह जल जाता है अर्थात् Combust हो जाता है, तो वह विकल होता है। ऐसी स्थिति सूर्य के साथ होने पर आती है। सूर्य की उष्णता से ग्रह जल जाते हैं। चन्द्र 12 अंश, मंगल 17 अंश, बुध 13 अंश, गुरु 11 अंश, शुक्र 9 अंश, शनि 15 अंश का अन्तर होने पर जल जाते हैं। सामान्यत: 3 अंश अन्तर होने पर ही ग्रह प्रभावहीन व निष्फल हो जाते हैं। व्यक्ति को आचरणहीन, दरिद्री व घुमक्कड़ बनाते है।

10. भयभीत (Fearful) जब कोई ग्रह तीव्र गति से चल रहा हो और दूसरों से आगे निकलने की कोशिश में हो, तो यह भयभीत स्थिति होती है। इसके दुष्परिणाम होते हैं। व्यक्ति को पराजित और बलहीन करते हैं। ऐसा ग्रह धनहानि कराता है और पीड़ा देता है।

ग्रहों के शुभाशुभ योग सम्बन्धी नियम/सिद्धान्त

1. कुण्डली में ग्रह स्वराशि में शुभ/अच्छा, मूलत्रिकोणराशि में अधिक शुभ/ अधिक अच्छा, उच्चराशि में उत्तम/श्रेष्ठ व नीचराशि में अशुभ फल देते हैं।

2. कुण्डली में ग्रह मित्र राशि में होने, मित्र ग्रह के साथ होने पर भाव के फल में वृद्धि करते हैं। शत्रु राशि में होने, शत्रु ग्रह के साथ होने पर भाव के फल की हानि करते हैं।
3. कुण्डली में किसी ग्रह/राशि पर किसी शुभ/उच्च/योगकारक ग्रह की दृष्टि पड़ती हो तो उस भाव के शुभ फल में विशेष वृद्धि होती है। इसके विपरीत किसी भाव/राशि पर अशुभ/नीच/शत्रु ग्रह की दृष्टि पड़ती हो, तो भाव के फल की हानि होती है।
4. ग्रह मार्गी/वक्री/अतिचारी हो सकते हैं। मार्गी ग्रह सदैव अगली राशि की ओर बढ़ते हैं और शुभ फल देते हैं। वक्री ग्रह की गति अति अल्प होती है और पिछली राशि में चले जाते है। अतिचारी ग्रह की गति मध्यम होती है और शीघ्र ही राशि परिवर्तन कर लेते हैं। शनि, मंगल आदि पाप ग्रह/क्रूर ग्रह वक्री होने पर अधिक अशुभ/अनिष्ट फल देते हैं। गुरु, शुक्र आदि सौम्य ग्रह भी अतिचारी होने पर शरीरिक कष्ट, धन की हानि, व्यर्थ की चिन्ताएँ आदि अशुभ फल देते हैं। इनके परिणामस्वरुप देश/समाज में असंतोष, मँहगाई, अनेकानेक बीमारी, राजनेताओं में परस्पर विग्रह, प्रशासन में अस्थिरता, चोरी, डाके, हिंसा, बेईमानी व झूठ का वातावरण पैदा होता है।
5. उदित ग्रह शुभ, लाभकारी व कार्यसिद्धी में सहायक होते हैं, जबकि अस्त ग्रह निर्बल, हानिकर व कार्य में बाधक होते हैं।

मेषादि द्वादश लग्नों में सूर्यादि नवग्रहों के शुभाशुभ योग

मेषादि द्वादश लग्नों में कौन–कौन ग्रह ज्योतिषीय नियमों/सिद्धान्तों के अनुसार शुभाशुभ फल उत्पन्न करते हैं और जातक को लाभ या हानि पहुँचाते हैं। प्रत्येक लग्न अनुसार शुभाशुभ योग/फल नीचे दिये जा रहे हैं। यहाँ यह भी स्मरण रहे कि चर राशि की लग्न में एकादश भाव की राशि, राशि स्वामी, भाव में बैठा ग्रह बाधक होता है। स्थिर राशि की लग्न में नवम भाव की राशि, राशि स्वामी, भाव में बैठा ग्रह बाधक होता है। द्विस्वभाव राशि की लग्नमें सप्तम भाव की राशि, राशि स्वामी, भाव में बैठा ग्रह बाधक होता है। यह सभी बाधक ग्रह अशुभ फलदायक होते हैं।

मेष लग्न शुभाशुभ योग

1. सूर्य पंचम भाव/त्रिकोण भाव का स्वामी होकर पंचम भाव में ही बैठा हो, शुभ होता है। शुभ फल देने वाला होता है।
2. गुरु नवम भाव/त्रिकोण भाव का स्वामी होकर नवम भाव में ही बैठा हो, शुभ होता है। शुभ फल देने वाला होता है।
3. चन्द्र चतुर्थ भाव/केन्द्र भाव का स्वामी होकर केन्द्र भाव में ही बैठा हो, शुभ होता है। शुभ फल देने वाला होता है।
4. मंगल अष्टम भाव/आयु भाव का स्वामी होकर लग्नेश भी होता है। शुभ भाव में ही बैठा हो शुभ होता है। शुभ फल देता है।

5. शुक्र, बुध, शनि, इस लग्न में अशुभ होते हैं। गुरु-शुक्र युति या गुरु-शनि युति होने पर गुरु भी अशुभ फल देता है।

वृष लग्न शुभाशुभ योग

1. शनि नवम भाव/त्रिकोण भाव, दशम भाव/केन्द्र भाव का स्वामी होकर शुभ ग्रह के साथ शुभ भाव में ही बैठा हो, शुभ फल देने वाला होता है।

2. बुध द्वितीय भाव/मारक भाव और पंचम भाव/त्रिकोण भाव का स्वामी होकर पंचम भाव में ही बैठा हो, मध्यम फल देने वाला होता है। बुध-शनि युति होने पर उत्कृष्ट राजयोग बनता है। श्रेष्ठ फलदायी होता है।

3. चन्द्र, गुरु, मंगल इस लग्न में अशुभ होते हैं। अशुभ फल देते हैं।

मिथुन लग्न शुभाशुभ योग

1. चन्द्र द्वितीय भाव/मारक भाव का स्वामी होता है, किन्तु इसे मारकत्व दोष नहीं लगता है, अत: शुभ होता है। शुभ फल देने वाला होता है।

2. शुक्र पंचम भाव/त्रिकोण भाव व द्वादश भाव/त्रिक भाव का स्वामी है। किन्तु पंचम भाव/त्रिकोण भाव का स्वामी होकर, बुध के साहचर्य के कारण शुभ फलदायक होता है।

3. बुध चतुर्थ भाव/केन्द्र भाव का स्वामी होकर शुक्र के साहचर्य के कारण तथा लग्नेश होने से राजयोगकारक होता है। शुभ फल देने वाला होता है।

4. मंगल, गुरु, सूर्य इस लग्न में अशुभ होते हैं। मंगल षष्ठेश व एकादशेश होने से विशेष अशुभ, गुरु सप्तमेश व दशमेश होने से केन्द्राधिपत्य दोष के कारण अशुभ, सूर्य तृतीयेश होने से अशुभ होता है। अशुभ फल देते हैं।

कर्क लग्न शुभाशुभ योग

1. मंगल पंचम भाव/त्रिकोण भाव, दशम भाव/केन्द्र भाव का स्वामी होने से शुभाशुभ फल देने वाला राजयोगकारक ग्रह कहा जाता है। मंगल-चन्द्र युति भी शुभ होती है।

2. गुरु नवम भाव/त्रिकोण भाव का स्वामी होने से शुभ फल देने वाला होता है। गुरु-चन्द्र युति होने पर विशेष शुभ फलदायक होता है।

3. शुक्र चतुर्थ भाव/केन्द्र भाव का स्वामी होने से दूषित तथा एकादशेश होने से भी अशुभ, बुध तृतीयेश व द्वादशेश होने से अशुभ, शनि सप्तमेश व अष्टमेश होने से अशुभ, सूर्य द्वितीय भाव/मारक भाव का स्वामी होने से तथा मारकत्व दोष न लगने पर भी अशुभ फल देने वाला होता है।

सिंह लग्न शुभाशुभ योग

1. मंगल एक पापग्रह है, किन्तु चतुर्थेश/केन्द्रेश व नवमेश/त्रिकोणेश होने से शुभ माना गया है। शुभ फल देने वाला होता है।

2. सिंह लग्न में गुरु पंचमेश व अष्टमेश होता है किन्तु मंगल के साहचर्य के कारण शुभ कहा गया हैं। शुभ फलदायक होता है।

ज्योतिष विद्या सीखें

3. सूर्य लग्न भाव का स्वामी होने अर्थात् लग्नेश होने से शुभ माना गया है। शुभ फलदायक होता है।

4. बुध द्वितीय भाव/मारक भाव का स्वामी अर्थात् द्वितीयेश होने व एकादशेश होने से अशुभ है। शुक्र तृतीयेश व दशमेश होने से दूषित है। शनि षष्ठेश व सप्तमेश होने से अशुभ है। अत: बुध, शुक्र, शनि अशुभ फल देने वाले होते हैं।

कन्या लग्न शुभाशुभ योग

1. बुध लग्नेश व दशमेश अर्थात् केन्द्रेश होने और केन्द्राधिपत्य दोषयुक्त होने पर भी शुक्र के साहचर्य के कारण राजयोगकारक होगया है। अत: शुभ एवं लाभकारी है।

2. शुक्र द्वितीय भाव/मारक भाव का स्वामी अर्थात् द्वितीयेश होने से अशुभ व नवमेश/त्रिकोणेश होने से शुभ कहा गया है। पचास प्रतिशत शुभ फल देने वाला होता है।

3. मंगल तृतीयेश व अष्टमेश होने, गुरु केन्द्रेश होने, चन्द्र एकादशेश होने, शनि पंचमेश व षष्ठेश होने से सभी अशुभ होते हैं। हानिकर होते हैं।

तुला लग्न शुभाशुभ योग

1. शनि एक पापग्रह है, किन्तु चतुर्थेश/केन्द्रेश व पंचमेश/त्रिकोणेश होने से शुभ माना गया है। शुभ फल देने वाला होता है।

2. बुध नैसर्गिक शुभ ग्रह है। नवम भाव का स्वामी होने से नवमेश/त्रिकोणेश होने से शुभ कहा गया हैं। शुभ फलदायक होता है।

3. चन्द्र दशम भाव का स्वामी होने अर्थात् दशमेश होने तथा बुध के साहचर्य में होने के कारण शुभ माना गया है। शुभ फलदायक होता है।

4. शुक्र लग्नेश व अष्टमेश होता है। शुक्र लग्नेश होने के कारण शुभ माना गया है। शुभ फलदायक होता है।

5. गुरु तृतीयेश व षष्ठेश होने, सूर्य नैसर्गिक पापग्रह और एकादशेश होने, मंगल द्वितीयेश व सप्तमेश होने से अशुभ हैं। अत: अशुभ फल देते हैं।

वृश्चिक लग्न शुभाशुभ योग

1. गुरु द्वितीयेश व पंचमेश अर्थात् पंचम भाव/त्रिकोण भाव का स्वामी होने से शुभ माना गया है। शुभ फल देने वाला होता है।

2. चन्द्र नवम भाव/त्रिकोण भाव का स्वामी अर्थात् भाग्येश होने के कारण शुभ माना जाता है। शुभ फल देने वाला होता है।

3. सूर्य दशम भाव/केन्द्र भाव का स्वामी होने और चन्द्र के साहचर्य में होने से अधिक शुभ माना गया है। शुभ फल देने वाला होता है।

4. बुध अष्टमेश व एकादशेश होने, मंगल षष्ठेश होने, शनि तृतीयेश व चतुर्थेश होने, शुक्र सप्तम भाव/मारक भाव का स्वामी होने अशुभ होते हैं। सभी अशुभ फल देते हैं।

धनु लग्न शुभाशुभ योग

1. सूर्य नवम भाव/त्रिकोण भाव का स्वामी होने से शुभ माना जाता है। शुभ फल देने वाला होता है।

2. मंगल एक नैसर्गिक पापग्रह है किन्तु पंचमेश/त्रिकोणेश होने से शुभ माना गया है। शुभ फल देने वाला होता है।

3. बुध दशम भाव/केन्द्र भाव का स्वामी होने और नवमेश सूर्य के साहचर्य में होने से अधिक शुभ माना गया है। शुभ फल देने वाला होता है।

4. शुक्र षष्ठेश व एकादशेश होने, शनि द्वितीय भाव/मारक भाव का स्वामी व तृतीयेश होने, बुध सप्तम भाव/मारक भाव का स्वामी व दशमेश/केन्द्रेश होने, गुरु लग्नेश व चतुर्थेश अर्थात् केन्द्रेश होने, चन्द्र अष्टमेश होने से अशुभ होते हैं। सभी अशुभ फल देते हैं।

मकर लग्न शुभाशुभ योग

1. बुध नैसर्गिक शुभ ग्रह है। नवम भाव का स्वामी होने अर्थात् नवमेश/त्रिकोणेश होने व शुक्र के साहचर्य में होने से शुभ कहा गया हैं। ऐसा बुध शुभ फलदायक होता है।

2. शुक्र पंचम भाव का स्वामी होने से पंचमेश/त्रिकोणेश होने व शुक्र के साहचर्य में होने से शुभ माना गया है। शुभ फलदायक होता है।

3. मंगल चतुर्थेश व एकादशेश होने, गुरु तृतीयेश व द्वादशेश होने, चन्द्र सप्तम भाव/मारक भाव का स्वामी होने, शनि द्वितीय भाव/मारक भाव का स्वामी होने से अशुभ माने गये हैं। अशुभ फल देने वाले होते हैं।

कुम्भ लग्न शुभाशुभ योग

1. शुक्र चतुर्थेश/केन्द्रेश व नवम भाव का स्वामी होने से नवमेश/त्रिकोणेश होने व दशमेश मंगल के साहचर्य में होने से शुभ माना गया है। शुभ फलदायक होता है।

2. बुध नैसर्गिक शुभ ग्रह है। पंचम भाव का स्वामी होने से पंचमेश/त्रिकोणेश होने से अष्टमेश होने पर भी शुभ माना गया हैं। शुभ फलदायक है।

3. मंगल एक नैसर्गिक पापग्रह है किन्तु दशमेश/केन्द्रेश होने से शुभ माना गया है। शुभ फल देने वाला होता है।

4. शुभ ग्रह गुरु द्वितीय भाव/मारक भाव का स्वामी अर्थात् द्वितीयेश, चन्द्र षष्ठेश, सूर्य सप्तम भाव/मारक भाव का स्वामी अर्थात् सप्तमेश अशुभ हैं। अतः हानिकर होते हैं।

मीन लग्न शुभाशुभ योग

1. मंगल एक नैसर्गिक पापग्रह है। वह द्वितीय भाव/मारक भाव का स्वामी अर्थात् द्वितीयेश है, किन्तु वह नवम भाव का स्वामी होने से नवमेश/त्रिकोणेश होने तथा दशमेश गुरु के साहचर्य में होने से शुभ माना गया है। शुभ फलदायक होता है।

2. चन्द्र पंचम भाव का स्वामी होने अर्थात् पंचमेश/त्रिकोणेश होने के कारण शुभ माना गया है। शुभ फलदायक होता है।
3. शनि एकादशेश व द्वादशेश होने, शुक्र तृतीयेश व अष्टमेश होने, सूर्य षष्ठेश होने, बुध चतुर्थेश व सप्तम भाव/मारक भाव का स्वामी होने से अशुभ होते हैं। सभी अशुभ फल देते हैं।

ग्रह गोचर, चन्द्र लग्न व शुभाशुभ भाव एवं सारिणी

ग्रह गोचर में चन्द्र स्थित भाव अर्थात् चन्द्र लग्न को महत्त्व दिया गया है। चन्द्र स्थित भाव अर्थात् चन्द्र लग्न से अन्य सभी ग्रहों की गोचरस्थ भाव स्थिति देखे। फलकथन में गोचर में विशेषतः धीमी गति वाले ग्रह यथा शनि, राहु, केतु व गुरु की स्थिति, दृष्टि किस भाव/राशि पर पड़ रही है, यह देखना आवश्यक होता है। निम्न सारिणी को देखने से आसानी स्पष्ट हो जाता है कि कौन ग्रह किस भाव में शुभ/लाभकारी होता है और किस भाव में अशुभ/हानिकर होता है।

चन्द्र से ग्रह गोचर शुभाशुभ भाव सारिणी

क्रमाँक ग्रह		शुभ भाव	अशुभ भाव
1	सूर्य	3, 6, 10, 11	1, 2, 4, 5, 7, 8, 9, 12
2	चन्द्र	1, 3, 6, 7, 10, 11	2, 4, 5, 8, 9, 12
3	मंगल	3, 6, 11	1, 2, 4, 5, 7, 8, 9, 10, 12
4	बुध	2, 4, 6, 8, 10, 11	1, 3, 5, 7, 9, 12
5	गुरु	2, 5, 7, 9, 11	1, 3, 4, 6, 8, 10, 12
6	शुक्र	1, 2, 3, 4, 5, 8, 9, 11, 12	6, 7, 10
7	शनि	3, 6, 11	1, 2, 4, 5, 7, 8, 9, 10, 12
8	राहु	3, 6, 10, 11	1, 2, 4, 5, 7, 8, 9, 12
9	केतु	3, 6, 10, 11	1, 2, 4, 5, 7, 8, 9, 12

ज्योतिष में 12 राशियाँ (Twelve Signs of Zodiac)

राशि किसे कहते हैं?

ज्योतिष में राशियों का बड़ा महत्त्व है। आकाश में सूर्य, जिस मार्ग से भ्रमण करता हुआ दृष्टिगोचर होता है, उस मार्ग को क्रान्तिवृत या सूर्यमार्ग (Ecliptic) कहते हैं। यह क्रान्तिवृत या सूर्यमार्ग 90 अंश की चौड़ी पट्टी में फैला हुआ है। चौड़ी पट्टी में फैले होने के कारण इसे भचक्र भी कहते हैं। इस सूर्यमार्ग (Ecliptic)? या भचक्र में विभिन्न जीवधारियों यथा मानव जीवधारी अर्थात् लड़की (कन्या), पशु जीवधारी अर्थात् शेर (सिंह), जलचर अर्थात् मछली (मीन) और जड़ चिह्नों यथा तराजू (तुला), घड़ा (कुम्भ) आकृति के 12 तारक समूह हैं। इन 12 तारक समूहों को ही 12 राशियों की संज्ञा दी गयी है। इस प्रकार आकाशमण्डल में कुल 12 राशियाँ होती हैं। सभी ग्रह

इन राशियों में होकर गुजरते हैं। चन्द्रमा सवा दो दिन में एक राशि पार कर लेता है। सूर्य एक महीने में एक राशि पार करता है और इसी प्रकार गुरु व शनि को छोड़कर अन्य ग्रह भी थोड़े समय में ही सारी राशियाँ पार कर जाते हैं। गुरु 13 महीने में और शनि 30 महीने में एक राशि पार करता है। इसी प्रकार छाया ग्रह राहु व केतु 18 महीने में एक राशि पार करते हैं। इन राशियों में जन्म लेने वाले व्यक्ति भिन्न-भिन्न विशेषताओं वाले होते हैं और जन्म समय की लग्न राशि के अनुसार अपना जीवन जीते हैं। सभी लग्न राशियों की अंक, अक्षरादि सारिणी और उच्च, नीचादि राशियों का विस्तृत विवरण आगे दिया जा रहा है।

राशि, अंक, अक्षर, स्वामी ग्रह, उच्च, नीच, मूलत्रिकोण सारिणी

नाम राशि	अंक राशि	राशियों के अक्षर व संख्या	स्वामी ग्रह	स्वामी ग्रह की उच्च राशि	स्वामी ग्रह की नीच राशि	स्वामी ग्रह की मूलत्रिकोण राशि
मेष	1	चू, चे, चो, ला, ली, लू, ले, लो, अ = 9	मंगल	मकर 10	कर्क 4	मेष 1
वृष	2	इ, उ, ए, ओ, वा, वि, वू, वे, वो = 9	शुक्र	मीन 12	कन्या 4	तुला 7
मिथुन	3	का, कि, कु, घ, ङ, छ, के, को, हा = 9	बुध	कन्या 6	मीन 12	कन्या 6
कर्क	4	हि, हू, हे, हो, ड़ा, ड़ी, ड़ू, ड़े, ड़ो = 9	चन्द्र	वृष 2	वृश्चिक 8	वृष 2
सिंह	5	मा, मी, मू, मे, मो, टा, टी, टू, टे = 9	सूर्य	मेष 1	तुला 7	सिंह 5
कन्या	6	टो, पा, पी, पू, ष, ण, ठ, पे, पो = 9	बुध	कन्या 6	मीन 12	कन्या 6
तुला	7	रा, रि, रु, रे, रो, ता, ति, तू, ते = 9	शुक्र	मीन 12	कन्या 6	तुला 7
वृश्चिक	8	तो, ना, नी, नू, ने, नो, या, यी, यू = 9	मंगल	मकर 10	कर्क 4	मेष 1
धनु	9	ये, यो, भ, भी, भू, धा, फा, ढ़ा, भे = 9	गुरु	कर्क 4	मकर 10	धनु 9
मकर	10	भो, जा, जी, खी, खू, खे, खो, गा, गी = 9	शनि	तुला 7	मेष 1	कुम्भ 11

कुम्भ	11	गू, गे, गो, सा, सी, सू, से, सो, द = 9	शनि	तुला 7	मेष 1	कुम्भ 11
मीन	12	दी, दू, थ, झ, ञ, दे, दो, च, ची = 9	गुरु	कर्क 4	मकर 10	धनु 9

राशि विवरण–मेष से मीन तक 12 राशियों का विवरण

1. लग्न राशि मेष (Rising Sign Aries)

यह भचक्र की प्रथम राशि है। यह अश्विनी नक्षत्र के 4 चरण, भरणी नक्षत्र के 4 चरण और कृतिका नक्षत्र के प्रथम चरण के मेल से बनी राशि है। यह राशि नेतृत्व संचालन के प्रारम्भिक ज्ञान हेतु नवीन पद्धति पर कार्यरत रहने का संकेत है। चू, चे, चो, ला, ली, लू, ले, लो, अ इस राशि के जन्माक्षर हैं। इसका शुभ रत्न मूँगा है। इस राशि का मूल मन्त्र **"ॐ ह्रीं श्रीं श्री लक्ष्मीनारायणाय: नम:।"** है।

यह आकृति में मेढ़ा या बकरे के समान, अग्नितत्त्व, रजोगुणी, चर, उष्ण, पुरुषलिंगी, रात्रिबली, पृष्ठोदयी, पूर्व दिशा स्वामिनी, संघर्षशील, शुष्क एवं बंजर स्थान, यथा–पर्वत/वन निवासिनी एक अशुभ राशि है। प्रतिवर्ष अंग्रेजी तिथि 21 मार्च के आसपास सूर्य इस राशि में प्रवेश करता है और 19 अप्रैल तक रहता है। इसका विस्तार 0° अंश से 30° अंश है। मंगल इस राशि का स्वामी ग्रह है। शुक्र इसका शत्रु है। सूर्य की यह उच्च राशि तथा शनि की यह नीच राशि है। गुरु, मंगल, सूर्य इस राशि के शुभ फलदायी व लाभदायी कारक ग्रह हैं।

इस लग्न राशि में जन्मे व्यक्ति शरीर से दुर्बल, दुबले-पतले, किन्तु कद में सामान्य से कुछ लम्बे, सुगठित एवं बलिष्ठ होते हैं। मुखाकृति सुन्दर व आकर्षक होती है। नेत्र चमकीले होते हैं। दृष्टि पैनी और तेज होती है। चेहरा और गर्दन लम्बे होते हैं। बाल काले, किन्तु रुखे और रंग-रूप लाल गेहुंआ होता है। सिर के किसी भाग पर चोट का निशान या चेहरे या छाती पर तिल आदि का चिह्न होता है।

ऐसे व्यक्ति स्वभाव से हठी, क्रोधी, जल्दबाज, झगड़ालू, अविवेकी, अभिमानी, किन्तु परिश्रमी, सत्यवक्ता, सदाचारी, स्वतन्त्रताप्रिय, निडर व कर्मठ होते हैं। उत्साही, साहसी, ऊर्जावान्, सक्रिय, महत्त्वाकांक्षी, चतुर, दार्शनिक, प्रेरक मनोवृत्ति के होते हैं। चतुर बुद्धि होने के कारण कार्य को शीघ्रातिशीघ्र पूरा करने में गौरव महसूस करते हैं। संकट की घड़ी में भी सन्तुष्ट एवं प्रसन्नचित्त दिखाई देते हैं। सदैव अपने कार्य में व्यस्त रहते हैं।

इन्हें किसी के अधीन रहकर काम करना पसन्द नहीं है। इनमें तर्कशक्ति गजब की होती है। व्यवहारकुशल और अच्छे मार्गदर्शक होते हैं। सामान्यत: ऐसे व्यक्ति स्वस्थ एवं निरोग रहते हैं। इनकी प्रतिरोधक शक्ति से रोग भी दूर भागते हैं, किन्तु खाँसी, जुकाम, बुखार, सिरदर्द, रक्तविकार, नेत्ररोग, त्वचा रोग आदि का भय बना रहता है। परिवार में मिल-जुलकर रहने की प्रवृति होती है। माता-पिता के प्रति पूरा स्नेह होता है। भ्रमणशील, परिवर्तनशील प्रकृति के कारण एक जगह या स्थान

या घर पर टिक नहीं पाते हैं। इन्हें भाई-बहनों, सगे-सम्बन्धियों से कोई सुख या सहायता नहीं मिलती है। इन पुरुष या स्त्रियों का विवाह 20 से 22 वर्ष की उम्र में हो जाता है। घर से दूर रहते हैं।

ऐसे जातक डॉक्टरी, इंजीनियरिंग की शिक्षा ग्रहण कर सकते हैं। अच्छे खिलाड़ी भी हो सकते हैं। ऐसी स्थिति में पुलिस या फौज में अच्छा पद पा सकते हैं। प्रशासनिक अधिकारी हो सकते हैं। चिकित्सक, केमिस्ट, लैक्चरार, इंजीनियर, मैकेनिक, सर्वेयर, सेल्स एजेण्ट, बिजली या इलेक्ट्रोनिक्स उपकरण व्यवसायी भी बन सकते हैं। राजनीति में जा सकते हैं। नेता-अभिनेता बन सकते हैं। लेखक या कवि हो सकते हैं, किन्तु नौकरी के अवसर अधिक होते हैं। भाग्योदयकारक वर्षों में 16, 22, 28, 32, 36वें वर्ष तथा अन्य महत्त्वपूर्ण वर्षों में 18, 27, 45, 54, 63, 72वें वर्ष प्रमुख हैं।

2. लग्न राशि वृष (Rising Sign Taurus)

यह भचक्र की द्वितीय राशि है। यह कृतिका नक्षत्र के 3 चरण, रोहिणी नक्षत्र के 4 चरण और मृगशिरा नक्षत्र के 2 चरण के मेल से बनी राशि है। यह राशि ऊर्जा, बल और सहनशीलता का प्रतीक चिह्न है। इ, उ, ए, ओ, वा, वि, वू, वे, वो इस राशि के जन्माक्षर हैं। इसका शुभ रत्न हीरा है। इस राशि का मूल मन्त्र "ॐ गोपालाय उत्तरध्वजाय नमः।" है।

यह राशि आकृति में बैल के समान, पृथ्वी तत्त्व, रजोगुणी, स्थिर, शीत, स्त्रीलिंग, सौम्य, रात्रिबली, शीर्षोदयी, दक्षिण दिशा स्वामिनी, जमीन-जायदाद एवं धन-दौलत के मध्य निवास करने वाली, मनमोहिनी एक शुभ राशि है। प्रति वर्ष अंग्रेजी तिथि 20 अप्रैल के आसपास सूर्य इस राशि में प्रवेश करता है और 20 मई तक रहता है। इसका विस्तार 30° अंश से 60° अंश है। शुक्र इस राशि का स्वामी ग्रह है। मंगल इसका शत्रु है। चन्द्र की यह उच्च राशि है। शनि, बुध, मंगल, सूर्य शुभ फलदायी, भाग्यशाली और गौरव बढ़ाने वाले कारक ग्रह हैं।

इस लग्न राशि में जन्मे व्यक्ति मध्यम कद वाले, सुन्दर, आकर्षक एवं बलिष्ठ होते हैं। उनका चेहरा गोल होता है। आँखें चमकदार व बड़ी-बड़ी होती हैं। होठ कुछ मोटे होते हैं। रंग गेहुआं, अर्थात् शर्बती होता है। अँगुली या गाल पर तिल या मस्से का चिह्न होता है। बाल गहरे काले होते हैं। शरीर पूर्णरूपेण विकसित, सन्तुलित एवं सुगठित होता है।

ऐसे व्यक्ति स्वभाव से शान्त, सौम्य, विनम्र, दयालु, हँसमुख, परिश्रमी, कर्मठ, ईमानदार, विश्वसनीय, दृढ़प्रतिज्ञ व आत्मनिर्भर होते हैं, किन्तु स्थिरमना, महत्त्वाकांक्षी, घमण्डी, आलसी, ईर्ष्यालु, मितव्ययी मनोवृत्ति के होते हैं। उत्तेजित होने पर शान्त करना मुश्किल होता है। ऐश्वर्ययुक्त जीवनयापन के इच्छुक होते हैं। अपनी बुराई सुनना इन्हें पसन्द नहीं है। कर्तव्यपरायण, चरित्रवान्, सहनशील और आज्ञापालक होते हैं। सदैव प्रयत्नशील रहते हैं।

सामान्यत: ऐसे व्यक्तियों का स्वास्थ्य उत्तम होता है, किन्तु इन्हें जनेन्द्रिय रोग, मूत्ररोग, नेत्ररोग, दांत व गले के रोग, डायबीटिज, पेट के रोग तथा गैस दर्द, कब्ज आदि हो जाते हैं। ऐसे व्यक्तियों की हार्टअटैक से मृत्यु भी हो जाती है। इस प्रकार के पुरुष/स्त्री अनुकूल समय पर विवाह करते हैं। वैवाहिक जीवन सुखी होता है। प्रेम निश्छल होता है। अनावश्यक वाद-विवाद और झगड़े से बचते हैं। माता-पिता की इज्जत करते हैं। उनके यहाँ कन्या सन्तान की अधिकता होती है। रिश्तेदारों से दूरी रखना पसन्द करते हैं। नृत्य एवं संगीत प्रिय होते हैं। ऐसे जातक राजनेता, अभिनेता या संगीतकार हो सकते हैं। सौन्दर्य प्रसाधन, हीरे-जवाहरात, शृंगार-सजावट के सामान, फैशन की वस्तुओं के व्यवसाय अपना सकते हैं। कृषि, बागवानी, चित्रकारी, रेडीमेड कपड़े, होटल, रेस्टोरेण्ट का धन्धा भी कर सकते हैं। बैंकिंग में जा सकते हैं। भाग्योदयकारक वर्षों में 22, 28, 36, 42, 48वें वर्ष एवं अन्य वर्षों में 15, 24, 33, 51, 60, 69वें वर्ष महत्त्वपूर्ण हैं।

3. लग्न राशि मिथुन (Rising Sign Gemini)

यह भचक्र की तृतीय राशि है। यह मृगशिरा नक्षत्र के 2 चरण, आर्द्रा नक्षत्र के 4 चरण और पुनर्वसु नक्षत्र के 3 चरण के मेल से बनी राशि है। इस राशि का कार्य सन्देश और सूचना के साम्राज्य को विस्तार देना है। का, कि, कू, घ, ड, छ, के, को, हा इस राशि के जन्माक्षर हैं। इसका शुभ रत्न हरित पन्ना है। इस राशि का मूल मन्त्र "ॐ क्लीं कृष्णाय नम:।" है।

भचक्र की तृतीय राशि मिथुन आकृति में पुरुष एवं स्त्री के जोड़े समान, वायुतत्त्व, सतोगुणी, द्विस्वभाव, उष्ण, विषम, पुरुषलिंगी, दिनबली, शीर्षोदयी, पश्चिम दिशा स्वामिनी, गोदाम/कोल्ड स्टोरेज जैसे बन्द स्थान निवासिनी, क्रूर, किन्तु बुद्धिमती शुभ राशि है। प्रति वर्ष अंग्रेजी मास की 21 मई के आसपास सूर्य इस राशि में प्रवेश करता है और 21 जून तक रहता है। इसका विस्तार $60°$ अंश से $90°$ अंश है। बुध इस राशि का स्वामी ग्रह है। गुरु इसका शत्रु है। राहु की यह उच्च राशि तथा केतु की नीच राशि है। शुक्र ग्रह लाभकारी, धनदायी और कारक ग्रह है।

इस राशि में जन्मे व्यक्ति लम्बी कद-काठी वाले होते हैं। इनकी भुजा और हाथ लम्बे, किन्तु पैर छोटे होते हैं। मुखाकृति सुन्दर एवं आकर्षक होती है। नेत्र चंचल होते हैं। दृष्टि पैनी होती है। गौर वर्ण होता है। अच्छे धावक होते हैं। इनमें अनेक कार्य एक साथ करने की क्षमता होती है। इनके चेहरे पर कहीं-न-कहीं तिल का चिह्न अवश्य होता है।

ऐसे व्यक्ति स्वभाव से सज्जन, सरल, शिष्ट, चतुर, कार्यदक्ष, त्वरित बुद्धि वाले, दयालु और भावुक होते हैं। मिष्टभाषी, दूरदर्शी, साहसी, परिश्रमी व संघर्षशील होते हैं। अस्थिर, अशान्त, चंचल, व्यग्र और डरपोक स्थिति उनकी परिवर्तनशील मनोवृत्ति की सूचक होती है। गप्पे हाँकने और दूसरों की निन्दा करने के आदी होते हैं। उन्हें अपने कार्य में दूसरों का हस्तक्षेप सहन नहीं होता है। इनके विचारों में मौलिकता होती है। सदाचार इस राशि वालों का विशेष गुण है।

सामान्यत: ऐसे पुरुषों/स्त्रियों का स्वास्थ्य ठीक रहता है, किन्तु मानसिक श्रम की अधिकता, चंचलता, चिन्ता व आराम की कमी से कई प्रकार के रोग हो जाते हैं। सर्दी, जुकाम, खाँसी व नाक, कान व गले के रोग की सम्भावना अधिक रहती है। चर्मरोग, डायबीटिज, पैरालिसिस रोग भी हो सकते हैं। छाती के दर्द और हार्टअटैक का खतरा बना रहता है। विवाह 22 से 28 वर्ष के मध्य होता है। अस्थिर प्रकृति के कारण पति-पत्नी के आपसी सम्बन्धों में दरार व अलगाव की सम्भावना बनी रहती है। माता-पिता व भाई-बहनों से भी मनमुटाव रहता है। रिश्तेदारों की भलाई करने पर भी बुराई मिलती है। कभी-कभी मित्र भी कुमित्र हो जाते हैं। ऐसे व्यक्ति दीर्घायु होते हैं। पुत्र, पौत्रों का सुख देखने को मिलता है और वे भाग्यशाली होते हैं। कभी-कभी परिवार के बड़े या नजदीकी रिश्तेदार ही दु:ख का कारण बनते हैं।

बुद्धितत्त्व और भावतत्त्व की प्रबलता के कारण पठन-पाठन में रुचि होती है। कवि, लेखक, प्रकाशक, अनुवादक, उद्घोषक बन सकते हैं। लैक्चरार या वकील हो सकते हैं। शोधकर्ता, जासूस, अभिनेता या नेता हो सकते हैं। राजनीति में जा सकते हैं। इंजीनियरिंग के कल-पुर्जों के कार्य व्यवसाय में भी सफलता मिल सकती है। हरफनमौला होते हैं। भाग्योदय कारक वर्षों में 22, 32, 35, 36, 42वें वर्ष और अन्य महत्त्वपूर्ण वर्षों में 23, 41, 50, 59, 68, 77वें वर्ष प्रमुख हैं।

4. लग्न राशि कर्क (Rising Sign Cancer)

यह भचक्र की चतुर्थ राशि कर्क है। यह पुनर्वसु नक्षत्र के 1 चरण, पुष्य नक्षत्र के 4 चरण और अश्लेषा नक्षत्र के 4 चरण के मेल से बनी राशि है। यह सुरक्षा हित बने बाहरी खोल में छिपी भावनाओं के गुप्त खजाने को खोलती है। हि, हू, हे, हो, डा, डी, डू, डे, डो इसके जन्माक्षर हैं। इसका शुभ रत्न श्वेत मोती है। इस राशि का मूल मन्त्र **"ॐ ह्रीं हिरण्यगर्भाय अव्यक्तरुपिणे नम:।"** है।

यह आकृति में केकड़ा के समान, जलतत्त्व, सतोगुणी, शीत, चर, स्त्रीलिंग, सौम्य, रात्रिबली, पृष्ठोदयी, उत्तर दिशा स्वामिनी, मानसिक विस्तार वाली, नदियों, झीलों आदि में रहने वाली एक शुभ राशि है। प्रति वर्ष अंग्रेजी मास की 21 जून के आसपास सूर्य इस राशि में प्रवेश करता है और 21 जुलाई तक रहता है। इसका विस्तार 90° अंश से 120° अंश है। चन्द्र ग्रह इस राशि का स्वामी ग्रह है। शनि इसका शत्रु है। गुरु की यह उच्च राशि तथा मंगल की नीच राशि है। गुरु, मंगल, शनि और स्वयं चन्द्र शुभ, लाभकारी एवं कारक ग्रह हैं।

इस राशि में जन्मे व्यक्ति सामान्य कद वाले होते हैं। इनकी मुखाकृति सुन्दर व आकर्षक होती है। चेहरा गोल होता है। आँखें काली/नीली भूरी होती हैं। नाक छोटी होती है। छाती चौड़ी होती है। हाथ, पैर छोटे होते हैं। शरीर स्थूलकाय होता है। अंग-प्रत्यंग लचीले एवं नरम होते हैं। चल-फिर सकते हैं। इन व्यक्तियों का स्वभाव परिवर्तनशील होता है। कल्पनाशक्ति उच्चकोटि की होती है। ऐसे व्यक्ति बुद्धिमान्, संवेदनशील, भावुक, उदारहृदयी, न्यायप्रिय, मिलनसार एवं दयालु होते हैं। घूमने-फिरने के शौकीन होते हैं। इनमें कोई नया कार्य कर गुजरने की ललक होती

है। धन के प्रति सावधान रहते हैं। दूरदर्शी एवं परोपकारी मनोवृत्ति के होते हैं। कभी साहसी दिखाई देते हैं, तो कभी डरपोक। इन्हें प्यार से जीता जा सकता है। इनकी स्मरणशक्ति तेज होती है। बातूनी होते हैं। अधिक बोलते हैं। इनमें दूसरे के दोष निकालने की बुरी आदत होती है।

इनका स्वास्थ्य उम्र के साथ-साथ ठीक होता जाता है। बपचन में निमोनिया जैसी बीमारी घेरे रहती है। इनके फेफड़े कमजोर होते हैं, अतः इन्हें ठण्ड लगना, जुकाम-खाँसी होना, बुखार आना आम बात है। छाती के रोग, कब्जी होना, रक्त विकार, पीलिया रोग हो सकते हैं। स्त्रियों को हिस्टीरिया रोग भी हो जाता है। इनका विवाह 20 से 22 वर्ष की उम्र में हो जाता है। इनका अपनी माता एवं मातृभूमि के प्रति पूर्ण लगाव होता है। घूमने-फिरने के बाद परिवार में आकर, परिवार से मिलकर प्रसन्न रहते हैं। आदर व आज्ञाकारिता को बहुत महत्त्व देते हैं। जीवन के सुख-दुःख परिवार के साथ संजोते हैं। पैतृक सम्पत्ति मिल जाती है। उच्च शिक्षा ग्रहण करते हैं।

ऐसे जातक प्रशासक या न्यायाधीश बन सकते हैं। यातायात या टूरिज्म में जा सकते हैं। सेल्स एजेण्ट हो सकते हैं। रत्न व्यवसायी, दवा विक्रेता, दूध व दूध से बनी वस्तुओं के व्यवसायी या रंग-रोगन व्यवसायी हो सकते हैं। अच्छे राजनीतिज्ञ हो सकते हैं। राजनीति में सर्वोच्च पद तक पहुँच सकते हैं। संन्यासी भी हो सकते हैं। भाग्योदक कारक वर्षों में 24, 25, 32, 36, 40वें वर्ष व महत्त्वपूर्ण वर्षों में 20, 29, 38, 47, 56, 65, 74वें वर्ष प्रमुख हैं

5. लग्न राशि सिंह (Rising Sign Leo)

यह भचक्र की पंचम राशि सिंह है। यह मघा नक्षत्र के 4 चरण, पूर्वाफाल्गुनी नक्षत्र के 4 चरण और उत्तराफाल्गुनी नक्षत्र के 1 चरण से बनी राशि है। यह साहस, नेतृत्व और अधिकार जैसे गुणों का विवेचन करती है। मा, मि, मु, मे, मो, टा, टी, टू, टे इसके जन्माक्षर हैं। इसका शुभ रत्न माणिक्य है। इस राशि का मूल मन्त्र **"ॐ क्लीं ब्रह्मणे जगदाधाराय नमः।"** है।

यह आकृति में सिंह समान ही होती है। यह राशि अग्नि तत्त्व, रजोगुणी, उष्ण, स्थिर, विषम, पुरुषलिंगी, क्रूर, दिनबली, शीर्षोदयी, पूर्व दिशा स्वामिनी,ऊंची जंगली पहाड़ियों में रहने वाली, शक्ति और स्थिरता की प्रतीक एक अशुभ राशि है। प्रतिवर्ष अंग्रेजी मास की 22 जुलाई के आसपास सूर्य इस राशि में प्रवेश करता है और 21 अगस्त तक रहता है। इसका विस्तार 120° अंश से 150° अंश है। यह सूर्य की स्वयं की अपनी राशि है। इस राशि का ना कोई शत्रु है और ना ही किसी ग्रह की यह उच्च या नीच राशि है। मंगल, सूर्य इसके कारक ग्रह हैं।

इस लग्न या राशि में जन्मे व्यक्ति सिंह के समान मजबूत हड्डियों वाले, साहसी एवं हृष्ट-पुष्ट होते हैं। मध्यम कद वाले सुन्दर एवं सुगन्धित होते हैं। मस्तक चौड़ा होता है। सिर गोल, कमर पतली होती है। आँखें नीली, भूरी होती हैं। मुखाकृति रौबदार होती है। इनकी सीना तानकर चलने की आदत होती है। कठिनाइयों में भी अपना रास्ता निकाल लेते हैं। बहुत प्रभावशाली होते हैं।

ऐसे व्यक्ति स्वभाव से दयालु, बुद्धिमान्, उद्यमी, कर्मठ, निडर, स्वतन्त्र विचारों वाले, पराक्रमी, व्यवहारकुशल, अनुशासनप्रिय, नीति अनुसार आचरण करने वाले होते हैं। प्रसन्नचित्त एवं आशावान होते हैं। महत्त्वाकांक्षा, गरम मिजाज,आत्मविश्वास, मान–सम्मान, लोकप्रियता, स्वार्थपरता, अभिमान, नेतृत्व स्पष्ट झलकता है। यह जिदी, अड़ियल और शंकालु भी होते हैं। बुद्धि चातुर्य से स्थिति संभाल लेने की क्षमता रखते हैं।

सबल और सुगठित होने के कारण सदैव स्वस्थ रहते हैं। कभी बीमार हो भी जाते हैं, तो जल्दी ही ठीक हो जाते हैं। उदर रोग, हृदय रोग, नेत्र रोग, मस्तिष्क ज्वर, पीठ दर्द, कमर दर्द, गर्मियों में हैजा होना, लू लगना, चक्कर आना आदि रोग हो सकते हैं। ऑपरेशन की स्थिति भी आ सकती है। लग्न पर गुरु दृष्टि हो, तो बचाव हो सकता है। परिवार पर विश्वास होता है और मिल–जुलकर रहते हैं विवाह ठीक समय पर हो जाता है। जीवनसाथी से भी सामंजस्य बना रहता है। सन्तान के रूप में एक भाग्यशाली और गौरवशाली पुत्र होता है। भ्रमणशील प्रकृति के कारण देश–विदेश की यात्रा करते हैं। माता–पिता के प्रति सेवा भाव होता है। रईसी जीवन व्यतीत करने में सीमा से बढ़कर व्यय करते हैं। उच्चकोटि की शिक्षा ग्रहण करते हैं। खेल–कूद में काफी रुचि होती है।

अच्छे प्रशासक, प्रबन्धक, सलाहकार, डॉक्टर व पुलिस के अधिकारी बन सकते हैं। शिक्षक, लेखक बन सकते हैं। अच्छे खिलाड़ी हो सकते हैं। राजनीति में कदम रख सकते हैं। विधायक, सांसद और मन्त्री बन सकते हैं। उच्च स्तर के व्यवसाय यथा–मशीनी उद्योग करना पसन्द करते हैं। भाग्योदय कारक वर्षों में 16, 22, 24, 26, 28, 32वें वर्ष तथा अन्य महत्त्वपूर्ण वर्षों में 19, 37, 46, 55, 64, 73, 82वें वर्ष प्रमुख हैं।

6. लग्न राशि कन्या (Rising Sign Virgo)

यह भचक्र की षष्ठम राशि है। यह उत्तराफाल्गुनी नक्षत्र के 3 चरण, हस्त नक्षत्र के 4 चरण और चित्रा नक्षत्र के 2 चरण के मेल से बनी राशि है। यह राशि जीवन में संग्रहीत अनुभवों को विवेकपूर्ण कहने की कला का प्रतीक चिह्न है। टो, पा, पी, पू, ष, ण, ठ, पे, पो इस राशि के जन्माक्षर हैं। इसका शुभ रत्न हरित पन्ना है। इस राशि का मूल मन्त्र **“ॐ पीं पीताम्बराय नमः।”** है।

यह राशि कन्या स्वरूप में कन्या सम होती है। यह पृथ्वी तत्त्व, तमोगुणी, शील, द्विस्वभाव, स्त्रीलिंग, सौम्य, दिनबली, शीर्षोदयी, दक्षिण दिशा स्वामिनी, अन्न भण्डारों, बाग–बगीचों में रहने वाली, वास्तविक कार्य सम्पन्ना एक शुभ राशि है। सूर्य इस राशि में 22 अगस्त के आसपास प्रति वर्ष प्रवेश करता है और 22 सितम्बर तक रहता है। इसका विस्तार 150° अंश से 180° अंश तक है। बुध इस राशि का स्वामी ग्रह है और बुध की ही यह उच्च राशि भी है। शुक्र की यह नीच राशि है। बुध, सूर्य और चन्द्र इस राशि के कारक ग्रह हैं।

कन्या लग्न में जन्मे व्यक्तियों का सामान्यतः मध्यम कद होता है, किन्तु ये इकहरे बदन के होते हैं। शरीर कोमल होता है। सुन्दर व आकर्षक आँखें, लम्बी नाक और होठ पतले होते हैं। वाणी तेज और धीमी होती है। मस्तक आगे की ओर उभरा हुआ होता है। बाल काले होते हैं। चलने की गति तेज होती है। इनकी उम्र का अनुमान लगाना मुश्किल होता है।

सामान्यतः स्वस्थ रहते हैं। अनियमित और असन्तुलित भोजन करने से पाचन संस्थान प्रभावित होता है। फलस्वरूप पीलिया जैसे रोग हो सकते हैं। चिन्ता और डर से स्नायु तन्त्र भी कमजोर हो जाता है। वात, पित, कफ के रोग, नाक, कान व गले के रोग, खाज, खुजली, पीठ दर्द, कमर दर्द जैसे रोगों की सम्भावना हर समय बनी रहती है। ऐसे व्यक्तियों का विवाह विलम्ब से होता है। दुनियादारी की समझ होती है। परिवार से मिलकर चलने की प्रवृत्ति होती है। कन्या सन्तान होने के अवसर अधिक होते हैं। माता-पिता के प्रति लगाव होता है। धन व सम्पत्ति संचय में अधिक समय तक घर से दूर रहते हैं। सन्तान के प्रति बहुत कम मोह होता है।

ऐसे जातक स्वामी ग्रह बुध के विद्या और वाणी का कारक होने से अच्छे डॉक्टर हो सकते हैं। ऑडीटर, एकाउण्टेण्ट, वकील, पत्रकार, सम्पादक, प्रकाशक हो सकते हैं। शिक्षक एवं सेल्स एजेण्ट बन सकते हैं। सौन्दर्य प्रसाधनों, संगीत वाद्यों के व्यवसायी हो सकते हैं। ज्योतिष में रुचि होती है। राजनीति के क्षेत्र में भी कूद सकते हैं। भाग्योदय कारक वर्षों में 25, 32, 35, 36, 42वें वर्ष तथा महत्त्वपूर्ण वर्षों में 23, 41, 50, 59, 68, 77वें वर्ष प्रमुख हैं।

7 - लग्न राशि तुला (Rising Sign Libra)

यह राशि भचक्र की सप्तम राशि है। यह चित्रा नक्षत्र के 2 चरण, स्वाति के 4 चरण और विशाख के 3 चरण के मेल से बनी राशि है। यह न्याय और सन्तुलन के मापन का प्रतीक चिह्न है। रा, रि, रु, रे, रो, ता, ती, तू, ते इस राशि के जन्माक्षर हैं। इसका शुभ रत्न सर्वाधिक बहुमूल्य हीरा है। इस राशि का मूल मन्त्र **"ॐ तत्त्व निरंजनाय तारक रामाय नमः।"** है।

तुला आकृति में तुला, अर्थात् तराजू के समान वायुतत्त्व, रजोगुणी, उष्ण, चर, विषम, पुरुषलिंगी, क्रूर, दिनबली, शीर्षोदयी, पश्चिम दिशा स्वामिनी, ऊँचाइयों और खुले स्थानों पर रहने वाली, सन्तुलन बनाये रखने वाली, न्यायमूर्ति शुभ राशि है। प्रतिवर्ष अंग्रेजी मास की 23 सितम्बर की तिथि के आसपास सूर्य इस राशि में प्रवेश करता है और 22 अक्टूबर तक बना रहता है। इसका विस्तार 180° अंश से 210° अंश तक है। सूर्य, चन्द्र, शुक्र और शनि विशिष्ट कारक ग्रह हैं। शुक्र इस राशि का स्वामी ग्रह है। मंगल इसका शत्रु है। शनि की उच्च तथा सूर्य की नीच राशि है।

इस लग्न राशि में जन्मे व्यक्ति कद में औसत से कुछ लम्बे स्थूलकाय एवं तीखे नाक-नक्श वाले होते हैं। सुन्दर व गौर वर्ण होता है। चेहरा आगे से उभरा हुआ, नेत्र नीले व चमकीले, नाक सीधी होती है। प्रायः हँसमुख होते हैं और हँसते

समय गाल में गड्ढे पड़ते हैं। फलस्वरूप चितवन आकर्षक लगती है। काले बाल होते हैं। चलने की गति तीव्र होती है। वाणी में मिठास होती है। सम्मुख बैठे व्यक्ति को मोह लेती है।

आप स्वभाव से विनम्र, दयालु, उदार, आशावादी, प्रसन्नचित्त, न्यायप्रिय व अनुशासनप्रिय होते हैं। कल्पनाशक्ति के धनी होते हैं। बुद्धिमान व दूरदर्शी होते हैं। ईमानदार, मिलनसार, व्यवहारकुशल और लोकप्रिय होते हैं। शृंगार और सौन्दर्य के शौकीन एवं कामुक होते हैं। समस्याओं को हल करने की क्षमता रखते हैं। रहन–सहन का ढंग रईसी होता है। देश–विदेश में भ्रमण करते हैं। सत्यवादी, परोपकारी व गम्भीर होते हैं।

ऐसे पुरुष/स्त्री सामान्यतः स्वस्थ रहते हैं, किन्तु दिनचर्या में परिवर्तन करते रहने से बीमार भी हो जाते हैं। शुक्र के निर्बल होने की स्थिति में अथवा नीचस्थ सूर्य के तुला राशि में आने या होने पर जनेन्द्रिय रोग, गुर्दे के रोग, कमर व रीढ़ की हड्डी के रोग हो सकते हैं। छोटी–छोटी बीमारियाँ, यथा–जुकाम, खाँसी, बुखार, पीलिया आदि हो सकते हैं। विवाह कम आयु में ही हो जाता है। दाम्पत्य जीवन सुखदायी होता है। परिवार में मिल–जुलकर रहने की प्रवृत्ति होती है। पिता के प्रति श्रद्धा होती है। सन्तान के प्रति भी स्नेह रखते हैं। सौन्दर्य प्रसाधनों का अधिक उपयोग करते हैं। दिखावे के प्रदर्शन में विश्वास करने से आर्थिक स्थिति प्रभावित होती है। वैराग्य की भावना विकसित होती है। जीवन का मोह त्याग देते हैं।

ऐसे व्यक्ति सौन्दर्य प्रसाधनों, यथा–इत्र, सेण्ट, काशीदाकारी, कढ़ाई- बुनाई, खिलौने, रेडीमेड वस्त्र आदि का व्यवसाय कर सकते हैं। रेस्टोरेण्ट, होटल आदि खोल सकते हैं। इण्टीरियर डेकोरेटर, संगीतकार, अभिनेता बन सकते हैं। राजनीति में जा सकते हैं। जीवन के भाग्योदय कारक वर्षों में 25, 27,32, 33, 35वें वर्ष तथा अन्य महत्त्वपूर्ण वर्षों में 24, 42, 51, 60, 69, 78वें वर्ष प्रमुख हैं।

8. लग्न राशि वृश्चिक (Rising Sign Scorpio)

यह भचक्र की अष्टम राशि है। यह राशि विशाखा नक्षत्र के 1 चरण, अनुराधा के 4 चरण और ज्येष्ठा के 4 चरण के योग से मिलकर बनी है। यह एक शान्त स्वभाव वाली राशि है, किन्तु जब इसे ड़राया जाता है, तब यह अपने बचाव में डंक मारने जैसी मर्मभेदी चोट करती है। तो, ना,नी, नू, ने, नो, या, यी, यू इस राशि के जन्माक्षर हैं। इसका शुभ रत्न मूँगा है। इस राशि का मूल मन्त्र **“ॐ नारायणाय सूरसिंहाय नमः।”** है।

यह राशि वृश्चिक आकृति में बिच्छू के समान, जल तत्त्व, तमोगुणी, स्थिर, शीत, स्त्रीलिंग, सौम्य, दिनबली, शीर्षोदयी, उत्तर दिशा स्वामिनी, दलदली बदबूदार स्थान निवासिनी, रहस्यमयी एक अशुभ राशि है। प्रति वर्ष अंग्रेजी मास की 23 अक्टूबर तिथि के आसपास सूर्य इस राशि में प्रवेश करता है और 21 नवम्बर तक रहता है। इसका विस्तार 210° अंश से 240° अंश तक है। मंगल इस राशि का

स्वामी ग्रह है। शुक्र इसका शत्रु ग्रह है। चन्द्र की यह नीच राशि है। सूर्य, चन्द्र, मंगल, गुरु और शुक्र ग्रह शुभ एवं सौभाग्यशाली कारक ग्रह हैं।

इस लग्न में जन्मे व्यक्ति कद में औसत से कुछ लम्बे होते हैं। सुगठित व सन्तुलित होते हैं। मुखाकृति सुन्दर व आकर्षक होती है। सिर चौड़ा और तेजवान होता है। बाल काले और घुँघराले होते हैं। नेत्र नीले, भूरे एवं चमकदार होते हैं। सम्मोहक दृष्टि होती है। हाथ व पैर लम्बे होते हैं। गर्दन या कन्धे पर पहचान का कोई चिह्न होता है।

इन व्यक्तियों का स्वभाव बिच्छू के डंक के समान होता है। यह हठी, क्रोधी, चालाक, ईर्ष्यालु और स्वार्थी होते हैं। इनमें कल्पनाशक्ति गजब की होती है। बुद्धिमान्, साहसी, उत्साही, परिश्रमी, सामर्थ्यवान, ईमानदार, स्पष्टवादी, परोपकारी व व्यवहारकुशल होते हैं। दृढ़ संकल्पशक्ति वाले एवं स्वतन्त्र विचारों के होते हैं। अपना मार्ग स्वयं तय करते हैं। अपनी गलती कभी स्वीकार नहीं करते हैं। अवसरवादी, उग्र और आक्रामक होते हैं।

स्वास्थ्य के प्रति सावधान होते हुए भी बीमार हो जाते हैं। जनेन्द्रिय रोग और फोड़े-फुंसी, चोट, घाव, पथरी आदि रोग हो जाते हैं। हमेशा कब्ज बनी रहती है। जुकाम, खाँसी आम है। स्त्रियों को रक्त सम्बन्धी बीमारियाँ प्रमुख रूप से होती हैं। विशेष रूप से मासिक धर्म की अनियमितता बनी रहती है। ऐसे व्यक्तियों के दो विवाह हो सकते हैं। दूसरे विवाह से शान्तिपूर्ण जीवन की आशा की जा सकती है। सामान्यत: पारिवारिक जीवन कलहपूर्ण होता है। परिवार के जीवनयापन हेतु पुरुषार्थ से निर्वाह योग्य साधन जुटा लेते हैं।

डॉक्टर, इंजीनियर, पुलिस अफसर, वकील, रिसर्चर, शिक्षक बन सकते हैं। नौकरी में रुचि होती है। सफलता प्राप्त कर सकते हैं। केमिस्ट या बीमा व्यवसायी हो सकते हैं। राजनीति में जा सकते हैं। लेखक या कवि हो सकते हैं। हीन भावना के कारण शीघ्र निराश होजाते हैं, किन्तु बदले की भावना रखते हैं। जीवन के 24, 28, 32, 36, 44वें वर्ष भाग्योदय कारक वर्ष होते हैं। अन्य महत्त्वपूर्ण वर्षों में 18, 27, 45, 54, 63 और 72वें वर्ष प्रमुख हैं।

9. लग्न राशि धनु (Rising Sign Sagittarius)

यह भचक्र की नवम राशि है। यह राशि मूला नक्षत्र के 4 चरण, पूर्वा आषाढ़ा के 4 और उत्तरा आषाढ़ा के 1 चरण के योग से बनी है। इसका लक्ष्य जातक को ज्ञानवान एवं विद्वान् बनाना है। ये, यो, भा, भी, भू, धा, फा, ढा, भे इस राशि के जन्माक्षर हैं। इसका शुभ रत्न पीत पुखराज है। इस राशि का मूल मन्त्र **"श्रीं देवकृष्णाय उर्ध्वजाय नमः।"** है।

यह लग्न राशि धनु आकृति में तीर चलाते हुए व्यक्ति के समान, अग्नितत्त्व, सतोगुणी, द्विस्वभाव, उष्ण, विषम, पुरुष लिंग, क्रूर, रात्रिबली, पृष्ठोदयी, पूर्व दिशा स्वामिनी, उच्च स्थानों में निवास करने वाली, लक्ष्यपूर्ण एक शुभ राशि है। प्रति वर्ष अंग्रेजी मास की 22 नवम्बर तिथि के आसपास सूर्य इस राशि में प्रवेश करता है और

21 दिसम्बर तक रहता है। इसका विस्तार 240° अंश से 270° अंश तक है। गुरु इस राशि का स्वामी ग्रह है। बुध इसका शत्रु है। केतु की यह उच्च राशि तथा राहु की यह नीच राशि है। लग्नेश गुरु सर्वाधिक कारक तथा सूर्य, मंगल अन्य कारक ग्रह है।

इस लग्न राशि में उत्पन्न व्यक्तियों का शरीर सुन्दर, गोरा और सुगठित होता है। कद-काठी में ऊँचे व लम्बे होते हैं। मस्तक चौड़ा, कान बड़े और नाक लम्बी होती है। दृष्टि तेज एवं भौंहें तनी रहती हैं। बाल काले होते हैं। लग्न में क्रूर ग्रह की स्थिति में सिर गंजा भी हो सकता है। चेहरा गोल और रौबीला होता है। बात के धनी होते हैं और नाप-तौलकर बात करते हैं।

ऐसे व्यक्ति स्वभाव से सौम्य, शान्त, उदार, दयालु, आत्मविश्वासी, संवेदनशील, परोपकारी व अध्यात्मवादी होते हैं। निडर, साहसी, उत्साही, सदाचारी होते हैं। बुद्धिमान एवं अनुशासित होते हैं। ये ईमानदार, न्यायप्रिय, सिद्धान्तवादी और महत्त्वाकांक्षी मनोवृत्ति के होते हैं। विलम्ब से निर्णय लेते हैं, लेकिन सोच-विचार कर ठीक निर्णय लेते हैं। इनकी सादगी व मधुर व्यवहार के कारण लोग इनको धोखा भी दे जाते हैं। गरीब, असहाय व दुखी व्यक्तियों की सहायता करने में आगे रहते हैं। खोज करने और आगे बढ़ने की प्रवृति से दृढ़ता आती है।

धनु लग्न का स्वामी गुरु (बृहस्पति) है। ऐसे व्यक्ति स्वस्थ एवं सन्तुष्ट रहते हैं। जीवन में आराम रहता है। दूषित एवं निर्बल गुरु होने की स्थिति में गठिया, जोड़ दर्द, कमर दर्द, कूल्हे के दर्द, घुटने में दर्द या सूजन, रक्त विकार, फेफड़ों के रोग हो सकते हैं। ये रोग वृद्धावस्था में बहुत तंग करते हैं। विवाह 22 से 26 वर्ष की उम्र के मध्य होता है। जीवनसाथी समझदार, मिलनसार और कर्तव्यनिष्ठ होता है। धन-सम्पदा, जमीन-जायदाद, वाहन सुविधा आसानीसे प्राप्त कर लेते हैं। परिवार में, समाज में पूरा मान-सम्मान मिलता है। असहाय, दुखी, गरीबों की मदद हर समय करने को तत्पर रहते हैं। माता-पिता पर पूरी श्रद्धा होती है।

ऐसे जातक शिक्षक, उद्घोषक, बैंक कर्मचारी, वकील, चिकित्सक, न्यायाधीश, दूतावास कर्मचारी बन सकते हैं। कवि, लेखक, पत्रकार, अभिनेता, संस्थापक, कथावाचक, धर्मप्रचारक व ज्योतिषी बन सकते हैं। पुस्तक व्यवसायी हो सकते हैं। राजसेवा में अच्छे प्रशासक हो सकते हैं। राजनीति में भी जा सकते हैं। जीवन के भाग्योदय कारक वर्षों में 23, 27, 32, 36वें वर्ष तथा अन्य महत्त्वपूर्ण वर्षों में 21, 30, 39, 48, 57, 66, 75वें वर्ष प्रमुख हैं।

10. लग्न राशि मकर (Rising Sign Capricorn)

यह भचक्र की दशम राशि है। यह राशि उत्तरा आषाढ़ा नक्षत्र के 3 चरण, श्रवण के 4 चरण ओर धनिष्ठा के 2 चरण के मेल से बनी राशि है। यह जातक को उसकी योग्यता का सत्यासत्य ज्ञान कराती है कि वह अपने कदम जमीन पर और अपनी दृष्टि लक्ष्य पर रखे। भो, जा, जी, खी, खू, खे, खो, गा, गी इस राशि के जन्माक्षर हैं। इसका शुभ रत्न नीलम है। इस राशि का मूल मन्त्र **"ॐ श्रीं वत्सलाय नमः।"** है।

यह राशि मकर आकृति में बकरे के समान, पृथ्वीतत्त्व, तमोगुणी, चर, शीत, स्त्रीलिंग, सौम्य, दिनबली, पृष्ठोदयी, दक्षिण दिशा स्वामिनी, कंटीली झाड़ियों वाली, बंजर भूमि निवासिनी, परिश्रमी एक अशुभ राशि है। प्रति वर्ष अंग्रेजी मास की 22 दिसम्बर तिथि के आसपास सूर्य इस राशि में प्रवेश करता है और 20 जनवरी तक रहता है। इसका विस्तार $270°$ अंश से $300°$ अंश तक है। शनि इस राशि का स्वामी ग्रह है। चन्द्र इसका शत्रु है। मंगल की उच्च और गुरु की नीच राशि है। शुक्र, शनि, चन्द्र, सूर्य शुभ कारक ग्रह हैं।

इस लग्न में जन्म लेने वाले व्यक्ति दुबले, पतले और मध्यम से कुछ लम्बे कद वाले होते हैं। मुखाकृति सुन्दर होती है। नयन-नक्श तीखे होते हैं। चेहरा पतला, नाम लम्बी, आँखें काली, नीली होती हैं। इनके बाल काले घने होते हैं। कमर पतली होती है। त्वचा संवेदनशील होती है। रंग साफ होता है।

ऐसे व्यक्ति विनम्र, दयालु, अनुशासनप्रिय, स्वच्छन्द, ईर्ष्यालु, स्वार्थी, लोभी, अड़ियल और उग्र होते हैं। बुद्धिमान्, नीतिवान, धैर्यवान, आत्मविश्वासी होते हैं। दूरदर्शी एवं व्यवहारकुशल होते हैं। उच्चाभिलाषी, मननशील, एकान्तप्रिय, मितव्ययी, विश्वसनीय एवं नेतृत्वशील प्रवृत्ति के होते हैं। रूढ़िवादी विचारधारा के होते हैं। समस्याओं से निपटने की कला जानते हैं। ये न चिन्तित होते हैं और न घबराते हैं। बदले की भावना एक बार घर कर गयी, तो भूलना मुश्किल होता है। ईमानदार होते हैं। वायु और कफ से सम्बन्धी रोग अधिक होते हैं। पाचन शक्ति ठीक नहीं रहती है। कब्ज बनी रहती है। कमरदर्द, जोड़ों के दर्द, घुटनों के दर्द, पिण्डलियों के दर्द, खाज, खुजली जैसे रोगों की सम्भावना बनी रहती है। खाँसी, बुखार व निमोनिया हो सकता है।

इन व्यक्तियों का विवाह काफी विलम्ब से होता है। 24 से 28 वर्ष की आयु में हो सकता है। स्वभाव के उग्र होते हैं। अधिक बोलते हैं। असफलता के कारण हीन भावना आ जाती है। अत: दाम्पत्य जीवन सामान्यत: दुखी रहता है। माता-पिता के प्रति भी लगाव कम होता है। नाम, प्रसिद्धि, धन व अधिकार की चाह में बच्चों को भी भुला देते हैं, किन्तु परिवार के प्रति उत्तरदायित्व की पूर्ति करने और कर्तव्यों को निभाने का ध्यान रखते हैं।

ऐसे जातक अध्यापक, प्रवक्ता, एकाउण्टेण्ट, इंजीनियर, पायलट, वैज्ञानिक, भूगर्भ शास्त्री बन सकते हैं। जासूस या वकील, हस्तरेखा विशेषज्ञ हो सकते हैं। विद्वान संन्यासी हो सकते हैं। बीमा एजेण्ट या दलाल हो सकते हैं। मुद्रण या प्रकाशन व्यवसाय अपना सकते हैं। खेल-कूद में भी नाम कमा सकते हैं। लग्न पर अशुभ ग्रहों के पाप प्रभाव होने पर चोर, जेबकतरे या बदमाश बन सकते हैं। भाग्योदय कारक वर्षों में 22, 24, 25, 32वें वर्ष तथा अन्य वर्षों में 17, 26, 35, 44, 53, 62, 71वें वर्ष महत्त्वपूर्ण हैं।

11. लग्न राशि कुम्भ (Rising Sign Aquarius)

यह राशि भचक्र की एकादश राशि है। यह राशि धनिष्ठा नक्षत्र के 2 चरण, शतभिषा नक्षत्र के 4 चरण और पूर्वा भाद्रपद नक्षत्र के 3 चरण से मिलकर बनी राशि है।

यह जातक को मानवता से भिन्न अपना जीवन मार्ग बनाने की इच्छाशक्ति को प्रकट करती है। गू, गे, गो, सा, सी, सू, से, सो, द इस राशि के जन्माक्षर हैं। इसका शुभ रत्न नीलम है। इस राशि का मूल मन्त्र **"ॐ श्रीं उपेन्द्राय अच्युताय नमः।"** है।

यह राशि कुम्भ आकृति में अपने नाम के अनुसार कुम्भ या घट जैसी होती है। यह वायुतत्त्व, तमोगुणी, स्थिर, उष्ण, विषम, पुरुषलिंग, क्रूर, दिनबली, शीर्षोदयी, पश्चिम दिशा स्वामिनी, जलाशय निवासिनी, ज्ञानवान एक अशुभ राशि है। अंग्रेजी मास की 21 जनवरी तिथि के आसपास सूर्य इस राशि में प्रवेश करता है और 19 फरवरी तक रहता है। इसका विस्तार 300° अंश से 330° अंश तक है। शनि इस राशि का स्वामी ग्रह है। सूर्य इसका शत्रु है। शुक्र, शनि, सूर्य और चन्द्र प्रमुख लाभदायी कारक ग्रह हैं।

इस राशि में जन्मे व्यक्ति ऊंचे कद वाले, सुन्दर और प्रभावशाली होते हैं। रंग गोरा होता है। चेहरा मांसल, भरा हुआ, कन्धे चौड़े और मनमोहक नेत्र होते हैं। बालों का रंग भूरा और काला होता है। शरीर बलिष्ठ एवं सुगठित होता है। पिण्डलियों पर पहचान का चिह्न मस्सा होता है। इनके चलने का ढंग इनको और भी आकर्षक बनाता है।

ऐसे व्यक्ति स्वभाव से दयालु, शान्त, गम्भीर, विवेकी, परिश्रमी, विचारवान और मितव्ययी होते हैं। ज्ञानवान व बुद्धिमान् होते हैं। स्मरणशक्ति और तर्कशक्ति तीव्र होती है। व्यवहारकुशल, परोपकारी और मिलनसार होते हैं। आत्मविश्वास और निष्ठा से भरे होते हैं। नैतिक स्तर ऊँचा होता है। अतः स्पष्टवादी और महत्त्वाकांक्षी होते हैं। हँसमुख और निःस्वार्थ भावना से ओत-प्रोत होते हैं। संघर्षशील एवं निडर होते हैं।

ऐसे व्यक्ति सामान्यतः स्वस्थ रहते हैं। अधिक परिश्रम करने के कारण हृदय रोग, रक्तचाप, नेत्र रोग, चर्मरोग हो सकते हैं। गठिया, जोड़ों का दर्द, दांत का दर्द, गले का दर्द भी हो सकता है। टाँगों, घुटनों, पिण्डलियों, अँगुलियों में सूजन भी हो सकती है। इन व्यक्तियों में प्रेम भावना प्रबल होती है। परिवार व सगे सम्बन्धियों से मिलकर चलते हैं। विवाह देर से होता है। माता-पिता व अन्य सभी के लिए आदर की भावना होती है। धन की कमी नहीं होती है। विदेश भ्रमण के अवसर भी आते हैं। प्रबन्ध योग्यता बहुत अच्छी होती है। जीवन में आकस्मिक उतार-चढ़ाव आते रहते हैं। बुद्धिमान् और विद्यावान् होते हैं। अच्छी शिक्षा ग्रहण करते हैं। अपने कर्तव्यों और मान-सम्मान का ध्यान रखते हैं।

ऐसे व्यक्ति उच्च प्रशासकीय अधिकारी, डॉक्टर, जज, वकील, प्रोफेसर, लेखाकार, पत्रकार, लेखक और उच्चकोटि के ज्योतिषी हो सकते हैं। बीमा एजेण्ट, सेल्स एजेण्ट, मुद्रण या प्रकाशन का व्यवसाय अपना सकते हैं। शोध कार्यों में भाग ले सकते हैं। अनुवादक, उद्घोषक बन सकते हैं। पुरातत्त्व एवं वास्तुकला ज्ञानी हो सकते हैं। भाग्योदय कारक वर्षों में 25, 28, 36, 42, 45वें वर्ष तथा अन्य महत्त्वपूर्ण वर्षों में 26, 35, 44, 53, 62, 71वें वर्ष प्रमुख हैं।

12 – लग्न राशि मीन (Rising Sign Pisces)

यह राशि भचक्र की द्वादश और अन्तिम राशि है। यह पूर्वा भाद्रपद नक्षत्र के 1 चरण, उत्तरा भाद्रपद नक्षत्र के 4 चरण और रेवती नक्षत्र के 4 चरण से मिलकर बनी राशि है। यह भावनाओं के ज्वार से लगातार जूझते रहने की प्रवृत्ति और मजबूती से उस पर सही पकड़ बनाये रखने की योग्यता को प्रकट करती है। दी, दू, थ, झ, फ, दे, दो, चा, चि इस राशि के जन्माक्षर हैं। इसका शुभ रत्न पीत पुखराज है। इस राशि का मूल मन्त्र **"ॐ क्लीं उद्धृताय उद्धारिणे नमः।"** है।

राशि मीन आकृति में दो मछलियों के समान, जलतत्त्व, सतोगुणी, द्विस्वभाव, शीत, सम, स्त्रीलिंग, सौम्य, दिनबली, उभयोदयी, उत्तर दिशा स्वामिनी, समुद्रों व झीलों में निवास करने वाली, सेवाभावी व मोक्षदाता एक शुभ राशि है। सूर्य अंग्रेजी मास की 20 फरवरी तिथि को इस राशि में प्रवेश करता है और 20 मार्च तक रहता है। इसका विस्तार $330°$ अंश से $360°$ अंश तक है। गुरु इस राशि का स्वामी ग्रह है। बुध इसका शत्रु है। शुक्र की उच्च राशि तथा बुध की यह नीच राशि है।

इस लग्न में जन्मे व्यक्ति छोटे कद के होते हैं। शरीर मोटा होता है। चेहरा भरा हुआ मांसल होता है। दोहरी ठोड़ी होती है। बड़ी-बड़ी आँखें, चौड़ा मुंह होता है। काले, घने बाल होते हैं। हाथ, पैर छोटे होते हैं। देखने में पीत वर्ण लगते हैं। दार्शनिक और कल्पनाशील होते हैं। स्वप्नों में खोये रहते हैं।

द्विस्वभाव राशि होने के कारण ऐसे व्यक्ति अस्थिर स्वभाव के होते हैं। ईमानदार, उदार, दयालु, दानी, धर्मपरायण, परोपकारी, परिश्रमी,सदाचारी, विश्वासी, बुद्धिमान, धीर, गम्भीर व व्यवहारकुशल होते हैं। महत्त्वाकांक्षी, स्वाभिमानी, दूरदर्शी, मान-मर्यादा और प्रतिष्ठा का ध्यान रखने वाले होते हैं। समाजसेवा की भावना मन में सदैव ही बनी रहती है। स्वास्थ्य ठीक-ठीक रहता है, किन्तु मोटा शरीर होने के कारण हार्टअटैक, कफ, खाँसी, रक्तविकार, पेट में दर्द, पसीना अधिक आना बीमारियाँ हो जाती हैं। पित्त रोग भी हो जाते हैं। कान व दांत रोग, टखनों व पैरों में सूजन के रोग हो सकते हैं। विवाह 24 से 28 वर्ष की आयु में हो जाता है। जीवनसाथी सुन्दर एवं बुद्धिमान होता है। दाम्पत्य जीवन सुखी रहता है। परिवार में मेल-जोल और प्यार होता है। बड़ों की, सगे-सम्बन्धियों की सच्चे मन से इज्जत व सहायता करते हैं। इनका प्यार निश्छल होता है। अवसर के अनुसार व्यवहार करते हैं।

ऐसे व्यक्ति व्यवसाय की अपेक्षा नौकरी करना अधिक पसन्द करते हैं। अच्छी शिक्षा प्राप्त करते हैं। सामाजिक कार्यों में रुचि अधिक होती है। अतः शिक्षक, प्राध्यापक, चिकित्सक, राजनयिक, राजदूत, मन्त्री बन सकते हैं। लेखक, प्रकाशक, पत्रकार, संवाददाता बन सकते हैं। अच्छे ज्योतिषी या धर्म प्रचारक हो सकते हैं। औषधि निर्माण, सौन्दर्य प्रसाधन, रेडीमेड कपड़े, जल एवं रसायन के व्यवसाय में जा सकते हैं। भाग्योदय कारक वर्षों में 24, 28, 33, 38वें वर्ष बड़े ही महत्त्वपूर्ण होते हैं। अन्य वर्षों में 21, 30, 39, 48, 57, 66, 74वें वर्ष प्रमुख हैं।

ज्योतिष में 27 नक्षत्र (Twenty Seven Constellations in Astrology)
नक्षत्र किसे कहते है?

आकाश मण्डल में कई लघुतारक समूह आकृति में अश्व, श्वान, सर्प, मृग, हाथी जैसे दृष्टिगोचर होते हैं। इन्हें ही नक्षत्र कहते हैं। यह आकाश मण्डल की दूरी बताने वाले मील के पत्थर (Milestones) का काम करते हैं। यह नक्षत्र चन्द्र यात्रा के मार्ग में आते हैं। यह तिथि या दिन विशेष को पृथ्वी मार्ग में चन्द्र द्वारा की गयी यात्रा की दूरी प्रकट करते हैं। एक नक्षत्र 13° अंश – 20' कला का होता है। प्रत्येक नक्षत्र के चार चरण होते हैं। अत: नक्षत्र के एक चरण की दूरी 13° अंश – 20' कला ÷ 4 = 3° अंश – 20' कला होती है। सवा दो नक्षत्र अर्थात् 9 चरण की एक राशि होती है। चन्द्र 2¼ दिन में एक राशि पार कर लेता है अर्थात् 30° अंश आगे बढ़ जाता है। सत्ताईस दिन में सभी 12 राशियाँ और नक्षत्र पार कर लेता है।

नक्षत्र विवरण व श्रेणियाँ

चन्द्र यात्रा मार्ग में आने वाले कुल 27 नक्षत्र हैं। ज्योतिर्विदों का मत है कि उत्तराषाढ़ा नक्षत्र की अंतिम 15 घटी और श्रवण नक्षत्र की प्रथम 4 घटी कुल 19 घटी का 'अभिजित' नामक एक 28वाँ नक्षत्र भी है। यह सभी शुभ कार्यों के लिये लाभकारी व सुखदायी होता है। स्वभाव के अनुसार नक्षत्रों को 7 श्रेणियों में, दृष्टि आधार पर 3 श्रेणियों में और शुभाशुभ फल के आधार पर 3 श्रेणियों में बाँटा गया है। विशिष्ट पहचान वाले कुल 17 नक्षत्रों में 5 नक्षत्र पंचक संज्ञक, 6 नक्षत्र मूलसंज्ञक तथा 6 नक्षत्रों की कुछ घटी गण्ड नक्षत्र की श्रेणी में आती हैं।

(क) स्वभाव के आधार पर – सात श्रेणियाँ होती हैं। इनके नाम हैं – ध्रुव, चंचल, उग्र, मिश्र, क्षिप्रा, मृदु एवं तीक्ष्ण।

1. **ध्रुव (स्थिर) नक्षत्र** – 4, 12, 21, 26 चार नक्षत्र स्थिर होते हैं। भवन निर्माण, कृषि कार्य, बाग–बगीचे लगाना, गृह प्रवेश, नौकरी ज्वायन करना, उपनयन संस्कार आदि के लिये शुभ होते हैं।

2. **चंचल (चर) नक्षत्र** – 7, 15, 22, 23, 24 चंचल होते हैं। घुड़सवारी करना, मोटर या कार आदि चलाना, मशीन चलाना, यात्रा करना आदि गतिशील कार्यों के लिये शुभ होते हैं।

3. **उग्र (क्रूर) नक्षत्र** – 2, 10, 11, 20, 25 पाँच नक्षत्र उग्र होते हैं। भट्टे लगाना, गैस जलाना, सर्जरी करना, मारपीट करना, अस्त्र-शस्त्र चलाना, व्यापार करना, खोज कार्य, शोध कार्य आदि कार्यों के लिये शुभ होते हैं।

4. **मिश्र (साधारण) नक्षत्र** – 3 और 16 दो नक्षत्र मिश्र होते हैं। लोहा भट्टी, गैस भट्टी के कार्य, भाप का इंजन, बिजली सम्बन्धी कार्य, दवाईयाँ बनाने आदि के लिये शुभ होते हैं।

5. **क्षिप्रा (लघु) नक्षत्र** – 1, 8, 13 व अभिजित चार नक्षत्र क्षिप्रा होते हैं। नृत्य, गायन, रुपसज्जा, नाटक, नौटंकी आदि कार्य करना, दुकान करना, आभूषण बनाना, शिक्षा कार्य, लेखन, प्रकाशन हेतु शुभ होते हैं।

6. **मृदु (मित्रवत) नक्षत्र** - 5, 14, 17, 27 चार नक्षत्र मृदु होते हैं। कपड़े बनाना, सिलाई कार्य, कपड़े पहनना, खेल कार्य, आभूषण बनवाना एवं पहनना, व्यापार करना, सेवा कार्य, सत्संगति आदि के लिये शुभ होते हैं।
7. **तीक्ष्ण (दारुण) नक्षत्र** - 6, 9, 18, 19 चार नक्षत्र तीक्ष्ण अर्थात् दुःखदायी होते हैं। हानिकर कार्य करना, लड़ाई-झगड़े करना, जानवरों को वश में करना, काला जादू सीखना, मैसमरेजम आदि कार्यों हेतु शुभ माने जाते हैं।

(ख) दृष्टि के आधार पर - तीन श्रेणियाँ होती हैं। इनके नाम हैं - अधोमुखी, उर्द्धमुखी व त्रियन्नमुखी।

1. **अधोमुखी नक्षत्र** - नीचे की ओर दृष्टि रखने वाले (2, 3, 9, 10, 11, 16, 19, 20, 25) कुल 9 नक्षत्र हैं। कुआ, तालाब, मकान की नींव, बेसमैन्ट, सुरंग बनवाना, खान खोदना, पानी व सीवर के पाईप डालना जैसे भूमिगत कार्यों के लिये शुभ होते हैं।
2. **उर्द्धमुखी नक्षत्र** - ऊपर की ओर दृष्टि रखने वाले (4, 6, 8, 12, 21, 22, 23, 24, 26) कुल 9 नक्षत्र होते हैं। मन्दिर निर्माण, बहुमंजिले भवन निर्माण, मूर्ति स्थापना, ध्वज फहराना, राज्याभिषेक, मण्डप बनवाना, बाग लगवाना, पर्वत पर चढ़ाई करना आदि कार्यों हेतु शुभ होते हैं।
3. **त्रियन्नमुखी नक्षत्र** - दाँये-बाँये व सम्मुख दृष्टि रखने वाले (1, 5, 7, 13, 14, 15, 17, 18, 27) कुल 9 नक्षत्र हैं। घुड़सवारी करना, मोटरगाड़ी चलाना, सड़क बनवाना, पशु खरीदना, नाव चलाना, कृषि करना, आवागमन सम्बन्धी कार्यों हेतु शुभ माने गये हैं।

(ग) शुभाशुभ फल के आधार पर - इनकी भी तीन श्रेणियाँ होती हैं। इनके नाम हैं - शुभ फलदायी, मध्यम फलदायी और अशुभ फलदायी।

1. **शुभ फलदायी** - कुल 13 नक्षत्र (1, 4, 8, 12, 13, 14, 17, 21, 22, 23, 24, 26, 27) शुभ फलदायी होते हैं।
2. **मध्यम फलदायी** - कुल चार नक्षत्र (5, 7, 10, 16) मध्यम अर्थात् थोड़ा फल देते हैं।
3. **अशुभ फलदायी** - शेष दस नक्षत्र (2, 3, 6, 9, 11, 15, 18, 19, 20, 25) अशुभ फल देते हैं अर्थात् कष्टकारी होते हैं।

(घ) विशिष्ट पहचान वाले नक्षत्र - कुल 27 नक्षत्रों में से विशिष्ट पहचान वाले 17 नक्षत्र हैं। इनकी भी तीन प्रमुख श्रेणियाँ हैं।

1. **पंचकसंज्ञक नक्षत्र** - अंतिम 5 नक्षत्र (23, 24, 25, 26, 27) पंचकसंज्ञक नक्षत्र होते हैं। इनमें पंचक दोष माना जाता है। इनमें किसी भी प्रकार के शुभ कार्य नहीं करने चाहिए। यथा मकान, दुकान, झोंपड़ी की छत डालना, चारपाई या पलंग आदि की बुनाई करना, लकड़ी काटना, दीवार या स्तम्भ बनाना, दाह संस्कार करना, दक्षिण दिशा की यात्रा करना आदि। पंचकों में लाभ-हानि की पाँच गुना संभावना रहती है।।

2. **मूलसंज्ञक नक्षत्र** – कुल 6 नक्षत्र (9, 10, 18, 19, 27, 1) मूलसंज्ञक नक्षत्र होते हैं। इन नक्षत्रों में जन्में बालक/बालिका हेतु 27 दिन बाद उसी नक्षत्र के आने पर शान्ति पाठ व हवन कराना शुभ माना गया है। मूलसंज्ञक नक्षत्रों में जन्मे बालक/बालिका के सम्बन्ध में निम्नलिखित दुष्परिणाम हो सकते हैं।

   (अ) अश्विनी, मघा व मूल नक्षत्रों के प्रथम चरण और अश्लेषा व ज्येष्ठा नक्षत्रों के चतुर्थ चरण का जन्म हो, तो व्यक्ति के स्वयं के जीवन के लिये और माता-पिता के जीवन के लिए भी अशुभ व दुःखदायी होता है। उसकी मृत्यु भी हो सकती है। यदि किसी कारण से 20 वर्ष की आयु पूरी हो जाती है, तो वह दीर्घायु एवं विश्वविख्यात होता है।

   (ब) ज्येष्ठा नक्षत्र के प्रथम और द्वितीय चरण का जन्म व्यक्ति के बड़े व छोटे भाई के जीवन के लिए अशुभ एवं कष्टकारी होता है। बड़े या छोटे भाई की मृत्यु भी हो सकती है।

   (स) रेवती नक्षत्र के चतुर्थ चरण का जन्म भी अपनों के लिए अशुभ एवं कष्टकारी होता है।

   (द) उपरोक्त मूल संज्ञक नक्षत्रों के अन्य चरणों में होने पर जातक और उसके कुटुम्ब का जीवन सुखी और समृद्ध होता है।

3. **नक्षत्र गंड़ांत** – कुछ नक्षत्रों की कुछ घटी नक्षत्र गंड़ांत की श्रेणी में आती हैं। यह समय सभी प्रकार के शुभ कार्यों के लिये अशुभ माना जाता है। इसमें तीन नक्षत्रों (1, 10, 19) की प्रारम्भ की 2 घटी तथा तीन नक्षत्रों (9, 18, 27) की अन्तिम 2 घटी होती हैं।

🪷 🪷 🪷

अध्याय 4

जन्मकुण्डली के द्वादश भाव (Twelve Houses of A Birth Chart)

जन्मकुण्डली के द्वादश भाव

जन्मकुण्डली में 12 भाव होते हैं। इन 12 भावों में 12 राशियाँ लग्न राशि के अनुसार घड़ी की सूईयों के प्रतिकूल क्रम में भावों में लिख दी जाती हैं। पुन: कोणात्मक आधार पर उन भावों में ग्रह रख दिये जाते हैं। द्वादश भावों के नाम एवं विचारणीय विषय निम्नलिखित हैं। किस भाव से क्या देखें ? भाव का कारक ग्रह कौन है? सभी तथ्य स्पष्ट हो जाते हैं।

द्वादश भावों के नाम एवं विचारणीय विषय

1. प्रथम भाव (तनुभाव)

इसे लग्न, त्रिकोण और केन्द्र भाव भी कहते हैं। लग्नेश शुभ हो या अशुभ, यह सदैव शुभ फल देता है। सूर्य इस भाव का कारक ग्रह है। शारीरिक गठन, आकृति, रूप, रंग, स्वभाव, आचरण, बल, स्वास्थ्य, व्यक्तित्त्व, मान, प्रतिष्ठा, जाति, आयु, सुख-दु:ख, जीवनसाथी का व्यवसाय, दादी, नाना, सिर, मस्तक इस भाव के विचारणीय विषय हैं। इसमें मिथुन, कन्या, तुला, कुम्भ राशियाँ बलवान मानी गयी हैं।

2. द्वितीय भाव (धनभाव)

इसका दूसरा नाम पणफर है। यह मारक भाव है। गुरु इस भाव का कारक ग्रह है। धन-सम्पत्ति, कुटुम्ब स्थिति, खाद्य पदार्थ, वस्त्र, मित्र, वाणी, विद्या, लेखन कला, सत्य-असत्य, जीवनसाथी का सुख, सन्तति, भक्ति, स्वर्णादि धातुओं का क्रय-विक्रय, दायीं आँख, दायाँ कान, नाक, मुख, मृत्यु मुख्य विचारणीय विषय हैं।

3. तृतीय भाव (सहज भाव)

इसे त्रिषड़ाय भी कहते हैं। यह एक शुभ भाव है, किन्तु सदैव दोषी होता है। मंगल इस भाव का कारक ग्रह है। छोटे भाई-बहन का सुख, स्वयं का पराक्रम, धैर्य, आभूषण, नौकर-चाकर, लघु यात्राएँ, आयु, माता-पिता की मृत्यु, गुप्त शत्रु, धर्म, उपदेश, खाँसी, दमा, श्वास रोग, चाचा, मामा विचारणीय विषय हैं।

4. चतुर्थ भाव (सुख भाव)

यह केन्द्र भाव है। पाप ग्रह इसमें अच्छा फल देते हैं। चन्द्र और बुध इस भाव के कारक ग्रह हैं। मातृसुख, मातृभूमि, जमीन-जायदाद, मकान, वाहन सुख, पशुधन, गुप्त धन, मातृधन, यश, दया, शान्ति, जनसम्पर्क, नौकर-चाकर, खेती-बाड़ी, बाग-बगीचे, श्वसुर, नानी, उदर रोग, कैंसर प्रमुख विचारणीय विषय हैं।

5. पंचम भाव (सुत भाव)

इसे त्रिकोण भाव भी कहते हैं। यह शुभ भाव है। गुरु इस भाव का कारक ग्रह है। विद्या, बुद्धि, वाणी, अध्यात्मिक रुचि, शास्त्र ज्ञान, आकस्मिक धन (लाटरी), शेयर्ज, यश, प्रतिष्ठा, प्रबन्ध क्षमता, मन्त्रसिद्धि, प्रेम विवाह, प्रथम सन्तान, भाग्य, नौकरी छूटना, पुस्तक लिखना, पिता एवं मामा का सुख, गुप्त रोग, स्त्रियों के यकृत, गर्भाशय सम्बन्धी रोग इस भाव के विचारणीय विषय हैं।

6. षष्ठ भाव (रिपु भाव)

इस भाव को त्रिषड़ाय और दुष्ट भाव भी कहते हैं। शुभ या अशुभ षष्ठेश अष्टम और द्वादश भाव को छोड़कर सभी भावों की हानि करता है। मंगल और शनि इस भाव के कारक ग्रह हैं। शत्रु, चिन्ता, रोग, भय, ऋण, बदनामी, घर-बाहर के झगड़े, मुकदमे, चोरी-डकेती, जय-पराजय, पुत्रधन, भाइयों से मतभेद, पापकर्म, मामा, मौसी, घाव, फोड़े-फुंसी विचारणीय विषय हैं।

7. सप्तम भाव (जाया भाव)

इसे केन्द्र भाव भी कहते हैं। यह एक मारक भाव है। पुरुषों के लिए शुक्र और स्त्रियों के लिए गुरु इस भाव के कारक ग्रह हैं। जीवनसाथी, विवाह, विवाह सम्बन्ध, दाम्पत्य जीवन, चरित्र, रोजगार, व्यापार, साझेदारी, सुख-शान्ति, लघुयात्रायें, प्रवास, मृत्यु, जमीन-जायदाद, द्वितीय सन्तान, नानी, दादा, जनेन्द्रियों के गुप्त रोग, बवासीर आदि रोग मुख्य विचारणीय विषय हैं। वृश्चिक राशि बली होती है।

8. अष्टम भाव (मृत्यु भाव)

इसे दुष्ट भाव भी कहते हैं। अष्टमेश सभी भावों की हानि करता है। शनि इस भाव का कारक ग्रह है। आयु, गूढ़ज्ञान, अनुसंधान, जीवन, मृत्यु, प्रेम, बदनामी, पतन, सजा, दुर्घटना, गढ़ा धन, समुद्री यात्रा, वसीयत, बीमा, दरिद्रता, आलस्य, जीवनसाथी का भाग्य, गुप्त जनेन्द्रिय रोग प्रमुख विचारणीय विषय हैं।

9. नवम भाव (धर्म भाव)

इसे भाग्य या त्रिकोण भाव भी कहते हैं। सूर्य और गुरु इस भाव के कारक ग्रह हैं। भाग्य, भक्ति, धर्म, कीर्ति, संन्यास, समाधि, दान-पुण्य, प्रतिष्ठा, पिता का धन, सदाचार, व्यभिचार, लाभ, आयु, तीर्थयात्रा, विदेश यात्रा, उच्च शिक्षा, पुत्र, पौत्र, भाभी, बहनोई, दोहता-दोहती, जांघ सम्बन्धी रोग मुख्य विचारणीय विषय हैं।

10. दशम भाव (कर्म भाव)

यह केन्द्र भाव भी है। सूर्य, गुरु, बुध, शनि इस भाव के कारक ग्रह हैं। पितृप्रेम, पितृधन, संचित कार्य, राज्यदण्ड, उच्च पद, अधिकार, नौकरी, व्यवसाय, वाहन, प्रतिष्ठा, वायुयान यात्रा, विदेश निवास, नेतृत्व शक्ति, मन्त्रीपद, सास, जानु, घुटने, पीठ रोग विचारणीय विषय हैं। इसमें मेष, वृष व सिंह राशि बलवान होती है।

11. एकादश भाव (आय भाव)

इसे त्रिषडाय भी कहते हैं। एकादश भाव को अशुभ माना जाता है। किन्तु भाव स्थित सभी ग्रह सदैव शुभ फल देते हैं। गुरु इस भाव का कारक ग्रह है। आय, लाभ, गढ़ा धन, लाटरी, पितृधन, राज्यद्रव्य, माता की मृत्यु, व्यापार से लाभ-हानि, चोट, हिंसा, शत्रु, द्वितीय जीवनसाथी, बड़ा भाई/बहन, बाँया कान, चाचा, पुत्रवधू, दामाद, पैर व एड़ी का दर्द मुख्य विचारणीय विषय हैं।

12. द्वादश भाव (व्यय भाव)

इसे दुष्ट भाव भी कहते हैं। शनि इस भाव का कारक ग्रह है। द्वादशेश सदैव ही मानहानि, धनहानि और अन्य दूसरे अनिष्ट करता है। अपव्यय, धनहानि, गुप्तशत्रु, कोर्ट-कचहरी, राजदण्ड, सजा, विदेश सम्बन्ध, शयन सुख में कमी, ऋण, हत्या, आत्महत्या, राजसम्मान-अपमान, अंतिम गति, मोक्ष, पैर के तलुवे, बायीं आँख मुख्य विचारणीय विषय हैं।

द्वादश भाव एवं विचारणीय विषय सम्बन्धी नियम/सिद्धान्त

द्वादश भावों के नाम व भाव सम्बन्धी विचारणीय विषयों के बारे में ऊपर विस्तार से लिखा जा चुका है। भावों के विचारणीय विषयों में दो प्रकार की वस्तुएँ दृष्टिगत होती हैं। इन वस्तुओं को सजीव और निर्जीव की श्रेणी में रख सकते हैं। उदाहरण के लिये चतुर्थ भाव में मातृशक्ति, पशुधन, पक्षीगण व नौकर-चाकर सजीव हैं, जबकि जमीन-जायदाद, बाग-बगीचे, मकान, वाहन आदि निर्जीव वस्तुएँ हैं। इस स्थिति में यह तथ्य स्मरण रहे कि नैसर्गिक शुभग्रह भाव में बैठे हो, सजीव वस्तुओं को बल देते हैं और उनकी वृद्धि करते हैं, जबकि नैसर्गिक पापग्रह भाव में बैठे हो, निर्जीव वस्तुओं को सशक्त करते हैं और उनकी वृद्धि करते हैं। इसके अतिरिक्त फलकथन पूर्व भावों/भावेशों की राजयोग स्थिति, प्रबल स्थिति और निर्बल स्थिति का ध्यान रखना भी आवश्यक होता है। भावों/भावेशों की राजयोग स्थिति, प्रबल स्थिति और निर्बल स्थिति बारे नियम/सिद्धान्त आगे दिये जा रहे हैं।

भावों की राजयोग स्थिति के नियम/सिद्धान्त

राजयोग केन्द्र व त्रिकोण भाव स्वामियों के पारस्परिक सम्बन्ध से बनते हैं। विशेषत: नवमेश व दशमेश के सम्बन्ध अत्यधिक महत्त्वपूर्ण माने गये हैं। भाव स्वामियों के इन पारस्परिक सम्बन्धों की चार श्रेणियाँ हो सकती है।

1-प्रथम श्रेणी -

- नवमेश व दशमेश अपने भाव में हो।
- नवमेश व दशमेश में से एक अपने भाव में और दूसरा उच्चराशि में हो।
- नवमेश और दशमेश दोनों उच्चराशिस्थ भाव में हो।
- दशम भावेश राशि परिवर्तन योग बना रहा हो।
- फल/प्रभाव - इस श्रेणी के जातक राष्ट्रपति, प्रधानमन्त्री, मन्त्री, विभागीय अध्यक्ष आदि हो सकते हैं।

2-द्वितीय श्रेणी -

- नवमेश व दशमेश दोनों नवम या दशम भाव में एक साथ बैठे हो।
- नवम या दशम भाव में उच्च राशिस्थ ग्रह बैठा हो।
- नवम या दशम भाव पर उच्च राशिस्थ ग्रह की पूर्ण दृष्टि हो।
- नवम या दशम भाव पर परिवर्तित दृष्टि हो।
- फल/प्रभाव - इस श्रेणी के जातक सीनेटर, आयुक्त, उपायुक्त, सैक्रेटरी आदि बन सकते हैं।

3-तृतीय श्रेणी -

- नवमेश की नवम भाव पर व दशमेश की दशम भाव पर पूर्ण दृष्टि हो।
- नवमेश व दशमेश की परस्पर दृष्टि हो।
- नवमेश व दशमेश दोनों अपना भाव छोड़कर एक साथ केन्द्र या त्रिकोण में बैठे हो।
- फल/प्रभाव - इस श्रेणी के जातक निम्न श्रेणी अधिकारी, निरीक्षक, लेखाकार हो सकते हैं।

4-चतुर्थ श्रेणी -

- नवमेश व दशमेश त्रिक (6, 8, 12) भाव में बैठकर एक दूसरे को देखते हो।
- नवमेश व दशमेश त्रिक (6, 8, 12) भाव में एक साथ बैठे हो।
- नवमेश व दशमेश त्रिक (6, 8, 12) भाव में बैठे हो, किन्तु उनकी युति/ दृष्टि न हो।
- फल/प्रभाव - इस श्रेणी के जातक क्लर्क, मजदूर, चपरासी, सफाईकर्मी हो सकते हैं।

भावों की प्रबल/निर्बल स्थिति बारे नियम/सिद्धान्त

भाव प्रबल होता है -

1. यदि भाव में भाव का स्वामी (भावेश) बैठा है।
2. यदि भाव में उच्चराशिस्थ ग्रह बैठा है।
3. यदि भाव स्वामी अपनी उच्चराशि में बैठा है।
4. यदि दो ग्रह राशि परिवर्तन योग बना रहे हैं।

---

5. यदि भाव के स्वामी (भावेश) की अपने भाव पर पूर्ण दृष्टि है।
6. यदि भाव के स्वामी (भावेश) की अपनी उच्चराशि पर पूर्ण दृष्टि है।
7. यदि दो ग्रहों की परस्पर एक दूसरे की भाव/राशि पर पूर्ण दृष्टि है।

फल/प्रभाव - ऐसे जातक जीवन में सफल होते है। ऊँचाईयों को छूते हैं।

भाव निर्बल होता है -

1. यदि भाव पर छठे/आठवें/बारहवें भाव स्वामी की दृष्टि है।
2. यदि भाव में छठा/आठवां/बारहवां भाव स्वामी बैठा है।
3. यदि भाव का स्वामी (भावेश) छठे/आठवें/बारहवें भाव में बैठा है।
4. यदि किसी भावेश की अपनी नीच राशि के भाव पर पूर्ण दृष्टि है।
5. यदि भाव पापकर्तरी योग के मध्य है।
6. यदि कोई भावेश अपनी नीच राशि के भाव में स्थित है।
7. यदि भाव में मीन राशि हो और उसमें सूर्य, बुध बैठे हो।

फल/प्रभाव - ऐसे जातकों का जीवन सामान्य होता है। कठिन परिश्रम के बाद भी उचित लाभ नहीं मिलता है।

महादशा/अन्तर्दशा में सत्यासत्य भावफल कैसे देखवे?

सामान्यत: किसी भी भाव से सम्बन्धित फल देखने के लिये जन्मकुण्डली, चन्द्रकुण्डली और नवांशकुण्डली से देखने की पुरानी स्वस्थ सही परम्परा है। तीनों कुण्ड़लियों में भावेश, भाव और भावकारक की स्थिति देखनी होती है। सर्वप्रथम देखना होता है कि भावेश शुभ भाव में बैठा है या अशुभ भाव में और उस पर शुभग्रह की दृष्टि है या पापग्रह की। दूसरे देखना होता है कि सम्बन्धित भाव पर शुभ ग्रह की दृष्टि है या पापग्रह की। तीसरे भावकारक ग्रह की स्थिति देखनी होती है। भावकारक ग्रह शुभ भाव में बैठा है या अशुभ भाव में और उस पर किसी पापग्रह की दृष्टि तो नहीं है। सभी कुछ देखने उपरान्त किस ग्रह की महादशा/अन्तर्दशा चल रही है, देखनी होती है। शुभ ग्रह/मित्र ग्रह की चल रही है और उन पर कोई पाप प्रभाव नहीं है, तो उस अवधि में कार्यसिद्धि निश्चित है। अशुभ ग्रह/शत्रु ग्रह की दृष्टि होने या पाप प्रभाव होने की स्थिति में कार्य होने की संभावना धूमिल हो जाती है। ऐसा समझें। उदाहरण के लिये किसी लड़के/लड़की के विवाह बारे विचार करना हो तो पहले सप्तमेश, सप्तम भाव व भावकारक शुक्र/गुरु की स्थिति देखनी होगी। इनकी सभी की शुभ स्थिति होने पर तत्कालीन महादशा/अन्तर्दशा वाले ग्रह की मित्रता/शत्रुता, जो भी हो, देखनी होगी। उपरोक्त विधि अनुसार विवाह अवधि के सत्यासत्य फल पर पहुँचा जा सकेगा।

महर्षि पराशर द्वारा निर्देशित नियमों के अनुसार भाव/राशि स्थित ग्रह विविध लग्नों के लिये शुभ या अशुभ या तटस्थ होकर अपनी महादशा-अन्तर्दशा में सत्यासत्य फल देते हैं। ग्रह शुभ स्थिति में लाभकारी, अशुभ स्थिति में हानिकर

और तटस्थ स्थिति में प्रभावहीन होते हैं। विंशोत्तरी दशा में सुदर्शन लग्नों को विशेष महत्त्व दिया गया है। सुदर्शन लग्नों में जन्मलग्न, चन्द्रलग्न, सूर्यलग्न आती हैं। ग्रह या ग्रहों की महादशा/अन्तर्दशा में जातक की कुण्डली देखकर किस लग्न से फल कहे कि वह असत्य न हो। यदि सिंह, कर्क, मेष/वृश्चिक, धनु/मीन राशि की लग्न है अर्थात् सूर्य, चन्द्र, मंगल, गुरु ग्रहों की लग्न है, तो इन्हें दैवी ग्रहों की लग्न माना जायेगा। यदि मकर/कुम्भ, वृष/तुला, मिथुन/कन्या राशि की लग्न हैं अर्थात् शनि, शुक्र, बुध ग्रहों की लग्न हैं, तो इन्हें दानवी ग्रहों की लग्न माना जायेगा। अतः ज्योतिषविद्/पाठकगण देख लें कि कुण्डली में किन लग्नों का बहुमत है। तद्नुसार शुभाशुभ फल समझ लें। फल की सत्यता हेतु बहुमत वाली लग्नों को महत्त्व देना चाहिए, फिर चाहे वे दैवी हो या दानवी। दैवी/दानवी शब्द फल जानने हेतु लग्नों के नामकरण हैं। पाठकगण इसका अर्थ यह न समझे कि दैवी लग्न लाभकारी और दानवी लग्न हानिकर होती हैं। इन तीनों में बहुमत वाली लग्नों को आधार मानकर शुभाशुभ फल पर पहुँचें। तत्कालीन महादशा/अन्तर्दशा वाले ग्रह/ग्रहों पर किस प्रकार का प्रभाव पड़ रहा है। यदि शुभ प्रभाव पड़ रहा है, तो फल निश्चयी लाभकारी होगा और अशुभ प्रभाव पड़ रहा है, तो फल पूर्णरुपेण हानिकर होगा। अधिक सत्यासत्य फल समझने हेतु अध्याय-6 में उदाहरण कुण्डलियों पर दृष्टिपात करें। नक्षत्र आधारित ग्रहों के फल देने की महादशा वर्ष सारिणी नीचे दी जा रही है।

नक्षत्र आधारित ग्रहों के फल देने की महादशा वर्ष सारिणी

क्रम संख्या	नक्षत्र	स्वामी ग्रह	चन्द्र संचार/विस्तार	महादशा वर्ष
			रा॰ अं॰ क॰ रा॰ अं॰ क॰	
1	अश्विनी	केतु	00-00-00 से 00-13-20	07 वर्ष
2	भरणी	शुक्र	00-13-20 से 00-26-40	20 वर्ष
3	कृतिका	सूर्य	00-26-40 से 01-10-00	06 वर्ष
4	रोहिणी	चन्द्र	01-10-00 से 01-23-20	10 वर्ष
5	मृगशिरा	मंगल	01-23-20 से 02-06-40	07 वर्ष
6	आर्द्रा	राहु	02-06-40 से 02-20-00	18 वर्ष
7	पुनर्वसु	गुरु	02-20-00 से 03-03-20	16 वर्ष
8	पुष्य	शनि	03-03-20 से 03-16-40	19 वर्ष
9	अश्लेषा	बुध	03-16-40 से 04-00-00	17 वर्ष
10	मघा	केतु	04-00-00 से 04-13-20	07 वर्ष
11	पूर्वा फाल्गुनी	शुक्र	04-13-20 से 04-26-40	20 वर्ष
12	उत्तरा फाल्गुनी	सूर्य	04-26-40 से 05-10-00	06 वर्ष
13	हस्त	चन्द्र	05-10-00 से 05-23-20	10 वर्ष

14	चित्र	मंगल	05-23-20 से 06-06-40	07 वर्ष
15	स्वाति	राहु	06-06-40 से 06-20-00	18 वर्ष
16	विशाखा	गुरु	06-20-00 से 07-03-20	16 वर्ष
17	अनुराधा	शनि	07-03-20 से 07-16-40	19 वर्ष
18	ज्येष्ठा	बुध	07-16-40 से 08-00-00	17 वर्ष
19	मूल	केतु	08-00-00 से 08-13-20	07 वर्ष
20	पूर्वाषाढ़ा	शुक्र	08-13-20 से 08-26-40	20 वर्ष
21	उत्तराषाढ़ा	सूर्य	08-26-40 से 09-10-00	06 वर्ष
22	श्रवण	चन्द्र	09-10-00 से 09-23-20	10 वर्ष
23	धनिष्ठा	मंगल	09-23-20 से 10-06-40	07 वर्ष
24	शतभिषा	राहु	10-06-40 से 10-20-00	18 वर्ष
25	पूर्वा भाद्रपद	गुरु	10-20-00 से 11-03-20	16 वर्ष
26	उत्तरा भाद्रपद	शनि	11-03-20 से 11-16-40	19 वर्ष
27	रेवती	बुध	11-16-40 से 12-00-00	17 वर्ष

द्वादश भावों में नवग्रहों की अभीष्ट व अनिष्ट स्थिति (Position of Benefics/ Malefics in Twelve Houses)

जन्मकुण्डली के सभी ज्योतिषीय ग्रह - सूर्य, चन्द्र, मंगल, बुध, गुरु, शुक्र, शनि, राहु, केतु जन्मकुण्डली की लग्न के आधार पर अपनी भाव/राशि स्थिति के अनुसार शुभ/ अभीष्ट व अशुभ/अनिष्ट होते हैं। वे किसी भी भाव/राशि में बैठे हो, अपना अभीष्ट व अनिष्ट फल अवश्य देते हैं। शुभ/राशि में मित्र ग्रह साथ बैठे हो, अधिक शुभ/ अभीष्ट होते हैं और अपनी दशा आने पर लाभ में वृद्धि करते हैं। शत्रुग्रह के साथ विराजमान हो, अधिक अशुभ/अनिष्ट होते हैं और अपनी दशा में अधिक हानि पहुँचाते हैं। आगे प्रत्येक भाव/राशि में स्थित समस्त ग्रहों के अभीष्ट व अनिष्ट प्रभाव प्रथम भाव से द्वादश भाव तक दिये जा रहे हैं। व्यक्ति विशेष की जन्मकुण्डली में भावों में स्थित ग्रह अपनी महादशा, अंतर्दशा, प्रत्यान्तर्दशा में शुभ होने पर अधिक लाभकारी तथा अशुभ होने पर अधिक हानिकर होते हैं। जातक की जन्मकुण्डली के अशुभ/ अनिष्ट ग्रहों की शान्ति और जातक के कष्ट निवारण हेतु शास्त्रसम्मत, अचूक और अनुभूत उपाय किये जाने का प्रावधान है। इनके माध्यम से जातक के ग्रह सम्बन्धी कष्ट दूर होने की संभावना को बल मिलता है। घर में सुख-शान्ति कायम हो सकती है। कार्यों में सफलता मिल सकती है। जीवन में आये कष्ट/रोग दूर हो सकते हैं। विद्वान मनीषियों/ऋषियों/पूर्वाचार्यों ने अनिष्ट ग्रहों के कष्ट निवारण के लिये मंत्र शक्ति, यंत्र बल, व्रत-उपवास, साधारण वस्तु दान, हवन-अनुष्ठान-यज्ञ, रत्न रहस्य, रुद्राक्ष फल तथा उत्तम स्वास्थ्य, रोग व चिकित्सा के लिये औषध स्नान, जड़ी-बूँटियों का

उपयोग आदि महत्त्वपूर्ण उपाय सुझाये हैं। विधि विधान सहित पंचोपचार/दशोपचार/ षोडशोपचार करते हुए श्रद्धा, भक्ति और विश्वास के साथ किये जाने वाले इस प्रकार के उपाय कष्ट दूर करने में अपनी सहयोगी भूमिका निभाते हैं। इन उपायों को जानने से पूर्व नक्षत्रों पर आधारित महादशा, अंतर्दशा, प्रत्यान्तर्दशा बारे जानना भी आवश्यक है। क्योंकि जातक को अभीष्ट ग्रह का लाभ या अनिष्ट ग्रह से हानि ग्रह की दशा अवधि आने पर ही होता है। ग्रह दशा का आधार जन्मकुण्डली में चन्द्र का नक्षत्र विशेष में तत्कालीन संचार/विस्तार होता है। चन्द्रसंचार/विस्तार सहित महादशा वर्ष सारिणी पहले ही ऊपर दी गयी है।

नोटः पुनश्च: स्मरण रहे कि ग्रह की महादशा चन्द्र संचार/विस्तार पर आधारित होती है। अत: चन्द्र जिस नक्षत्र में होता है, उसके स्वामी ग्रह की महादशा आदि से जातक को होने वाले लाभ/हानि का अनुमान लगाया जाता है। महान मनीषी पाराशर की सर्वसम्मत विंशोत्तरी दशा पद्धति अनुसार नवग्रहों की महादशा का योग कुल 120 वर्ष है। ग्रह के महादशा वर्ष से अंतर्दशा व प्रत्यान्तर्दशा निकाली जाती है। अब सभी पंचांगों में प्रत्येक ग्रह की महादशा,अंतर्दशा व प्रत्यान्तर्दशा सारिणियाँ उपलब्ध हैं। इन सारिणियों से ग्रहदशा वर्ष, मास, दिन नोट किये जा सकते हैं और अभीष्ट/ अनिष्ट ग्रह की दशा अवधि आसानी से जानी जा सकती है।

(1) प्रथम भाव में अभीष्ट/अनिष्ट नवग्रह

शुभ/अभीष्ट सूर्य

प्रथम भाव में सूर्य 1, 3, 5, 8, 9 राशि में हो, अर्थात् पंचमेश, तृतीयेश, लग्नेश, दशमेश, नवमेश होकर लग्न में बैठा हो, ऐसा सूर्य अभीष्ट होता है।

शुभ/अभीष्ट सूर्य का प्रभाव

यह जातक को स्वस्थ, हृष्ट-पुष्ट, आकर्षक, पराक्रमी, बुद्धिमान, विद्वान, सत्यवादी, स्वतंत्रताप्रिय, दयालु, मिलनसार, धनवान व सुखी बनाता है। वह रईसी जीवन व्यतीत करता है।

गुरु, मंगल, बुधादि ग्रहों की युति/दृष्टि का प्रभाव

गुरु, मंगल, बुध ग्रह भी शुभ भाव में बैठकर सूर्य से युति/दृष्टि बना रहे हों, जातक उच्च शिक्षा प्राप्त करता है। उच्च अधिकारी/प्रशासनिक अधिकारी होता है। राजनीति में जाकर राष्ट्रपति/राज्यपाल, प्रधानमंत्री/मंत्री, सभापति, अध्यक्ष बन सकता है। उसके पास जमीन-जायदाद, मकान, वाहन सभी साधन होते हैं।

अशुभ/अनिष्ट सूर्य

प्रथम भाव में सूर्य 2, 4, 6, 7, 10, 11, 12 राशि में हो अर्थात् चतुर्थेश, द्वितीयेश, द्वादशेश, एकादशेश, अष्टमेश, सप्तमेश, षष्ठेश होकर लग्न में स्थित हो, ऐसा सूर्य अशुभ होता है।

अशुभ/अनिष्ट सूर्य का प्रभाव

जातक क्रोधी, कटुभाषी, तेज स्वभाव, उग्र, अधीर, चंचल, परिवार के सदस्यों से ही लडाई-झगड़ा करने वाला, आर्थिक दृष्टि से कमजोर होता है।

शनि, राहु, केतु आदि ग्रहों की युति/दृष्टि का प्रभाव

शनि, राहु, केतु की युति/दृष्टि होने पर उच्च रक्तचाप, नेत्रपीड़ा, उच्च शिक्षा प्राप्ति में बाधा, सरकारी नौकरी में परेशानी, धनहानि, वाहन दुर्घटना, चोट, भय, बुखार, संतान कष्ट, निकटस्थ बन्धुओं से कलह व लड़ाई-झगड़े आदि हो सकते हैं।

शुभ/अभीष्ट चन्द्र

प्रथम भाव में चन्द्र 1, 2, 4, 12 राशि में हो, अर्थात् चतुर्थेश, तृतीयेश, लग्नेश, पंचमेश होकर लग्न में बैठा हो, ऐसा चन्द्र शुभ/अभीष्टकारी होता है।

शुभ/अभीष्ट चन्द्र का प्रभाव

जातक गौरवर्ण, सुन्दर, पतला-दुबला, बुद्धिमान, विद्वान, व्यवहारकुशल, धर्मपरायण, मित्रवान, संघर्षशील व अपना कैरियर बनाने में सफल होता है।

चरराशिस्थ चन्द्र का प्रभाव

चरराशिस्थ अर्थात् 1, 4, 7, 10 राशि की लग्न में चन्द्र का होना जातक को चंचलमना, परिवर्तनप्रिय, साहित्यप्रेमी, कलाप्रेमी, संगीतप्रिय बनाता है। कम्पयूटर तकनीकी में निपुण, नवीनतम वाहन आदि सुख-साधनों से सम्पन्न करता है और धनवान बनाता है।

अशुभ/अनिष्ट चन्द्र

प्रथम भाव में चन्द्र 3, 5, 6, 11 राशि में हो अर्थात् द्वितीयेश, द्वादशेश, एकादशेश, षष्ठेश होकर लग्न में बैठा हो, क्षीण होने पर अशुभ व अनिष्टकारी होता है।

अशुभ/अनिष्ट चन्द्र का प्रभाव

जातक चंचलमना, अस्थिर बुद्धि, अस्वस्थ, सिरदर्द, निम्न रक्तचाप, नेत्रशूल, शीत कफादि दोष से पीड़ित, आर्थिक हानि से सदैव चिन्तित तथा जीवन साथी से मनमुटाव रहता है। आजीविका के लिये देश/विदेश भ्रमण करता रहता है।

शनि, राहु तथा बुधादि ग्रहों की युति/दृष्टि का प्रभाव

जातक शनि की युति/दृष्टि होने से व्याकुल रहता है। गले, छाती व श्वास सम्बन्धी रोग हो सकते हैं। स्वार्थी हो सकता है। राहु भूतप्रेत बाधा की पीड़ा दे सकता है। बुध मिथ्याभाषी, चंचल बुद्धि एवं पागल बना सकता है।

शुभ/अभीष्ट मंगल

मंगल प्रथम भाव में 1, 5, 8, 9 10 राशि में हो अर्थात् लग्नेश/अष्टमेश, चतुर्थेश/नवमेश, लग्नेश/षष्ठेश, पंचमेश/द्वादशेश, चतुर्थेश/एकादशेश हो, ऐसा मंगल शुभ होता है।

शुभ/अभीष्ट मंगल का प्रभाव

जातक पराक्रमी, परिश्रमी, उच्चाभिलाषी, स्वाभिमानी, सत्यवक्ता, धर्मपरायण, प्रभावशाली, जमीन-जायदाद, मकान, वाहन आदि सुख साधनों वाला होता है।

शुभ भावस्थ लग्नेश/भाग्येश का प्रभाव

मंगल की इस स्थिति में लग्नेश और भाग्येश यदि शुभ भाव में हों, तो जातक साहसी, दृढ़निश्चयी, सत्यवक्ता व परिश्रमी होता है। प्रशासनिक सेवा, चिकित्सा सेवा, खेल-कूद सेवा में अधिक सफलता प्राप्त करता है। प्रथम भाव में अर्थात् लग्न में मंगल का होना मंगलीक दोष की श्रेणी में आता है।

अशुभ/अनिष्ट मंगल

मंगल लग्न में 2, 3, 4, 6, 11 राशियों में स्थित हो, अर्थात् सप्तमेश/द्वादशेश, षष्ठेश/एकादशेश, पंचमेश/दशमेश, तृतीयेश/अष्टमेश, तृतीयेश/दशमेश होकर लग्न में बैठा हो, ऐसा मंगल अशुभ व अनिष्टकारी होता है।

अशुभ/अनिष्ट मंगल का प्रभाव

प्रथम भाव में मंगल क्रोध व आवेश, मानसिक तनाव, उच्चशिक्षा में विघ्न, व्यवसाय/कारोबार में अस्थिरता, घरेलू सुख में कमी करताहै। मंगलीक दोष पैदा करता है। ऐसा मंगल विवाह सुख में बाधाकारक माना गया है। जातक को अपने क्रोध व आवेश पर नियंत्रण रखना चाहिए और मंगलीक दोष का उपाय करना चाहिए।

शनि, राहु, केतु पापग्रहों की युति/दृष्टि का प्रभाव

शनि, राहु, केतु पापग्रहों की युति/दृष्टि से रक्तविकार, चर्मरोग, सिरदर्द, दुर्घटना, चोट, भय, अतिक्रोध उत्पन्न होता है। इससे धनहानि व परेशानी उठानी पड़ती है।

शुभ/अभीष्ट बुध

बुध प्रथम भाव में 2, 3, 6, 10 राशि में हो अर्थात् द्वितीयेश/पंचमेश, लग्नेश/चतुर्थेश, लग्नेश/दशमेश, षष्ठेश/नवमेश होकर लग्न में बैठा हो, ऐसा बुध शुभ व अभीष्टकारी होता है।

शुभ/अभीष्ट बुध का प्रभाव

जातक बुद्धिमान, वाकपटु, तेज स्मरण शक्ति वाला, सदैव अधययनरत, उच्चशिक्षित, गणित, कामर्स, इन्जीनियरिंग में कुशल, अपनी उन्नति/प्रगति के लिये सदैव प्रयत्नशील होता है।

शुभ दशमेश/द्वितीयेश बुध का प्रभाव

ऐसा बुध जातक को पैतृक व्यवसाय में सफलता दिलाता है तथा राजकीय सेवा/सरकारी नौकरी में होने पर उच्चपद पर स्थापित करता है। यश व मान-सम्मान दिलाता है।

अशुभ/अनिष्ट बुध

बुध लग्न में 1, 4, 8, 11, 12 राशि का हो अर्थात् तृतीयेश/षष्ठेश, तृतीयेश/द्वादशेश, अष्टमेश/एकादशेश, पंचमेश/अष्टमेश, चतुर्थेश/सप्तमेश होकर बैठा हो, अशुभ व अनिष्टकारी होता है।

अशुभ/अनिष्ट बुध का प्रभाव

अस्त व नीचराशिस्थ बुध जातक को कृष शरीर, अशान्त चित, अस्वस्थ रखता है। कार्य व्यवसाय में हानि व उच्चशिक्षा में विघ्न/बाधा व असफलता दिलाता है।

गुरु, चन्द्र, मंगल, केतु युति/दृष्टि का प्रभाव

बुध पर उपरोक्त ग्रहों की युति/दृष्टि से त्वचा रोग, नेत्रपीड़ा, विवाह सुख में कमी, पारिवारिक व आर्थिक परेशानी और भूत-प्रेत बाधा हो सकती है।

शुभ/अभीष्ट गुरु

गुरु प्रथम भाव में 1, 4, 5, 8, 9, 12 राशि में हो अर्थात् नवमेश/द्वादशेश, षष्ठेश/नवमेश, पंचमेश/अष्टमेश, द्वितीयेश/पंचमेश, लग्नेश/चतुर्थेश, लग्नेश/दशमेश होकर लग्न में बैठा हो, शुभ होता है।

शुभ/अभीष्ट गुरु का प्रभाव

ऐसा गुरु जातक को बुद्धिमान, विद्वान, सदाचारी, स्वाभिमानी, प्रभावशाली, न्यायप्रिय, परोपकारी, जमीन जायदाद वाला, वाहनसुखी व धनी बनाता है। पुत्र संतान देता है।

गुरु की विशेष रुचियाँ

गुरु के प्रभाव से जातक अपनी उम्र के लिहाज से अधिक बुद्धिमान व विद्वान प्रतीत होता है। वह एक अच्छा न्यायाधीश, कुशल प्रबन्धक हो सकता है। उसे योग, धर्म, चिकित्सा तथा ज्योतिष में काफी रुचि होती है।

अशुभ/अनिष्ट गुरु

गुरु प्रथम भाव में वृष, तुला राशि में हो अर्थात् अष्टमेश/एकादशेश, तृतीयेश/षष्ठेश होकर लग्न में बैठा हो, अशुभ व अनिष्टकारी होता है।

अशुभ/अनिष्ट गुरु के प्रभाव

प्रभावशाली व्यक्तित्व का अभाव, सात्विकता की कमी, सुख साधनों की हानि, कैरियर और पारिवारिक सम्बन्धो में परेशानी, आर्थिक हानि मुख्य प्रभाव हो सकते हैं।

शनि, राहु, केतु युति/दृष्टि का प्रभाव

गुरु अस्त, नीचराशिस्थ, वक्री, अतिचारी होने तथा शनि, राहु, केतु की युति/दृष्टि होने की स्थिति में शारीरिक कष्ट, आर्थिक हानि, जीवनवृति में परेशानी, स्त्री सम्बन्धों में दरार, उदर विकार, तिल्ली के रोग, पीलिया, दुर्भाग्य आदि देता है।

शुभ/अभीष्ट शुक्र

शुक्र प्रथम भाव में 2, 4, 7, 10, 11 राशि में हो अर्थात् लग्नेश/षष्ठेश, चतुर्थेश/एकादशेश, लग्नेश/अष्टमेश, पंचमेश/दशमेश, चतुर्थेश/नवमेश होकर प्रथम भाव में बैठा हो, ऐसा शुक्र शुभ एवं अभीष्टकारी होता है।

शुभ/अभीष्ट शुक्र का प्रभाव

जातक सुन्दर, गोराचिट्टा, आकर्षक, प्रसन्नचित, संगीत-कला-काव्य प्रेमी, स्त्रियों के प्रति आकृष्ट और कामुक होता है। उसे सुन्दर, सौम्य एवं सुशील जीवनसाथी का सहवास मिलता है।

मित्रग्रहों की युति/दृष्टि का प्रभाव

शुक्र की मित्रग्रहों से युति/दृष्टि जातक को समस्त सांसारिक सुख साधनों यथा जमीन जायदाद, मकान, वाहन आदि सुख दिलाती है। उसका विदेश में भाग्योदय होता है।

अशुभ/अनिष्ट शुक्र

शुक्र प्रथम भाव में 1, 8, 9, 12 राशि में हो अर्थात् द्वितीयेश/सप्तमेश, सप्तमेश/द्वादशेश, षष्ठेश/एकादशेश, तृतीयेश/अष्टमेश होकर लग्न में बैठा हो, अशुभ व अनिष्टकारी होता है।

अशुभ/अनिष्ट शुक्र का प्रभाव

अशुभ शुक्र जातक को दुराचारी, नशेबाज, कामुक, खर्चीला व अस्वस्थ बनाता है। जीवनसाथी के सुख में कमी करता है। दुखी: करता है।

सूर्य, चन्द्र, गुरु, राहु की युति/दृष्टि का प्रभाव

अस्त, नीचराशिस्थ, वक्री शुक्र जातक को व्यसनों में गमगीन रखता है। फलस्वरुप कार्यक्षेत्र में परेशानी और व्यर्थ के व्यय से आर्थिक अभाव झेलने पड़ते हैं। चन्द्र, गुरु की युति/दृष्टि शरीर में गुप्त एवं क्लिष्ट रोग उत्पन्न करती है। इससे जीवन नीरस हो सकता है।

शुभ/अभीष्ट शनि

शनि प्रथम भाव में 2, 7, 10, 11 राशि में हो अर्थात् नवमेश/दशमेश, चतुर्थेश/पंचमेश, लग्नेश/द्वितीयेश, लग्नेश/द्वादशेश होकर लग्न में विराजमान हो, शुभ व अभीष्टकारी होता है।

शुभ/अभीष्ट शनि का प्रभाव

जातक सुन्दर, स्वाभिमानी, परिश्रमी, शिक्षित, बुद्धिमान, दूरंदेशी, व्यवहारकुशल, तकनीकी विद्या में सफल, गम्भीर, सभी सुख साधनों से युक्त धनवान व प्रभावशाली होता है। राजनीति में भी भाग ले सकता है। अच्छा पद ग्रहण कर सकता है।

बुध, शुक्रादि ग्रहों की युति/दृष्टि का प्रभाव

ऐसा जातक बुध, शुक्रादि ग्रहों से सम्बन्धित व्यवसाय यथा दूध से सम्बन्धी सामान, आचार, मुरब्बे, दवाईयाँ, पुस्तकें, संगीत व कला की वस्तुएँ, खिलौने, सजावट का सामान, हीरे-जवाहिरात आदि का व्यवसाय कर धन कमा सकता है।

अशुभ/अनिष्ट शनि

शनि प्रथम भाव में 1, 4, 5, 8, 12 राशि में हो अर्थात् दशमेश/एकादशेश, सप्तमेश/अष्टमेश, षष्ठेश/सप्तमेश, तृतीयेश/चतुर्थेश, एकादशेश/द्वादशेश होकर लग्न में हो, अशुभ व अनिष्टकारी होता है।

अशुभ/अनिष्ट शनि का प्रभाव

जातक बचपन में शारीरिक कष्ट भोगता है। वह क्रोधी, उदासीन, पिता व भाई-बहन से दूर हो सकता है। उसे भूमि-मकान-वाहन सुख में कमी, व्यवसाय/नौकरी में परेशानी व जीवन में अशान्ति हो सकती है। वह दूरगाामी यात्राएँ कर सकता है।

राहु, मंगल, बुध, चन्द्र युति/दृष्टि का प्रभाव

उपरोक्त ग्रहों की युति/दृष्टि से शरीर में दुर्बलता, वायुरोग, त्वचा व हड्डियों के रोग हो सकते हैं। इससे धनार्जन में कमी हो सकती है।

शुभ/अभीष्ट राहु

राहु प्रथम भाव में 2, 3, 6, 11 राशि में स्थित होने पर शुभ व अभीष्टकारी होता है। जातक को आकस्मिक धन लाभ पहुँचाता है।

शुभ/अभीष्ट राहु का प्रभाव

जातक साहसी, वाकपटु, स्वतंत्र विचारों वाला, गहरी सूझबूझ वाला, परिश्रमी, धैर्यवान, सुखी, गुप्त युक्तियों से अचानक धन प्राप्त करने वाला बहुधनी होता है।

मित्रग्रहों की युति/दृष्टि का प्रभाव

जातक एक सुयोग्य डाक्टर, अच्छा जासूस, आविष्कारक, अनुसंधानकर्ता, देश/विदेश में यात्रा करने वाला हो सकता है।

अशुभ/अनिष्ट राहु

राहु का प्रथम भाव में 1, 4, 5, 8, 9, 12 राशि में बैठा होना अशुभ व अनिष्टकारी माना गया है। जातक दुःखी रहता है। धनहानि हो सकतीहै।

अशुभ/अनिष्ट राहु का प्रभाव

राहु की अशुभ स्थिति में जातक शरीर से कमजोर, क्रोधी व उग्र स्वभाव का हो जाता है। परिवार से अनबन, अपने बड़ों से विचार भिन्नता, व्यवसाय में कठिनाई, धन की कमी आदि समस्याओं में उलझा रहता है।

शत्रु ग्रहों की युति/दृष्टि का प्रभाव

भूतप्रेत, दुर्घटना, चोट आदि का भय, त्वचा रोग, हृदयरोग, अनेकानेक बंधन, अचानक धन की हानि व पारिवारिक कष्ट मुख्य प्रभाव हो सकते हैं।

शुभ/अभीष्ट केतु

केतु प्रथम भाव में 1, 6, 7, 8, 9 राशि में शुभ व अभीष्टकारी होता है। जातक को सुखी रखता है। जातक की भक्ति भावना उजज्वल होती है।

शुभ/अभीष्ट केतु का प्रभाव

जातक बुद्धिमान, विद्वान, परिश्रमी, व्यवसायिक विद्यानिपुण, व्यवहारकुशल, गुणवान, परिस्थितियों के अनुकूल अपने को ढ़ालने वाला एवं दूसरों के मनोभावों को शीघ्र समझने में सक्षम होता है।

गुरु आदि शुभ ग्रहों की युति/दृष्टि का प्रभाव

जातक औषधि विज्ञान, डॉक्टरी व्यवसाय में सफलता प्राप्त करता है। उच्च पद पर प्रतिष्ठित होता है। धनवान व पुत्रवान होता है। भूमि, मकान, वाहन आदि सुखों से युक्त होता है।

अशुभ/अनिष्ट केतु

केतु का प्रथम भाव में 3, 4, 5, 10, 11 राशि में होना अशुभ फल देता है। जातक सदैव ही किसी न किसी तनाव में रहता है।

अशुभ/अनिष्ट केतु का प्रभाव

जातक अस्वस्थ रहता है। सदैव दुर्घटना, चोट आदि का भय बना रहता है। गुप्त विचारों का सिलसिला चलता रहता है। दाम्पत्य जीवन में तनाव बना रहता है। मृत्युतुल्य कष्ट हो सकता है। जातक किसी षड़यंत्र का शिकार होकर देहत्याग कर सकता है।

चन्द्रादि ग्रहों की युति/दृष्टि का प्रभाव

जातक वात-पित सम्बन्धी रोगों से पीड़ित, शत्रुभय से दुःखी हो सकता है। उसके दाम्पत्य जीवन में शुष्कता आ सकती है। अचानक धन की हानि हो सकती है।

नोटः प्रथम भाव में अशुभ/अनिष्ट नवग्रहों के प्रभाव निवारण की अचूक, अनुभव सिद्ध व चमत्कारी उपाय श्रृंखला अध्याय-5 में दी जा रही हैं। उन्हें भली-भाँति पढ़े और शीघ्र लाभ के लिये तीन उपाय एक साथ करें। अध्याय-7 में लाल किताब आधारित उपाय/टोटके भी दिये जा रहे हैं। उन्हें भी समझ लें।

(2) द्वितीय भाव में अभीष्ट/अनिष्ट नवग्रह

शुभ/अभीष्ट सूर्य

सूर्य द्वितीय भाव में बैठा हो और लग्न 2, 3, 4, 5, 7, 8, 11 राशि की हो, अर्थात् सूर्य चतुर्थेश, तृतीयेश, द्वितीयेश, लग्नेश, एकादशेश, दशमेश, सप्तमेश होकर द्वितीय भाव में बैठा हो, ऐसा सूर्य शुभ होता है।

शुभ/अभीष्ट सूर्य का प्रभाव
ऐसा सूर्य जातक को बुद्धिमान, विद्वान, सत्यवादी, स्वाभिमानी, परिश्रमी, प्रतिष्ठित, पैत्रक धन/सम्पदा वाला, भूमि, वाहन आदि सुखों से युक्त, भाग्यशाली बनाता है।

मित्र गुरु की युति/दृष्टि का प्रभाव
गुरु इस भाव में बैठकर सूर्य से युति/दृष्टि बना रहा हों, तो जातक उच्च शिक्षा प्राप्त करता है। वह एक सुयोग्य डॉक्टर या वकील बन सकता है। सूर्य के उच्चराशिस्थ होने पर विदेश जाने की स्थिति में विशेष उन्नति के योग बन सकते हैं।

अशुभ/अनिष्ट सूर्य
सूर्य द्वितीय भाव में स्थित हो और लग्न 1, 6, 9, 10 राशि की हो अर्थात् सूर्य पंचमेश, द्वादशेश, नवमेश, अष्टमेश होकर द्वितीय भाव में स्थित हो, ऐसा सूर्य अशुभ होता है।

अशुभ/अनिष्ट सूर्य का प्रभाव
ऐसी स्थिति में जातक क्रोधी, कटुभाषी, अधीर होता है। उच्च शिक्षा प्राप्ति में बाधा, भाग्योन्नति में परेशानी आती है। परिवार के सदस्यों से कलह रहती है। आर्थिक उलझनें, धन संचय न हो पाना अर्थात् आय कम और व्यय की अधिकता होती है।

शत्रुराशिस्थ, नीचराशिस्थ स्थिति का प्रभाव
सूर्य की उपरोक्त स्थिति होने पर उच्च रक्तचाप, नेत्रपीड़ा, सरकारी नौकरी में परेशानी, धनहानि, वाहन दुर्घटना, चोट, भय, स्त्री विवाद, पिता को कष्ट, मुख सम्बन्धी रोग होते हैं।

शुभ/अभीष्ट चन्द्र
द्वितीय भाव में चन्द्र बैठा हो और लग्न 1, 3, 8, 12 राशि की हो अर्थात् चन्द्र चतुर्थेश, द्वितीयेश, नवमेश, पंचमेश होकर द्वितीय भाव में बैठा हो, ऐसा चन्द्र शुभ एवं अभीष्टकारी होता है। यदि 4, 6, 11 राशि की लग्न हो, मिश्रित फल मिलता है।

शुभ/अभीष्ट चन्द्र का प्रभाव
जातक गौरवर्ण, आकर्षक, विनम्र, वाकपटु, मिष्ठभाषी, मिलनसार, व्यवहारकुशल, बुद्धिमान, विद्वान, प्रतिष्ठित, जीवनसाथी से सुखी, भूमि, वाहन, संतान, धनादि से सम्पन्न व धर्मपरायण होता है।

मित्रग्रहों की युति/दृष्टि का प्रभाव
ऐसा जातक साहित्यप्रेमी, कलाप्रेमी, संगीतप्रिय, कम्पयूटर तकनीकी में निपुण, स्टेशनरी विक्रेता, ज्वैलरी व्यवसाय, फिल्म उद्योग में रुचि रखने वाला, धनी व सुखी होता है।

अशुभ/अनिष्ट चन्द्र

द्वितीय भाव में चन्द्र हो और लग्न 2, 5, 7, 9, 10 राशि की हो अर्थात् चन्द्र तृतीयेश, द्वादशेश, दशमेश, अष्टमेश, सप्तमेश होकर द्वितीय भाव में बैठा हो, अशुभ व अनिष्टकारी होता है।

अशुभ/अनिष्ट चन्द्र का प्रभाव

ऐसा जातक चंचलमना व अस्थिरबुद्धि होता है। उसकी उच्च शिक्षा में व्यवधान, आय के साधनों में कमी, जीवनसाथी के सुख में कमी रहती है। वह सदैव चिन्तित रहता है।

शनि, राहु तथा बुधादि ग्रहों की युति/दृष्टि का प्रभाव

जातक शनि राहु, बुध युति/दृष्टि के कारण व्याकुल रहता है। आर्थिक संकट निवारण हेतु ऋण लेना, गले, छाती व श्वास सम्बन्धी रोग होना, परिवार के भविष्य की चिन्ता होना जैसी समस्यायें उत्पन्न होती हैं।

शुभ/अभीष्ट मंगल

मंगल द्वितीय भाव में हो और लग्न 4, 8, 12 राशि की हो अर्थात् मंगल पंचमेश/दशमेश, लग्नेश/षष्ठेश, द्वितीयेश/नवमेश होकर द्वितीय भाव में बैठा हो, ऐसा मंगल शुभ होता है। यदि 1, 2, 5, 6, 9 राशि की लग्न हो, तो मिश्रित फल ही मिल पाता है।

शुभ/अभीष्ट मंगल का प्रभाव

जातक साहसी, पराक्रमी, परिश्रमी, प्रभावशाली, बुद्धिमान, विद्वान, बुद्धिचातुर्य से धनार्जन करने वाला, जमीन-जायदाद, मकान, वाहन आदि सुख साधनों वाला होता है।

मित्रग्रहों की युति/दृष्टि का प्रभाव

ऐसी स्थिति में जातक साहसी, दृढ़निश्चयी व परिश्रमी होता है। कुशल प्रबन्धक होता है। नवीन प्रायोजनाओं को मूर्त रुप देकर कार्यान्वित करता है और सफलता प्राप्त करता है। ऐसे जातक को सोच-समझकर धन खर्च करना चाहिए।

अशुभ/अनिष्ट मंगल

मंगल द्वितीय भाव में बैठा हो और लग्न 3, 5, 10, 11 राशियों की हो, अर्थात् मंगल षष्ठेश/एकादशेश, चतुर्थेश/नवमेश, चतुर्थेश/एकादशेश, तृतीयेश/दशमेश होकर द्वितीय भाव में बैठा हो, ऐसा मंगल अशुभ व अनिष्टकारी होता है।

अशुभ/अनिष्ट मंगल का प्रभाव

द्वितीय भाव में मंगल क्रोध, आवेश, उत्तेजना, मानसिक तनाव, उच्चशिक्षा प्राप्ति में बाधा, पारिवारिक क्लेश, व्ययभार में वृद्धि करता है। संतान कष्ट होता है। मंगल का द्वितीय भाव में होना दक्षिण के ज्योतिषियों की दृष्टि में मंगलीक दोष की श्रेणी में आता है। विवाह सुख में बाधक माना गया है।

शनि, राहु, केतु पापग्रहों की युति/दृष्टि का प्रभाव

शनि, राहु, केतु युति/दृष्टि से स्वास्थ्य हानि, रक्तविकार, मुख रोग, नेत्रपीड़ा, चोट, भय, चित्त में अशान्ति उत्पन्न होती है। इससे धनहानि हो सकती है।

शुभ/अभीष्ट बुध

बुध द्वितीय भाव में स्थित हो और लग्न 2, 5, 6, 10 राशि की हो अर्थात् बुध तृतीयेश/पंचमेश, द्वितीयेश/एकादशेश, लग्नेश/दशमेश, षष्ठेश/नवमेश होकर द्वितीय भाव में बैठा हो, ऐसा बुध शुभ व अभीष्टकारी होता है। यदि 3, 7, 12 राशि लग्न में हो, मिश्रित फल मिलता है।

शुभ/अभीष्ट बुध का प्रभाव

जातक हँसमुख, वाकपटु, बुद्धिमान, तेज स्मरण शक्ति वाला, तर्कशास्त्री, सदैव अध्ययनरत, उच्चशिक्षित, प्रयत्नशील, गणित, कामर्स, इन्जीनियरिंग में कुशल, बुद्धिबल से धन कमाने वाला पारिवारिक सुख साधनों से सम्पन्न होता है।

शुभ लग्नेश/दशमेश बुध का प्रभाव

ऐसा बुध जातक को पैतृक व्यवसाय में सफलता दिलाता है। वह पाठ्य पुस्तक, स्टेशनरी, प्रकाशन व्यवसाय में भी सिक्का जमा सकता है।

अशुभ/अनिष्ट बुध

बुध द्वितीय भाव में बैठा हो और लग्न 1, 4, 8, 11 राशि की हो अर्थात् बुध तृतीयेश/षष्ठेश, तृतीयेश/द्वादशेश, अष्टमेश/एकादशेश, पंचमेश/अष्टमेश होकर द्वितीय भाव में बैठा हो, ऐसा बुध अशुभ व अनिष्टकारी होता है।

अशुभ/अनिष्ट बुध का प्रभाव

अस्त व नीचराशिस्थ बुध अस्वस्थ, अशान्त, उच्चशिक्षा में बाधा व असफलता, कार्य व्यवसाय में हानि, पारिवारिक सुख में कमी, आमदनी में कमी और व्ययभार में वृद्धि करता है।

गुरु, चन्द्र, मंगल, केतु युति/दृष्टि का प्रभाव

बुध पर उपरोक्त ग्रहों की युति/दृष्टि से शारीरिक कष्ट, त्वचा रोग, नेत्रपीड़ा, वाणी में रुकावट, आर्थिक परेशानी, गुप्त चिन्ताएँ हो सकती हैं।

शुभ/अभीष्ट गुरु

गुरु द्वितीय भाव में स्थित हो और लग्न 3, 4, 8, 11, 12 राशि की हो अर्थात् गुरु सप्तमेश/दशमेश, षष्ठेश/नवमेश, द्वितीयेश/पंचमेश, द्वितीयेश/एकादशेश, लग्नेश/दशमेश होकर द्वितीय भाव में बैठा हो, शुभ होता है। यदि 1, 2, 5, 7 राशि की लग्न हो, तो मिश्रित फल मिलता है।

शुभ/अभीष्ट गुरु का प्रभाव

ऐसा गुरु जातक को बुद्धिमान, विद्वान, उदारहृदयी, सदाचारी, स्वाभिमानी, विचारवान, सुवक्ता, प्रभावशाली, न्यायप्रिय, परोपकारी, प्रतिष्ठित, धर्मपरायण, बड़े परिवार वाला, जमीन जायदाद वाला व धनवान बनाता है।

मंगल, सूर्यादि मित्रग्रहों की युति/दृष्टि प्रभाव

गुरु पर मंगल, सूर्यादि मित्रग्रहों की युति/दृष्टि के प्रभाव से जातक उच्चाधिकारयुक्त पद प्राप्त कर सकता है। उच्चस्तरीय व्यवसाय में अपना भाग्य आजमा सकता है। वह एक कुशल प्रबन्धक हो सकता है। उसकी योग, धर्म, चिकित्सा, ज्योतिष में काफी रुचि होती है।

अशुभ/अनिष्ट गुरु

गुरु द्वितीय भाव में बैठा हो और लग्न 6, 9, 10 राशि की हो अर्थात् गुरु चतुर्थेश/सप्तमेश, लग्नेश/चतुर्थेश, तृतीयेश/द्वादशेश होकर द्वितीय भाव में बैठा हो, अशुभ व अनिष्टकारी होता है।

अशुभ/अनिष्ट गुरु के प्रभाव

अशुभ/अनिष्टकारी गुरु के कारण प्रभावशाली व्यक्तित्व का अभाव, सात्विकता की कमी, कैरियर में गिरावट, सुख साधनों की हानि जैसे प्रभाव हो सकते हैं।

शुक्र, शनि, राहु, केतु युति/दृष्टि का प्रभाव

गुरु अस्त, नीचराशिस्थ, वक्री, अतिचारी होने तथा शुक्र, शनि, राहु, केतु की युति/दृष्टि होने की स्थिति में शारीरिक कष्ट, आर्थिक परेशानी, जीवनवृति में तंगी, स्त्री सम्बन्धों में दरार, अपने बड़ो से विरोध आदि देता है।

शुभ/अभीष्ट शुक्र

शुक्र द्वितीय भाव में हो और लग्न 2, 6, 10, 11 राशि की हो अर्थात् शुक्र लग्नेश/षष्ठेश, द्वितीयेश/नवमेश, पंचमेश/दशमेश, चतुर्थेश/नवमेश होकर द्वितीय भाव में बैठा हो, ऐसा शुक्र शुभ एवं अभीष्टकारी होता है। लग्न 3, 4, 7, 9 राशि की होने पर मिश्रित फल मिलता है।

शुभ/अभीष्ट शुक्र का प्रभाव

जातक सुन्दर, आकर्षक, प्रसन्नचित, मिष्ठभाषी, बुद्धिमान, सौभाग्यशाली, संगीत-कला-काव्य प्रेमी, व्यसनी, कामुक, समस्त सांसारिक सुख साधनों यथा जमीन जायदाद, मकान, वाहन आदि से युक्त व प्रतिष्ठित होता है।

मित्रग्रहों की युति/दृष्टि का प्रभाव

शुक्र के द्वितीय भाव में होने, उस पर मित्रग्रहों की युति/दृष्टि होने से श्रृंगारिक वस्तुओं के क्रय-विक्रय से अधिकाधिक लाभ, ब्यूटी पार्लर जैसे कार्यों से लाभ, होटल व्यवसाय से आय में वृद्धि होती है। है।

अशुभ/अनिष्ट शुक्र

शुक्र द्वितीय भाव में हो और लग्न 5, 8, 12 राशि की हो अर्थात् शुक्र तृतीयेश/दशमेश, सप्तमेश/द्वादशेश, तृतीयेश/अष्टमेश होकर द्वितीय भाव में बैठा हो, अशुभ व अनिष्टकारी होता है।

अशुभ/अनिष्ट शुक्र का प्रभाव

अशुभ शुक्र जातक को दुराचारी, कामुक व खर्चीला बनाता है। धन की हानि एवं मकान, वाहन आदि सुख साधनों में कमी करता है। जीवनसाथी के सुख में भी कमी करता है।

सूर्य, चन्द्, गुरु की युति/दृष्टि का प्रभाव

अस्त, नीचराशिस्थ, वक्री शुक्र जातक को व्यसनों में गमगीन रखता है। फलस्वरुप कार्यक्षेत्र में परेशानी होती है। व्यर्थ के व्यय से आर्थिक अभाव भी झेलने पड़ते हैं। सुरा सुन्दरी पर व्यय करने से मन में अशान्ति व उलझनें उत्पन्न होती हैं। शरीर में गुप्त एवं क्लिष्ट रोग, वाणी दोष, नेत्र रोग होते हैं।

शुभ/अभीष्ट शनि

शनि द्वितीय भाव में हो और लग्न 1, 2, 6, 9 राशि की हो अर्थात् शनि दशमेश/एकादशेश, नवमेश/दशमेश, पंचमेश/षष्ठेश, द्वितीयेश/तृतीयेश होकर द्वितीय भाव में विराजमान हो, शुभ व अभीष्टकारी होता है। लग्न 3, 4, 5, 7, 8, 10, 11 राशि की होने पर मिश्रित फल मिलता है।

शुभ/अभीष्ट शनि का प्रभाव

जातक सुन्दर, स्वाभिमानी, पराक्रमी, परिश्रमी, दूरदर्शी, बुद्धिमान, व्यवसायिकविद्या सम्पन्न, सभी सुख साधनों से युक्त व धनी होता है। राजनीति में भी भाग ले सकता है। अच्छा पद ग्रहण कर सकता है।

मित्रग्रहों की युति/दृष्टि का प्रभाव

ऐसा जातक लौह सम्बन्धित व्यवसाय से अत्यधिक लाभ कमा सकता है। दूरदेशों की यात्रा कर सकता है। विदेश में भाग्योदय होता है। शुभ चन्द्र फल में वृद्धि करता है।

अशुभ/अनिष्ट शनि

शनि द्वितीय भाव में हो और लग्न 12 राशि की हो अर्थात् शनि एकादशेश/द्वादशेश होकर द्वितीय भाव में बैठा हो, अशुभ व अनिष्टकारी होता है।

अशुभ/अनिष्ट शनि का प्रभाव

जातक क्रोधी, उदासीन, शंकालु, पिता व भाई-बहन से दूर होता है। उसके जीवनयापन के सुख साधनों में कमी, व्यवसाय/नौकरी में परेशानी, जीवनसाथी के स्वास्थ्य में खराबी, धनाभाव, व्यर्थ के आकस्मिक खर्चे हो सकते है। जीवन अशान्ति में गुजरता है।

शत्रुग्रहों की युति/दृष्टि का प्रभाव

शनि अस्त, वक्री हो या सूर्य, चन्द्र ग्रहों की युति/दृष्टि में हो जातक शरीर से दुर्बल, वायुरोगी, मुखरोगी, नेत्ररोगी होता है। अधूरी शिक्षा, अवसरानुकूल लाभ न मिलना, परिवार में वाद-विवाद आदि हो सकते हैं। इससे जीवनयापन हेतु भी धनार्जन नहीं हो पाता है।

शुभ/अभीष्ट राहु

राहु द्वितीय भाव में हो और लग्न 2, 6, 9, 10, 11 राशि की हो, राहु शुभ व अभीष्टकारी होता है। जातक को धनलाभ कराता है और अन्य सुख देता है, किन्तु द्वितीयेश का शुभ भाव में होना आवश्यक है।

शुभ/अभीष्ट राहु का प्रभाव

जातक साहसी, वाकपटु, परिश्रमी, बुद्धिमान, उच्चपदासीन, परोपकारी, दीर्घायु व अपने पुरुषार्थ से धनार्जन करने वाला होता है।

मित्रग्रहों की युति/दृष्टि का प्रभाव

मित्रग्रहों की युति/दृष्टि से जातक को आकस्मिक धन मिल जाता है। वह सुख साधन सम्पन्न और समाज में प्रतिष्ठित होता है।

अशुभ/अनिष्ट राहु

राहु द्वितीय भाव में हो और लग्न 1, 3, 4, 7, 12 राशि की हो और द्वितीयेश शुभ भाव न बैठा हो। ऐसा राहु अशुभ व अनिष्टकारी माना गया है। जातक दुःखी रहता है। असंतोष बना रहता है।

अशुभ/अनिष्ट राहु का प्रभाव

राहु की अशुभ स्थिति में जातक उग्र, क्रोधी, चंचल व शरीर से दुर्बल होता है। पारिवारिक सुख में कमी, मानसिक तनाव, आर्थिक उलझनें हो सकती हैं। व्यवसाय में कठिनाई, धन की कमी से ऋण लेने की जरुरत आदि समस्याओं में उलझा रहता है।

शत्रु ग्रहों की युति/दृष्टि का प्रभाव

भूतप्रेत आदि का भय, पारिवारिक कष्ट, मुख के रोग, गले के रोग, श्वास सम्बन्धी बीमारी, अनेक बंधन आदि प्रभाव हो सकते हैं।

शुभ/अभीष्ट केतु

केतु द्वितीय भाव में हो और लग्न 6, 7 राशि की हो। केतु शुभ/अभीष्टकारी होता है। जातक को प्रसन्न व सुखी रखता है।

शुभ/अभीष्ट केतु का प्रभाव

जातक परिश्रमी, साहसी, धैर्यवान, बुद्धिमान, विद्वान, गुणवान, व्यवसायिक विद्यानिपुण,

योजनाविधि से कार्य करने वाला, उच्चस्तरीय रहन सहन वाला होता है। जन्मस्थान से दूर भाग्योदय होता है।

चन्द्र, गुरु आदि शुभ ग्रहों की युति/दृष्टि का प्रभाव

जातक को माता का सुख, जमीन-जायदाद का सुख, जीवनयापन के अन्य साधनों का सुख मिलता है। उच्च पद पर प्रतिष्ठित होता है।

अशुभ/अनिष्ट केतु

केतु द्वितीय भाव में हो और लग्न 2, 3, 4, 9, 10, 11 राशि की हो। यह अशुभ फल देता है। जातक सदैव ही किसी न किसी तनाव में रहता है।

अशुभ/अनिष्ट केतु का प्रभाव

जातक अस्वस्थ रहता है। मातृसुख में कमी, घरेलू सुख में कमी, दाम्पत्य जीवन में तनाव, उच्चशिक्षा में बाधा, व्यवसाय में अस्थिरता, अशान्ति व संघर्षमय जीवन, धन संचय में कठिनाई बनी रहती है। जातक के जीवन में उतार-चढ़ाव आते रहते हैं।

शनि, चन्द्रादि ग्रहों की युति/दृष्टि का प्रभाव

दुर्बल शरीर, वात-पित सम्बन्धी रोग, उच्चशिक्षा में बाधा, दुर्घटना, चोट, शत्रुभय, अचानक धन की हानि मुख्य प्रभाव हो सकते हैं।

नोट : द्वितीय भाव में अशुभ/अनिष्ट नवग्रहों के प्रभाव निवारण की अचूक, अनुभवसिद्ध, चमत्कारी उपाय श्रृंखला अध्याय-5 में दी जा रही है। उन्हें भली-भाँति पढ़े और शीघ्र लाभ के लिये तीन उपाय एक साथ करें। अध्याय-7 में लाल किताब आधारित उपाय/टोटके भी दिये जा रहे हैं। उन्हें भी समझ लें।

(3) तृतीय भाव में अभीष्ट/अनिष्ट नवग्रह

शुभ/अभीष्ट सूर्य

सूर्य तृतीय भाव में बैठा हो और लग्न 1, 2, 3, 4, 6, 7, 11 राशि की हो, अर्थात् सूर्य पंचमेष, चतुर्थेश, तृतीयेश, द्वितीयेश, द्वादशेश, एकादशेश, सप्तमेश होकर तृतीय भाव में बैठा हो, ऐसा सूर्य शुभ होता है।

शुभ/अभीष्ट सूर्य का प्रभाव

ऐसा सूर्य जातक को बुद्धिमान, विद्वान, साहसी, पुरुषार्थी, अपने परिश्रम से धन कमाने वाला, पठन-पाठन व लेखन में कार्यकुशल तथा धर्मपरायण बनाता है।

मित्र गुरु, बुध की युति/दृष्टि का प्रभाव

गुरु, बुध इस भाव में बैठकर सूर्य से युति/दृष्टि बना रहे हो, तो जातक गुणवान, धैर्यवान, लेखा कार्यकुशल, धन/सम्पदा वाला, भूमि, वाहन आदि सुखों से युक्त व परोपकारी होता है। वह भाई-बहन के लिये लाभकारी तथा प्रतिष्ठित लोगों से मधुर सम्बन्ध रखने वाला होता है। सूर्य के उच्चराशिस्थ होने की स्थिति में वह विदेश जा सकता है और अधिक धन कमा सकता है।

अशुभ/अनिष्ट सूर्य
सूर्य तृतीय भाव में स्थित हो और लग्न 5, 8, 9, 12 राशि की हो अर्थात् सूर्य लग्नेश, दशमेश, नवमेश, षष्ठेश होकर तृतीय भाव में स्थित हो, ऐसा सूर्य अशुभ होता है।

अशुभ/अनिष्ट सूर्य का प्रभाव
ऐसी स्थिति में जातक चंचलमना व बुद्धिहीन होता है। फलस्वरुप कार्यव्यवहार में बाधा आती है। कठिन परिश्रम करने पर भी आय कम और व्यय की अधिकता होती है। भाईयों से सम्बन्ध मधुर नहीं रह पाते हैं। भलाई करने पर भी बुराई मिलती है। मानसिक तनाव बढ़ जाता है।

शत्रु ग्रहों शनि, राहु की युति/दृष्टि का प्रभाव
सूर्य की शनि, राहु की युति/दृष्टि होने की स्थिति में पितृ सुख में कमी, शरीर में कष्ट, धनहानि, घरेलू विवाद होते हैं। कार्यक्षमता घटती जाती है।

शुभ/अभीष्ट चन्द्र
तृतीय भाव में चन्द्र बैठा हो और लग्न 2, 3, 4, 7, 10, 12 राशि की हो अर्थात् चन्द्र तृतीयेश, द्वितीयेश, लग्नेश, दशमेश, सप्तमेश, पंचमेश होकर तृतीय भाव में बैठा हो, ऐसा चन्द्र शुभ एवं अभीष्टकारी होता है। लग्न 1, 6, 8 राशि की होने पर मिश्रित फल मिलते हैं।

शुभ/अभीष्ट चन्द्र का प्रभाव
जातक विनम्र, वाकपटु, मिष्ठभाषी, व्यवहारकुशल, देश/विदेश भ्रमण करने वाला, अपने पराक्रम और परिश्रम से धन कमाने वाला, बहनों की सहायता करने वाला होता है।

मित्रग्रहों की युति/दृष्टि का प्रभाव
ऐसे जातक की स्मरण शक्ति तेज होती है। वह साहित्यप्रेमी, कलाप्रेमी, संगीतप्रिय, ज्योतिष में रुचि रखने वाला धनी व सुखी होता है। विदेश में भाग्योदय के अवसर अधिक होते हैं।

अशुभ/अनिष्ट चन्द्र
तृतीय भाव में चन्द्र हो और लग्न 5, 9, 11 राशि की हो अर्थात् चन्द्र द्वादशेश, अष्टमेश, षष्ठेश होकर तृतीय भाव में बैठा हो, अशुभ/अनिष्टकारी होता है।

अशुभ/अनिष्ट चन्द्र का प्रभाव
ऐसा जातक चंचल, अस्थिरबुद्धि होता है। पराक्रम की कमी होती है। शारीरिक व मानसिक स्वास्थ्य ठीक नहीं रहता है। वह सदैव चिन्तित रहता है।

शनि, राहु तथा बुधादि ग्रहों की युति/दृष्टि का प्रभाव

जातक शनि राहु, बुध युति/दृष्टि के कारण व्याकुल रहता है। आर्थिक व कौटुम्बिक संकट से ग्रस्त रहता है। भाई बहनों और निकटस्थ रिश्तेदारों के कारण दुःखी रहता है। यात्राओं से हानि होती है और आकस्मिक खर्च बढ़ता जाता है।

शुभ/अभीष्ट मंगल

मंगल तृतीय भाव में हो और लग्न 1, 3, 4, 8, 9, 11, 12 राशि की हो अर्थात् मंगल लग्नेश/अष्टमेश, षष्ठेश/एकादशेश, पंचमेश/दशमेश, लग्नेश/षष्ठेश, पंचमेश/द्वादशेश, तृतीयेश/नवमेश, द्वितीयेश/नवमेश होकर तृतीय भाव में बैठा हो, ऐसा मंगल शुभ होता है। लग्न 5, 6 राशि की होने पर फल मिश्रित होते हैं।

शुभ/अभीष्ट मंगल का प्रभाव

जातक साहसी, पराक्रमी, परिश्रमी, बुद्धिमान, स्वावलम्बी होता है। अपने परिश्रम से धनार्जन करने वाला होता है। अपने बुद्धिबल से उन्नति करता है।

मित्रग्रहों की युति/दृष्टि का प्रभाव

ऐसी स्थिति में जातक उच्च शिक्षा, तकनीकी शिक्षा लेकर कुशल प्रशासक/प्रबन्धक होता है और सफलता प्राप्त करता है। भाग्योदय विवाह उपरान्त होता है। ऐसे जातक राजनीतिक क्षेत्र में भी भाग्य आजमा सकते हैं।

अशुभ/अनिष्ट मंगल

मंगल तृतीय भाव में बैठा हो और लग्न 2, 7 राशियों की हो, अर्थात् मंगल सप्तमेश/द्वादशेश, द्वितीयेश/सप्तमेश तृतीय भाव में बैठा हो, ऐसा मंगल अशुभ व अनिष्टकारी होता है।

अशुभ/अनिष्ट मंगल का प्रभाव

तृतीय भाव में मंगल क्रोध, आवेश, उतेजना व मानसिक तनाव लाता है। भ्रातृसुख में कमी करता है। पारिवारिक कलह बढ़ाता है। व्यर्थ की यात्राओं से व्यय भार में वृद्धि होती है। व्यवसायिक परेशानियाँ आती है। जीवन संघर्षशील बना रहता है।

शनि, राहु, केतु पापग्रहों की युति/दृष्टि का प्रभाव

शनि, राहु, केतु युति/दृष्टि से स्वास्थ्य हानि, रक्तविकार, दुर्घटना, चोटादि भय बने रहते हैं। चित में अशान्ति उत्पन्न होती है। इससे धनहानि उठानी पड़ती है।

शुभ/अभीष्ट बुध

बुध तृतीय भाव में स्थित हो और लग्न 2, 3, 5, 6 राशि की हो अर्थात् बुध द्वितीयेश/पंचमेश, लग्नेश/चतुर्थेश, द्वितीयेश/एकादशेश, लग्नेश/दशमेश होकर तृतीय भाव में बैठा हो, ऐसा बुध शुभ व अभीष्टकारी होता है। लग्न के 1, 4, 7, 10, 12 होने पर मिश्रित फल होते हैं।

शुभ/अभीष्ट बुध का प्रभाव

जातक बुद्धिमान, उच्चशिक्षा प्राप्त, तेज स्मरण शक्ति वाला, परिश्रमी, प्रयत्नशील, सदाचारी, भाई-बहन से सुखी, मित्रवान, धनवान, भूमि, मकान, वाहनादि सुख साधनों से सम्पन्न होता है।

मित्रग्रहों की युति/दृष्टि का प्रभाव

मित्रग्रहों की युति/दृष्टि जातक को क्रय-विक्रय कार्यों में व्यवहारकुशल बनाती है। यात्राओं से लाभ के अवसर मिलते हैं। समाज में प्रतिष्ठित करती है। वह अच्छा लेखाकार या ज्योतिषज्ञानी हो सकता है।

अशुभ/अनिष्ट बुध

बुध तृतीय भाव में बैठा हो और लग्न 8, 11 राशि की हो अर्थात् बुध अष्टमेश/एकादशेश, पंचमेश/अष्टमेश होकर तृतीय भाव में बैठा हो, ऐसा बुध अशुभ व अनिष्टकारी होता है।

अशुभ/अनिष्ट बुध का प्रभाव

अस्त व नीचराशिस्थ बुध अस्वस्थ, अशान्त, कार्य व्यवसाय में असफल करता है। पारिवारिक सुख में कमी लाता है। भाईयों से दुःख मिलता है। अल्प आमदनी के कारण जीवन निर्वाह में कठिनाई आती है। व्यर्थ की यात्राएँ करनी पड़ती हैं। इससे खर्च में वृद्धि होती है।

गुरु, चन्द्र, मंगल, केतु युति/दृष्टि का प्रभाव

बुध पर उपरोक्त ग्रहों की युति/दृष्टि से शारीरिक कष्ट, त्वचा रोग, नेत्र पीड़ा, वाणी में रुकावट, आर्थिक परेशानी, गुप्त चिन्ताएँ हो सकती हैं।

शुभ/अभीष्ट गुरु

गुरु तृतीय भाव में स्थित हो और लग्न 3, 6, 9, 10 राशि की हो अर्थात् गुरु सप्तमेश/दशमेश, चतुर्थेश/सप्तमेश, लग्नेश/चतुर्थेश, तृतीयेश/द्वादशेश तृतीय भाव में बैठा हो, शुभ/अभीष्टकारी होता है। लग्न 1, 2, 5, 8, 12 राशि की होने पर मिश्रित फल होते हैं।

शुभ/अभीष्ट गुरु का प्रभाव

ऐसा गुरु जातक को बुद्धिमान, विद्वान, उदारहृदयी, सदाचारी, स्वाभिमानी, न्यायप्रिय, दूरदर्शी, परोपकारी, प्रतिष्ठित, धर्मपरायण, जमीन-जायदाद वाला व धनवान बनाता है।

मंगल, सूर्यादि मित्रग्रहों की युति/दृष्टि प्रभाव

गुरु पर मंगल, सूर्यादि मित्रग्रहों की युति/दृष्टि के प्रभाव से जातक शिक्षण कार्य, लेखन-सम्पादन कार्य, पत्रकारिता, विज्ञापन, वकालत से लाभ उठा सकता है। विदेश यात्राएँ भी लाभकारी हो सकती हैं।

अशुभ/अनिष्ट गुरु

गुरु तृतीय भाव में बैठा हो और लग्न 4, 11 राशि की हो अर्थात् गुरु षष्ठेश/नवमेश, द्वितीयेश/एकादशेश होकर तृतीय भाव में बैठा हो, अशुभ व अनिष्टकारी होता है।

अशुभ/अनिष्ट गुरु के प्रभाव

अशुभ/अनिष्टकारी गुरु के कारण प्रभावशाली व्यक्तित्व का अभाव, सात्विकता की कमी, कैरियर में गिरावट, सुख साधनों की हानि, भाई-बहनों के सुख व सहयोग में कमी, परस्पर वैमनस्य, व्ययभार की अधिकता जैसे प्रभाव हो सकते हैं।

शुक्र, शनि, राहु, केतु युति/दृष्टि का प्रभाव

गुरु अस्त, नीचराशिस्थ, वक्री, अतिचारी होने तथा शुक्र, शनि, राहु, केतु की युति/दृष्टि होने की स्थिति में शारीरिक कष्ट, आर्थिक तंगी, उच्च शिक्षा में रुकावट, जीवनवृति में तंगी, पति/पत्नी सम्बन्धों में दरार, लीवर सम्बन्धी रोग व कान के रोग हो सकते हैं।

शुभ/अभीष्ट शुक्र

शुक्र तृतीय भाव में हो और लग्न 5, 6, 10, 11 राशि की हो अर्थात् शुक्र तृतीयेश/दशमेश, द्वितीयेश/नवमेश, पंचमेश/दशमेश, चतुर्थेश/नवमेश होकर तृतीय भाव में बैठा हो, ऐसा शुक्र शुभ एवं अभीष्टकारी होता है। लग्न 2, 5, 7, 8, 12 राशि होने पर मिश्रित प्रभाव होता है।

शुभ/अभीष्ट शुक्र का प्रभाव

जातक सुन्दर, आकर्षक, मिष्ठभाषी, मिलनसार, भ्रमणशील, देश/विदेश यात्रा करने वाला, संगीत-कला-काव्य प्रेमी, भाई-बहनों का सुख चाहने वाला, धनी, वाहनादि से युक्त व प्रतिष्ठित होता है।

मित्रग्रहों की युति/दृष्टि का प्रभाव

शुक्र का तृतीय भाव में होना, उस पर मित्रग्रहों की युति/दृष्टि जातक को व्यसनी व विपरीतलिंगीप्रिय बनाती हैं। जीवनसाथी सुशील, शिक्षित व समझदार होती है। इससे जीवन सरस बना रहता है।

अशुभ/अनिष्ट शुक्र

शुक्र तृतीय भाव में हो और लग्न 4, 9 राशि की हो अर्थात् शुक्र चतुर्थेश/एकादशेश, षष्ठेश/एकादशेश होकर तृतीय भाव में बैठा हो, अशुभ व अनिष्टकारी होता है।

अशुभ/अनिष्ट शुक्र का प्रभाव

अशुभ शुक्र जातक को दुराचारी, कामुक व खर्चीला बनाता है। मातृसुख की कमी, जीवनसाथी से झगड़े व दाम्पत्य सुख में भी कमी, सुख साधनों का अभाव और धन की हानि करता है। दुर्भाग्य और व्यर्थ की यात्राएँ मुंहबायें खड़ी रहती हैं।

सूर्य, चन्द्र, गुरु की युति/दृष्टि का प्रभाव

अस्त, नीचराशिस्थ, वक्री शुक्र जातक को व्यसनों में गमगीन रखता है। फलस्वरुप कार्यक्षेत्र में परेशानी होती है। व्यर्थ के व्यय से आर्थिक अभाव भी झेलने पड़ते हैं। गृहकलह, भाईयों से अनबन, शरीर में कमजोरी रहती है।

शुभ/अभीष्ट शनि

शनि तृतीय भाव में हो और लग्न 7 राशि की हो अर्थात् शनि चतुर्थेश/पंचमेश होकर तृतीय भाव में विराजमान हो, शुभ व अभीष्टकारी होता है। लग्न 1, 2, 3, 5, 6, 8 राशि की होने पर मिश्रित प्रभाव होते हैं।

शुभ/अभीष्ट शनि का प्रभाव

जातक सुन्दर, स्वाभिमानी, पराक्रमी, परिश्रमी, कर्मठ, कर्तव्यनिष्ठ, बुद्धिमान, विद्वान, सभी सुख साधनों से युक्त, धनी व भाग्यशाली होता है।

मित्रग्रहों की युति/दृष्टि का प्रभाव

ऐसा जातक मशीनरी व्यवसाय से अत्यधिक लाभ कमा सकता है। सुन्दर व सुशील पत्नी व सुयोग्य संतान होती है। दूरदेशों की यात्रा करता है। जन्म स्थान से दूर विदेश में भाग्योदय होता है। वह चिकित्सा क्षेत्र में जा सकता है। राजनीति में भी भाग लेकर अच्छा पद ग्रहण कर सकता है।

अशुभ/अनिष्ट शनि

शनि तृतीय भाव में हो और लग्न 4, 12 राशि की हो अर्थात् शनि सप्तमेश/अष्टमेश, एकादशेश/द्वादशेश होकर तृतीय भाव में बैठा हो, अशुभ व अनिष्टकारी होता है।

अशुभ/अनिष्ट शनि का प्रभाव

जातक क्रोधी, उदासीन व शंकालु होता है। जीवनयापन के सुख साधनों की कमी, व्यवसाय/नौकरी में परेशानी, जीवनसाथी का खराब स्वास्थ्य और व्यर्थ के खर्चो से परेशान रहता है।

शत्रुग्रहों की युति/दृष्टि का प्रभाव

शनि अस्त, वक्री हो या सूर्य, चन्द्र ग्रहों की युति/दृष्टि में हो जातक शरीर से दुर्बल व दुर्घटना से चोट आदि लगने का भय होता है। शिक्षा में व्यवधान,भाई-बहनों के सुख में कमी, व्यवसाय/नौकरी में अवसरानुकूल लाभ न मिलना, संतान कष्ट हो सकते हैं। मित्र तथा कर्मचारी धोखा दे सकते हैं। इससे जीवनयापन हेतु भी धनार्जन नहीं हो पाता है।

शुभ/अभीष्ट राहु

राहु तृतीय भाव में हो और लग्न 1, 4, 5, 8, 9, 12 राशि की हो, राहु शुभ व अभीष्टकारी होता है। जातक को धनलाभ कराता है तथा अन्य सुख साधन देता है।

74 ज्योतिष विद्या सीखें

शुभ/अभीष्ट राहु का प्रभाव
जातक साहसी, वाकपटु, परिश्रमी, उद्यमी, भाईयों के सुख से सुखी, भ्रमणशील, उच्च्पदासीन व पुरुषार्थ से धन कमाने वाला होता है।

मित्रग्रहों की युति/दृष्टि का प्रभाव
मित्रग्रहों की युति/दृष्टि से जातक को आकस्मिक धन मिल जाता है। वह सुख साधन सम्पन्न होता है और उसके समाज में प्रतिष्ठित व्यक्तियों से सम्बन्ध होते हैं। व्यवसाय वृद्धि के लिये देश/विदेश की यात्राएँ करता है। ज्योतिष में गहरी रुचि होती है।

अशुभ/अनिष्ट राहु
राहु तृतीय भाव में हो और लग्न 2, 7, 10 राशि की हो, ऐसा राहु अशुभ व अनिष्टकारी माना गया है। जातक हर प्रकार से दु:खी रहता है। उसे कष्ट होता है।

अशुभ/अनिष्ट राहु का प्रभाव
राहु की अशुभ स्थिति में जातक उग्र, क्रोधी व अस्वस्थ होता है। भाई बहनों से मतभेद, पारिवारिक सुख में कमी, मानसिक तनाव, आर्थिक उलझनें, व्यवसाय में दौड़धूप करने से थकान व प्रत्येक कार्य में बाधाएँ आती रहती हैं।

शत्रु ग्रहों की युति/दृष्टि का प्रभाव
पारिवारिक कष्ट, धनार्जन में कठिनाई, अल्प आय, भाग्योन्नति में अड़चने, यात्रा भार व घरेलू बंधन साफ-साफ झलकते हैं।

शुभ/अभीष्ट केतु
केतु तृतीय भाव में हो और लग्न 6, 7, 11 राशि की हो, केतु शुभ व अभीष्टकारी होता है। जातक को प्रसन्न व सुखी रखता है।

शुभ/अभीष्ट केतु का प्रभाव
जातक पराक्रमी, परिश्रमी, साहसी, बुद्धिमान, व्यवहारकुशल, परोपकारी, भ्रमणशील, धर्मपरायण और तीर्थ यात्राएँ करने वाला भाग्यशाली होता है।

मित्रग्रहों की युति/दृष्टि का प्रभाव
जातक गूढ़विद्याज्ञानी अर्थात् ज्योतिष, यंत्र, मंत्र, योग, धर्म आदि विषयों में पारंगत होता है। देश/विदेश में भ्रमण करने के अवसर मिलते हैं। इससे धनलाभ होता है और वह समाज में प्रतिष्ठित होता है।

अशुभ/अनिष्ट केतु
केतु तृतीय भाव में हो और लग्न 2, 8, 10, 12 राशि की हो। यह अशुभ फल देता है। जातक सदैव ही किसी न किसी तनाव में रहता है।

अशुभ/अनिष्ट केतु का प्रभाव

जातक अस्वस्थ रहता है। अतः पराक्रम का अभाव, भाई-बहन के सुख में कमी, घरेलू सुख में कमी, व्यवसाय में अस्थिरता, मानसिक अशान्ति व संघर्षमय जीवन, धन संचय में कठिनाई बनी रहती है। जीवन में उतार-चढ़ाव आते रहते हैं।

शनि, चन्द्रादि ग्रहों की युति/दृष्टि का प्रभाव

दुर्बल शरीर, वात-पित्त सम्बन्धी रोग, नेत्र कष्ट, भातृ सुख में कमी, दाम्पत्य सुख का अभाव, मुकदमों की परेशानी, दुर्घटना, चोट, भय आदि से धन की हानि मुख्य प्रभाव हो सकते हैं।

नोट : तृतीय भाव में अशुभ/अनिष्ट नवग्रहों के प्रभाव निवारण की अचूक, अनुभवसिद्ध, चमत्कारी उपाय श्रृंखला अध्याय-5 में दी जा रही हैं। उन्हें भली-भाँति पढ़े और शीघ्र लाभ के लिये तीन उपाय एक साथ करें। अध्याय-7 में लाल किताब आधारित उपाय/टोटके भी दिये जा रहे हैं। उन्हें भी समझ लें।

(4) चतुर्थ भाव में अभीष्ट/अनिष्ट नवग्रह

शुभ/अभीष्ट सूर्य

सूर्य चतुर्थ भाव में बैठा हो और लग्न 2, 3, 5, 6, 9, 10 राशि की हो, अर्थात् सूर्य चतुर्थेश, तृतीयेश, लग्नेश, द्वादशेश, नवमेश, अष्टमेश होकर चतुर्थभाव में बैठा हो, ऐसा सूर्य शुभ होता है।

शुभ/अभीष्ट सूर्य का प्रभाव

ऐसा सूर्य जातक को स्वाभिमानी, महत्त्वाकांक्षी, उच्चशिक्षाप्राप्त, बुद्धिमान, भूमि, मकान वाहन आदि से युक्त, पिता व भाई के सहयोग से उन्नति करनेवाला, चिकित्सा क्षेत्र में सफलता प्राप्त करने वाला बनाता है।

मित्रग्रहों की युति/दृष्टि व चतुर्थेश का चरराशिस्थ प्रभाव

गुरु, बुध इस भाव में बैठकर सूर्य से युति/दृष्टि बना रहे हों या सूर्य चरराशिस्थ हो अथवा 9, 10, 12 भाव में हो तो विदेश निवास व विदेश से ही आयवृद्धि के साधन बनते हैं।

अशुभ/अनिष्ट सूर्य

सूर्य चतुर्थ भाव में स्थित हो और लग्न 1, 4, 7, , 8, 11, 12 राशि की हो अर्थात् सूर्य द्वितीयेश, एकादशेश, पंचमेश, दशमेश, सप्तमेश, षष्ठेश होकर चतुर्थ भाव में स्थित हो, ऐसा सूर्य अशुभ होता है।

अशुभ/अनिष्ट सूर्य का प्रभाव

ऐसी स्थिति में जातक चंचलमना व बुद्धिहीन होता है। फलस्वरुप प्रत्येक कार्यव्यवहार में बाधा आती है। माता-पिता को कष्ट होता है। निवास स्थान, वाहनादि की सुविधा नहीं रह पाती है।

शत्रु ग्रहों शनि, राहु की युति/दृष्टि का प्रभाव

सूर्य की शनि, राहु की युति/दृष्टि होने व नीचराशिस्थ होने की स्थिति में वाहनादि से चोट आदि का भय, जीवनसाथी से कलह और जीवन में संघर्ष बना रहता है।

शुभ/अभीष्ट चन्द्र

चतुर्थ भाव में चन्द्र बैठा हो और लग्न 1, 2, 3, 6, 12 राशि की हो अर्थात् चन्द्र चतुर्थेश, तृतीयेश, द्वितीयेश, एकादशेश, पंचमेश, होकर चतुर्थ भाव में बैठा हो, ऐसा चन्द्र शुभ एवं अभीष्टकारी होता है। लग्न के 4, 7, 8, 9 राशि की होने पर मिलाजुला प्रभाव होता है।

शुभ/अभीष्ट चन्द्र का प्रभाव

जातक विनम्र, वाकपटु, मिष्ठभाषी, मिलनसार, व्यवहारकुशल, शिक्षित, प्रतिष्ठित, सुन्दर व सुशील जीवनसाथी का सुख, भूमि, मकान, वाहन आदि का सुख, परोपकारी व धनी होता है।

मित्रग्रहों की युति/दृष्टि का प्रभाव

ऐसे जातक की स्मरण शक्ति तेज होती हैं वह साहित्यप्रेमी व कलाप्रेमी होता है। माता के प्रति श्रद्धा व सेवा भावना, संतान से प्रेम, धर्म कर्म में अगाध रुचि होती है।

अशुभ/अनिष्ट चन्द्र

चतुर्थ भाव में चन्द्र हो और लग्न 8, 10 राशि की हो अर्थात् चन्द्र नवमेश, सप्तमेश होकर चतुर्थ भाव में बैठा हो, अशुभ व अनिष्टकारी होता है।

अशुभ/अनिष्ट चन्द्र का प्रभाव

ऐसा जातक चंचलमना, अस्थिरबुद्धि होता है। पराक्रम की कमी, संघर्षपूर्ण जीवन, जमीन-जायदाद का अभाव, व्यवसायिक उलझनें बनी रहती है। जातक सदैव चिन्तित रहता है।

शनि, राहु तथा बुधादि ग्रहों की युति/दृष्टि का प्रभाव

चन्द्र की शनि राहु, बुध युति/दृष्टि तथा नीचराशिस्थ व अस्त होने की स्थिति में जातक व्याकुल रहता है। ऐसी हालत में मातृकष्ट, संतानकष्ट, दुर्घटना/चोट आदि का भय, उदर विकार आदि हो सकते है

शुभ/अभीष्ट मंगल

मंगल चतुर्थ भाव में हो और लग्न 5, 7, 11, 12 राशि की हो अर्थात् मंगल चतुर्थेश/नवमेश, द्वितीयेश/सप्तमेश, तृतीयेश/एकादशेश, द्वितीयेश/दशमेश होकर चतुर्थ भाव में बैठा हो, ऐसा मंगल शुभ होता है। किन्तु ऐसा मंगल मंगलीक दोष उत्पन्न करता है। लग्न के 2, 4, 8, 9, 10 राशि की होने पर मिश्रित प्रभाव होते हैं।

शुभ/अभीष्ट मंगल का प्रभाव

जातक साहसी, पराक्रमी, निड़र, बुद्धिमान, जमीन-जायदाद आदि से युक्त, न्याायप्रिय, भाग्यशाली होता है। अपने परिश्रम से धनार्जन करता है।

मित्रग्रहों की युति/दृष्टि का प्रभाव

ऐसी स्थिति में जातक उच्च शिक्षाप्राप्त होता है। सुयोग्य संतान का पिता होता है। भाग्योदय विवाहोपरान्त होता है। ऐसे जातक उच्चाधिकारियों से शीघ्र ही अपने गहरे सम्बन्ध बना लेते हैं।

अशुभ/अनिष्ट मंगल

मंगल चतुर्थ भाव में बैठा हो और लग्न 1, 3 राशि की हो, अर्थात् मंगल लग्नेश/अष्टमेश, षष्ठेश/एकादशेश होकर चतुर्थ भाव में बैठा हो, ऐसा मंगल अशुभ व अनिष्टकारी होता है।

अशुभ/अनिष्ट मंगल का प्रभाव

चतुर्थ भाव में मंगल क्रोध व उत्तेजना लाता है। माता को कष्ट, संतान को कष्ट होता है। पारिवारिक सुख का अभाव होता है। व्यवसाय/नौकरी में अस्थिरता बनी रहती है। जीवन संघर्षशील होता है।

शनि, राहु, केतु पापग्रहों की युति/दृष्टि का प्रभाव

शनि, राहु, केतु युति/दृष्टि से स्वास्थ्य में कमी, रक्तविकार, वाहन से दुर्घटना, चोटादि का भय बना रहता है। चित में अशान्ति उत्पन्न होती है। इससे धन की हानि उठानी पड़ती है।

शुभ/अभीष्ट बुध

बुध चतुर्थ भाव में स्थित हो और लग्न 3, 6, राशि की हो अर्थात् बुध लग्नेश/चतुर्थेश, लग्नेश/दशमेश, होकर चतुर्थ भाव में बैठा हो, ऐसा बुध शुभ व अभीष्टकारी होता है। लग्न 2, 7, 8, 9 10, 11, 12 राशि के होने पर मिश्रित प्रभाव होते हैं।

शुभ/अभीष्ट बुध का प्रभाव

जातक बुद्धिमान, उच्चशिक्षा प्राप्त, व्यवहारकुशल, कर्तव्यनिष्ठ, प्रयत्नशील, माता-पिता पर पूर्ण श्रद्धा, मित्रवान, धनवान, भूमि, मकान, वाहनादि सुखसाधनों से सम्पन्न, दीर्घायु होता है।

मित्रग्रहों की युति/दृष्टि का प्रभाव

मित्रग्रहों की युति/दृष्टि जातक को शान्तिप्रिय, पैतृक सम्पति का स्वामी, भाग्यशाली बनाती है। समाज में प्रतिष्ठित करती है। सुशील व शिक्षित पत्नी का सहयोग मिलता है।

अशुभ/अनिष्ट बुध

बुध चतुर्थ भाव में बैठा हो और लग्न 1, 4, राशि की हो अर्थात् बुध तृतीयेश/षष्ठेश,

तृतीयेश/द्वादशेश होकर चतुर्थ भाव में बैठा हो, ऐसा बुध अशुभ व अनिष्टकारी होता है।

अशुभ/अनिष्ट बुध का प्रभाव

अस्त व नीचराशिस्थ बुध अस्वस्थ व अशान्त करता है तथा मानसिक तनाव देता है। शिक्षा में व्यवधान, कार्य व्यवसाय/नौकरी में असफलता, पारिवारिक सुख व मातृसुख में कमी करता है। अल्प आय के कारण जीवन निर्वाह मुश्किल होता है। मतान्तर से बुध चतुर्थ भाव में निष्फल होता है।

गुरु, चन्द्र, मंगल, केतु युति/दृष्टि का प्रभाव

बुध पर उपरोक्त ग्रहों की युति/दृष्टि से साझेदारी के कार्यों में धोखा, भाई-बहन के सुख में कमी, उदर रोग, वात-पित-कादि रोग, वाणी में रुकावट, भूमि, मकान, वाहनादि सुखों का अभाव होता है।

शुभ/अभीष्ट गुरु

गुरु चतुर्थ भाव में स्थित हो और लग्न 1 राशि की हो अर्थात् गुरु नवमेश/द्वादशेश होकर चतुर्थ भाव उच्चराशि में बैठा हो, शुभ/अभीष्टकारी होता है। लग्न 2, 3, 4, 5, 6, 7, 8, 9, 12 राशि की हो, शुभाशुभ अर्थात् मिश्रित फल देता है।

शुभ/अभीष्ट गुरु का प्रभाव

ऐसा गुरु जातक को बुद्धिमान, विद्वान, सदाचारी, स्वाभिमानी, न्यायप्रिय, माता-पिता के लिये भाग्यशाली, धर्मपरायण, गूढ़विषयज्ञानी, जमीन-जायदाद वाला व धनवान बनाता है।

मंगल, सूर्यादि मित्रग्रहों की युति/दृष्टि प्रभाव

गुरु पर मंगल, सूर्यादि मित्रग्रहों की युति/दृष्टि के प्रभाव से जातक को पैतृक कार्यों में सफलता मिलती है। वह न्यायाधीश, वकील होकर लाभ उठा सकता है। राजनीति में भी सफल हो सकता है।

अशुभ/अनिष्ट गुरु

गुरु चतुर्थ भाव में बैठा हो और लग्न 10, 11 राशि की हो अर्थात् गुरु तृतीयेश/द्वादशेश, द्वितीयेश/एकादशेश होकर चतुर्थ भाव में बैठा हो, अशुभ व अनिष्टकारी होता है।

अशुभ/अनिष्ट गुरु के प्रभाव

अशुभ/अनिष्टकारी गुरु के कारण प्रभावशाली व्यक्तित्व का अभाव, जिद्दी स्वभाव, सात्विकता की कमी, माता को कष्ट, शिक्षा में व्यवधान, कैरियर में गिरावट, सुख साधनों की हानि जैसे प्रभाव हो सकते हैं।

शुक्र, शनि, राहु, केतु युति/दृष्टि का प्रभाव

गुरु अस्त, नीचराशिस्थ, वक्री, अतिचारी होने तथा शुक्र, शनि, राहु, केतु की युति/दृष्टि होने की स्थिति में शारीरिक कष्ट, माता को कष्ट, जीवनवृति में तंगी, दाम्पत्य जीवन में दरार, दुर्घटना, चोट व कफादि रोग हो सकते हैं।

शुभ/अभीष्ट शुक्र

शुक्र चतुर्थ भाव में हो और लग्न 4, 10, 11 राशि की हो अर्थात् शुक्र चतुर्थेश/एकादशेश, पंचमेश/दशमेश, चतुर्थेश/नवमेश होकर चतुर्थ भाव में बैठा हो, ऐसा शुक्र शुभ एवं अभीष्टकारी होता है। लग्न 1, 2, 5, 6, 7, 8, 9, 12 होने पर प्राय: मिश्रित प्रभाव होते हैं।

शुभ/अभीष्ट शुक्र का प्रभाव

जातक सुन्दर, आकर्षक, मिष्ठभाषी, मिलनसार, भ्रमणशील, एश्वर्यवान, उत्तम रहन सहन, जमीन-जायदाद, मकान, वाहनादि से युक्त, संगीत-कला-काव्य प्रेमी और सुन्दर व सुशील सहयोगी पत्नी का पति होता है।

मित्रग्रहों की युति/दृष्टि का प्रभाव

शुक्र का चतुर्थ भाव में होना, उस पर मित्रग्रहों की युति/दृष्टि जातक सिनेमा, टैलीविजन, फोटोग्राफी, ब्यूटी पार्लर, कास्मैटिक्स प्रसाधन, कम्पयूटर, शराब, कोल्ड़ ड्रिंक्स आदि वस्तुओं के क्रय/विक्रय में सफल हो सकता है।

अशुभ/अनिष्ट शुक्र

शुक्र चतुर्थ भाव में हो और लग्न 3 राशि की हो अर्थात् शुक्र पंचमेश/द्वादशेश होकर चतुर्थ भाव में बैठा हो, अशुभ व अनिष्टकारी होता है।

अशुभ/अनिष्ट शुक्र का प्रभाव

अशुभ शुक्र जातक को दुराचारी, कामुक, खर्चीला बनाता है। माता के सुख में कमी, जीवनसाथी को कष्ट, सुख साधनों का अभाव, व धन की हानि करता है।

सूर्य, चन्द्र, गुरु की युति/दृष्टि का प्रभाव

अस्त, नीचराशिस्थ, वक्री शुक्र जातक को व्यसनों में गमगीन रखता है। फलस्वरुप व्यवसाय में परेशानी और व्यर्थ का व्यय होता है। दुर्घटना, चोट व कई प्रकार के गुप्त रोग झेलने पड़ते हैं।

शुभ/अभीष्ट शनि

शनि चतुर्थ भाव में हो और लग्न 3, 7 राशि की हो अर्थात् शनि अष्टमेश/नवमेश, चतुर्थेश/पंचमेश होकर चतुर्थ भाव में विराजमान हो, शुभ व अभीष्टकारी होता है। लग्न 1, 2, 4, 8, 9, 10, 11 राशि की हो, मिश्रित प्रभाव होते हैं।

शुभ/अभीष्ट शनि का प्रभाव

जातक स्वाभिमानी, परिश्रमी, बुद्धिमान, गुणवान, कर्मठ, कर्तव्यनिष्ठ व जीवनयापन के सभी सुख साधनों से युक्त व धनवान होता है।

मित्रग्रहों की युति/दृष्टि का प्रभाव

ऐसा जातक उच्चशिक्षा ग्रहण कर सकता है। अधयापन कार्य, लेखन कार्य, सम्पादन व प्रकाशन कार्य अपना सकता है। मशीनरी व्यवसाय से भी अत्यधिक लाभ कमा सकता है। दूरदेशों की यात्रा कर सकता है।

अशुभ/अनिष्ट शनि

शनि चतुर्थ भाव में हो और लग्न 5, 12 राशि की हो अर्थात् शनि षष्ठेश/सप्तमेश, एकादशेश/द्वादशेश होकर चतुर्थ भाव में बैठा हो, अशुभ व अनिष्टकारी होता है।

अशुभ/अनिष्ट शनि का प्रभाव

जातक क्रोधी, उदासीन व अस्वस्थ होता है। जीवनयापन के सुख साधनों की कमी, व्यवसाय/नौकरी में परेशानी, माता को कष्ट और पारिवारिक कठिनाईयाँ बढ़ती रहती है।

शत्रुग्रहों की युति/दृष्टि का प्रभाव

शनि अस्त, वक्री हो या सूर्य, चन्द्र ग्रहों की युति/दृष्टि में हो, जातक शरीर से दुर्बल होता है और उसे चोट आदि लगने का भय होता है। शिक्षा में व्यवधान, व्यवसाय/नौकरी में परेशानी हो सकती हैं। मानसिक तनाव व मातुल पक्ष के सुख में कमी हो सकती है। इससे आजीविका हेतु भी धनार्जन नहीं हो पाता है।

शुभ/अभीष्ट राहु

राहु चतुर्थ भाव में हो और लग्न 3, 7, 11, 12 राशि की हो, राहु शुभ/अभीष्टकारी होता है। जातक को धनलाभ कराता है। अन्य सुख साधन देता है।

शुभ/अभीष्ट राहु का प्रभाव

चतुर्थेश शुभ भाव में हो जातक बुद्धिमान, वाकपटु, तर्क/वितर्क करने में कुशल, परिश्रमी, तकनीकीविद्यानिपुण, भ्रमणशील व विदेशवासी होता है। विदेश में सफलता मिलती है।

मित्रग्रहों की युति/दृष्टि का प्रभाव

मित्रग्रहों की युति/दृष्टि से जातक को आकस्मिक धन मिल जाता है। वह भूमि, मकान, वाहन आदि सुख साधन सम्पन्न होता है और संगीत व नृत्य कला शौकीन होता है।

अशुभ/अनिष्ट राहु

राहु चतुर्थ भाव में हो और लग्न 1, 2, 5, 10 राशि की हो, ऐसा राहु अशुभ व अनिष्टकारी माना गया है। जातक दु:खी और परेशान रहता है।

अशुभ/अनिष्ट राहु का प्रभाव

राहु की अशुभ स्थिति में जातक उग्र, क्रोधी व अस्वस्थ होता है। माता को कष्ट, पारिवारिक सुख में कमी, मानसिक तनाव, आर्थिक तंगी, भूमि, मकान, वाहन आदि सुख साधनों का अभाव रहता है।

शत्रु ग्रहों की युति/दृष्टि का प्रभाव

पारिवारिक सुख में कमी, धनार्जन में कठिनाई, अल्प आय, व्यवसाय/नौकरी में संघर्ष, भाग्योन्नति में अड़चने, एवं घरेलू बंधन साफ झलकते हैं।

शुभ/अभीष्ट केतु

केतु चतुर्थ भाव में हो और लग्न 5, 6, 9, 12 राशि की हो, केतु शुभ व अभीष्टकारी होता है। जातक को प्रसन्न व सुखी रखता है।

शुभ/अभीष्ट केतु का प्रभाव

जातक पराक्रमी, परिश्रमी, साहसी, धैर्यवान, बुद्धिमान, व्यवहारकुशल, परोपकारी, भ्रमणशील, तकनीकीविद्यानिपुण, धर्मपरायण और तीर्थ यात्राएँ करने वाला भाग्यशाली होता है। देश/विदेश भ्रमण के अवसर मिलते हैं। विदेश में भाग्योदय होता है।

मित्रग्रहों की युति/दृष्टि का प्रभाव

जातक गूढ़विद्याज्ञानी अर्थात् ज्योतिष, यंत्र, मंत्र, योग, धर्म आदि विषयों में पारंगत होता है। भूमि, मकान, वाहन आदि सुख सम्पन्न होता है। वह समाज में प्रतिष्ठित होता है।

अशुभ/अनिष्ट केतु

केतु चतुर्थ भाव में हो और लग्न 1, 2, 3 राशि की हो। यह अशुभ फल देता है। जातक सदैव ही किसी न किसी तनाव में रहता है।

अशुभ/अनिष्ट केतु का प्रभाव

जातक क्रोधी व कटुभाषी होता है। वह अस्वस्थ रहता है। अतः उसमें पराक्रम का अभाव रहता है। उसके मातृ सुख में कमी, घरेलू सुख में कमी, व्यवसाय में अस्थिरता व अशान्ति बनी रहती है। जीवन संघर्षमय और धन संचय में कठिनाई होती है।

शनि, चन्द्रादि ग्रहों की युति/दृष्टि का प्रभाव

दुर्बल शरीर, मुख-वाणी के रोग, नेत्र कष्ट, पत्नी सुख का अभाव, जीवन में चढ़ाव-उतार, दुर्घटना, चोटादि भय व धन हानि मुख्य प्रभाव हो सकते हैं।

नोटः चतुर्थ भाव में अशुभ/अनिष्ट नवग्रहों के प्रभाव निवारण की अचूक, अनुभवसिद्ध व चमत्कारी उपाय श्रृंखला अध्याय-5 में दी जा रही हैं। उन्हें भली-भाँति पढ़े और शीघ्र लाभ के लिये तीन उपाय एक साथ करें। अध्याय-7 में लाल किताब आधारित उपाय/टोटके भी दिये जा रहे हैं। उन्हें भी समझ लें।

(5) पंचम भाव में अभीष्ट/अनिष्ट नवग्रह

शुभ/अभीष्ट सूर्य

सूर्य पंचम भाव में बैठा हो और लग्न 1, 2, 5, 8, 9, 11 राशि की हो, अर्थात् सूर्य पंचमेश, चतुर्थेश, लग्नेश, दशमेश, नवमेश, सप्तमेश होकर पंचम भाव में बैठा हो, ऐसा सूर्य शुभ/अभीष्टकारी होता है।

शुभ/अभीष्ट सूर्य का प्रभाव

ऐसा सूर्य जातक को उच्चशिक्षा दिलाता है। वह बुद्धिमान, महत्त्वाकांक्षी, गुणवान, चरित्रवान, भूमि, मकान वाहनादि सुखों से युक्त होता है। समाज में मान-सम्मान मिलता है। व्यवसाय में सफलता प्राप्त करता है।

मित्रग्रहों की युति/दृष्टि प्रभाव

गुरु, बुध इस भाव में बैठकर सूर्य से युति/दृष्टि बना रहे हो, तो जातक वेदान्ती, प्रतिष्ठत नेता, चिकित्सा व्यवसायी के रुप में अपना भाग्य आजमा सकता है।

अशुभ/अनिष्ट सूर्य

सूर्य पंचम भाव में स्थित हो और लग्न 3, 6, 10 राशि की हो अर्थात् सूर्य तृतीयेश, द्वादशेश, अष्टमेश होकर पंचम भाव में स्थित हो,ऐसा सूर्य अशुभ होता है।

अशुभ/अनिष्ट सूर्य का प्रभाव

ऐसी स्थिति में जातक चंचलमना होता है और विघ्न/बाधाओं से घिरा रहता है। विद्याप्राप्ति में बाधा, व्यवसाय/नौकरी में विघ्न व असफलता, धन हानि होती है। निवास स्थान, वाहन आदि की सुविधा नहीं रह पाती है।

शत्रु ग्रहों शनि, राहु की युति/दृष्टि का प्रभाव

सूर्य की शनि, राहु की युति/दृष्टि होने व नीचराशिस्थ होने की स्थिति में आर्थिक असंतोष, उदर विकार, वाहनादि से चोट आदि का भय, जीवनसाथी से प्रेम सम्बन्धों में कलह/संघर्ष बना रहता है।

शुभ/अभीष्ट चन्द्र

चन्द्र पंचम भाव में बैठा हो और लग्न 1, 8, 10, 12 राशि की हो अर्थात् चन्द्र चतुर्थेश, नवमेश, सप्तमेश, पंचमेश होकर पंचम भाव में बैठा हो, ऐसा चन्द्र शुभ एवं अभीष्टकारी होता है। लग्न 2, 4, 5, 7, 9 राशि की होने की स्थिति में मिश्रित प्रभाव होते हैं।

शुभ/अभीष्ट चन्द्र का प्रभाव

जातक हँसमुख, मिष्ठभाषी, दयालु, मिलनसार, उच्चशिक्षाप्राप्त, बुद्धिमान, न्यायप्रिय, प्रतिष्ठित, भूमि, मकान, वाहन आदि का सुख, परोपकारी व धनी होता है।

मित्रग्रहों की युति/दृष्टि का प्रभाव

ऐसे जातक की स्मरण शक्ति तेज होती हैं। वह विद्याप्रेमी, साहित्यप्रेमी, कलाप्रेमी होता है। सुशील, शिक्षित व सेवाभावी पत्नी होती है। कन्या संतान होती है। धर्म कर्म में अगाध रुचि होती है। जातक एक अच्छा ज्योतिषी हो सकता है।

अशुभ/अनिष्ट चन्द्र

पंचम भाव में चन्द्र हो और लग्न 3, 6, 11 राशि की हो अर्थात् चन्द्र द्वितीयेश, एकादशेश, षष्ठेश होकर पंचम भाव में बैठा हो, अशुभ व अनिष्टकारी होता है।

अशुभ/अनिष्ट चन्द्र का प्रभाव

ऐसा जातक चंचलमना, अस्थिरबुद्धि व अल्प शिक्षित होता है। पराक्रम की कमी होती है। जीवन संघर्षपूर्ण रहता है। जमीन-जायदाद का अभाव, व्यवसायिक उलझनें बनी रहती है। जातक सदैव चिन्तित रहता है।

शनि, राहु तथा बुधादि ग्रहों की युति/दृष्टि का प्रभाव

चन्द्र की शनि राहु, बुध युति/दृष्टि व नीचराशिस्थ, अस्त होने की स्थिति में जातक अस्वस्थ व दुःखी रहता है। प्रत्येक कार्य में अड़चने आती हैं। पत्नी को कष्ट व पुत्र संतान का अभाव व्याकुल रखता है। दुर्घटना/चोटादि का भय, उदर विकार आदि रोग हो सकते हैं।

शुभ/अभीष्ट मंगल

मंगल पंचम भाव में हो और लग्न 1, 4, 5, 6 राशि की हो अर्थात् मंगल लग्नेश/अष्टमेश, पंचमेश/दशमेश, चतुर्थेश/नवमेश, तृतीयेश/अष्टमेश होकर पंचम भाव में बैठा हो, ऐसा मंगल शुभ होता है। लग्न 8, 9, 10, 11, 12 राशि की होने पर मिश्रित प्रभाव होते हैं।

शुभ/अभीष्ट मंगल का प्रभाव

ऐसा जातक साहसी, पराक्रमी, दृढ़निश्चयी, बुद्धिमान, विद्वान, जमीन-जायदाद वाला, धनी, धर्मपरायण, व उसका रहन-सहन उच्च स्तर का होता है।

मित्रग्रहों की युति/दृष्टि का प्रभाव

ऐसी स्थिति में जातक गणित और विज्ञान में उच्चशिक्षाप्राप्त होता है। पत्नी शिक्षित होती है और वह सुयोग्य संतान का पिता होता है। भाई-बहन सुखीऔर सहयोग देने वाले होते हैं। भाग्योदय विवाह उपरान्त होता है। ऐसे जातक उच्चाधिकारियों से शीघ्र ही सम्बन्ध बना लेते हैं। नौकरी में सफल होते हैं।

अशुभ/अनिष्ट मंगल

मंगल पंचम भाव में बैठा हो और लग्न 2, 3, 7 राशि की हो, अर्थात् मंगल सप्तमेश/द्वादशेश, षष्ठेश/एकादशेश, द्वितीयेश/सप्तमेश होकर पंचम भाव में बैठा हो, ऐसा मंगल अशुभ व अनिष्टकारी होता है।

अशुभ/अनिष्ट मंगल का प्रभाव

पंचम भाव का मंगल जातक को चंचल, कुटिल, षड़यन्त्रकारी, अतिक्रोधी, अशान्त व दुःखी करता है। पारिवारिक सुख का अभाव व पत्नी से लड़ाई-झगड़े कराता है। व्यवसाय/नौकरी में अस्थिरता लाता है।

शनि, राहु, केतु पापग्रहों की युति/दृष्टि का प्रभाव

शनि, राहु, केतु युति/दृष्टि से स्वास्थ्य में कमी, शिक्षा में व्यवधान, अल्प संतान, वाहन से दुर्घटना, चोटादि भय बना रहता है। इससे धन हानि उठानी पड़ती है।

शुभ/अभीष्ट बुध

बुध पंचम भाव में स्थित हो और लग्न 2, 3, 6, 10, 11 राशि की हो अर्थात् बुध द्वितीयेश/पंचमेश, लग्नेश/चतुर्थेश, लग्नेश/दशमेश, षष्ठेश/नवमेश, पंचमेश/अष्टमेश होकर पंचम भाव में बैठा हो, ऐसा बुध शुभ व अभीष्टकारी होता है। लग्न 5, 7, 9 राशि की हो, मिश्रित फल होता है।

शुभ/अभीष्ट बुध का प्रभाव

जातक बुद्धिमान, उच्चशिक्षा प्राप्त, व्यवहारकुशल, तर्क-वितर्क तथा विश्लेषण करने में कुशल, वाणी पर संयम रखने वाला, सत्यवक्ता, विनम्र, दयालु, दूरदर्शी व धनवान होता है।

मित्रग्रहों की युति/दृष्टि का प्रभाव

मित्रग्रहों की युति/दृष्टि जातक को शान्तिप्रिय व ज्योतिषविद्याा निपुण बनाती है। वह चिकित्सा क्षेत्र में जा सकता है। लेखाकार व कम्प्यूटर इंजीनियर भी हो सकता है।

अशुभ/अनिष्ट बुध

बुध पंचम भाव में बैठा हो और लग्न 1, 4, 8, 12 राशि की हो अर्थात् बुध तृतीयेश/षष्ठेश, तृतीयेश/द्वादशेश, अष्टमेश/एकादशेश, चतुर्थेश/सप्तमेश होकर पंचम भाव में बैठा हो, ऐसा बुध अशुभ व अनिष्टकारी होता है।

अशुभ/अनिष्ट बुध का प्रभाव

अस्त व नीचराशिस्थ बुध अस्थिरमना, अशान्त, अल्पशिक्षित, आर्थिक रुप से तंग, पुत्र संतान का अभाव, पारिवारिक सुख में कमी करता है। जीवन निर्वाह मुश्किल होता है।

गुरु, चन्द्र, मंगल, केतु युति/दृष्टि का प्रभाव

बुध पर उपरोक्त ग्रहों की युति/दृष्टि से धन की कमी, उदर रोग, पीठ दर्द, वात-पित्तादि रोग, गुप्त रोग, संतान आदि चिन्ता बनी रहती है।

शुभ/अभीष्ट गुरु

गुरु पंचम भाव में स्थित हो और लग्न 1, 4, 5, 8, 9, 12 राशि की हो अर्थात् गुरु

नवमेश/द्वादशेश, षष्ठेश/नवमेश, पंचमेश/अष्टमेश, द्वितीयेश/पंचमेश, लग्नेश/चतुर्थेश, लग्नेश/दशमेश होकर पंचम भाव में उच्चराशि में बैठा हो, शुभ/अभीष्टकारी होता है। लग्न 3, 7, 11 राशि की होने से मिश्रित फल होता है।

शुभ/अभीष्ट गुरु का प्रभाव

ऐसा गुरु जातक को बुद्धिमान, विद्वान, सदाचारी, स्वाभिमानी, न्यायप्रिय, व्यवहारकुशल, धर्मपरायण, योजनाकार, जमीन-जायदाद वाला व धनवान बनाता है। वह एक अच्छा ज्योतिषविद्, शिक्षक, लेखक, सम्पादक, वकील हो सकता है।

मंगल, सूर्यादि मित्रग्रहों की युति/दृष्टि प्रभाव

गुरु पर मंगल, सूर्यादि मित्रग्रहों की युति/दृष्टि के प्रभाव से पिता पर पूर्ण श्रद्धा व संतान से सुखी होता है। वह शेयर्ज, लाटरी से आकस्मिक धनलाभ प्राप्त कर सकता है। वह समाज में प्रतिष्ठित होता हैं।

अशुभ/अनिष्ट गुरु

गुरु पंचम भाव में बैठा हो और लग्न 2, 6, 10 राशि की हो अर्थात् गुरु अष्टमेश/एकादशेश, चतुर्थेश/सप्त्मेश, तृतीयेश/द्वादशेश, होकर पंचम भाव में बैठा हो, अशुभ व अनिष्टकारी होता है। पंचम भाव में बैठा एकाकी गुरु अति न्यून फल देने/न देने के कारण अनिष्टकारी ही होता है।

अशुभ/अनिष्ट गुरु के प्रभाव

अशुभ/अनिष्टकारी गुरु के कारण प्रभावशाली व्यक्तित्व का अभाव रहता है। पंचम भाव का कारक होने और "कारको भावनाशक:" नियमानुसार जातक को विद्या में व्यवधान और संतान का कष्ट बना रहता है।

शुक्र, शनि, राहु, केतु युति/दृष्टि का प्रभाव

गुरु अस्त, नीचराशिस्थ, वक्री, अतिचारी होने तथा शुक्र, शनि, राहु, केतु की युति/दृष्टि होने की स्थिति में पारिवारिक कष्ट देता है और विवाह सम्बन्धों में कटुता लाता है। जीवनवृति में तंगी रहती है। दुर्घटना, चोट व कफादि रोग हो सकते हैं। जुए, सट्टे की लत भी हो सकती है।

शुभ/अभीष्ट शुक्र

शुक्र पंचम भाव में हो और लग्न 3, 6, 7, 8, 10, 11 राशि की हो अर्थात् शुक्र पंचमेश/द्वादशेश, द्वितीयेश/नवमेश, लग्नेश/अष्टमेश,सप्तमेश/द्वादशेश, पंचमेश/दशमेश, चतुर्थेश/एकादशेश होकर चतुर्थ भाव में बैठा हो, ऐसा शुक्र शुभ एवं अभीष्टकारी होता है।

शुभ/अभीष्ट शुक्र का प्रभाव

जातक सुन्दर, आकर्षक, सुमुख, सौन्दर्यप्रिय, कल्पनाशील, भावुक, उच्चशिक्षाप्राप्त,

संगीत-कला-काव्य प्रेमी होता है। वह चिकित्सा क्षेत्र, स्टेशनरी उद्योग, इंजीनियरिंग उद्योग में जा सकता है।

मित्रग्रहों की युति/दृष्टि का प्रभाव

शुक्र का पंचम भाव में होना, उस पर मित्रग्रहों की युति/दृष्टि से जातक को सुन्दर, सुशील व सहयोगी पत्नी मिलती है। पुरुष ग्रहों की युति/दृष्टि होने या ग्रह का पुरुष राशि में होने पर पुत्र संतान होती है। जमीन-जायदाद, मकान, वाहन की सुविधा, मनोरंजन व विलासिता आदि की वस्तुओं के क्रय पर अधिक व्यय होता है।

अशुभ/अनिष्ट शुक्र

शुक्र पंचम भाव में हो और लग्न 2, 12 राशि की हो अर्थात् शुक्र लग्नेश/षष्ठेश, तृतीयेश/अष्टमेश होकर पंचम भाव में बैठा हो, अशुभ व अनिष्टकारी होता है।

अशुभ/अनिष्ट शुक्र का प्रभाव

अशुभ/अनिष्टकारी शुक्र जातक को अस्थिर विचारों वाला व अल्प शिक्षित करता है। वह व्यसनी, कामुक और खर्चीला हो सकता है।

सूर्य, चन्द्र, गुरु की युति/दृष्टि का प्रभाव

अस्त, नीचराशिस्थ, वक्री शुक्र जातक को व्यसनों में गमगीन रखता है। सूर्य, मंगल से पीड़ित होने पर विद्या प्राप्ति में रुकावट, चन्द्र, गुरु, बुध युति/दृष्टि होने पर विवाह सुख का अभाव, संतान प्राप्ति में बाधा या विलम्ब, चन्द्र या गुरु, शुक्र योग से मधुमेह आदि गुप्त रोगों के होने की संभावना बनी रहती है।

शुभ/अभीष्ट शनि

शनि पंचम भाव में हो और लग्न 7, 10, 11 राशि की हो अर्थात् शनि चतुर्थेश/ पंचमेश, लग्नेश/द्वितीयेश, लग्नेश/द्वादशेश होकर पंचम भाव में विराजमान हो, शुभ व अभीष्टकारी होता है। लग्न 1, 2, 3, 5, राशि की हो, मिश्रित प्रभाव होते हैं।

शुभ/अभीष्ट शनि का प्रभाव

जातक बुद्धिमान, परिश्रमी, कर्मठ, न्यायप्रिय, व्यवहारकुशल, जीवनयापन के सभी सुख साधनों यथा मकान, वाहन से युक्त व धनवान होता है।

मित्रग्रहों की युति/दृष्टि का प्रभाव

ऐसा जातक उच्चशिक्षा ग्रहण कर सकता है। तर्क-वितर्क करने में योग्य होता है। शेयर्ज, सट्टा, लाटरी व्यवसाय से अत्यधिक लाभ कमा सकता है। दूरदेशों की यात्रा कर सकता है।

अशुभ/अनिष्ट शनि

शनि पंचम भाव में हो और लग्न 4, 10, 11, 12 राशि की हो अर्थात् शनि सप्तमेश/अष्टमेश, लग्नेश/द्वितीयेश, लग्नेश/द्वादशेश, एकादशेश/द्वादशेश होकर पंचम भाव में बैठा हो, अशुभ व अनिष्टकारी होता है।

अशुभ/अनिष्ट शनि का प्रभाव
जातक क्रोधी, अस्वस्थ व उदासीन होता है। उच्च शिक्षा प्राप्ति में बाधा, जीवनयापन के सुख साधनों की कमी, कन्या संतान का होना, उदर विकार बना रहता है।

शत्रुग्रहों की युति/दृष्टि का प्रभाव
शनि अस्त, वक्री हो या सूर्य, चन्द्र मंगल ग्रहों की युति/दृष्टि में हो, जातक को पारिवारिक सुख की कमी हो सकती हैं। शेयर्ज, सट्टा, लाटरी से धन की हानि व मानसिक तनाव हो सकता है। इससे आजीविका प्रभावित होती है।

शुभ/अभीष्ट राहु
राहु पंचम भाव में हो और लग्न 2, 3, 6, 7, 10, 11 राशि की हो, राहु शुभ व अभीष्टकारी होता है। जातक को धनलाभ कराता है तथा अन्य सुखसाधन देता है।

शुभ/अभीष्ट राहु का प्रभाव
राहु पंचम भाव में हो जातक बुद्धिमान, वाकपटु, परिश्रमी, तकनीकीविद्या में निपुण होता है। परिवार का सहयोग मिलता है। संतान सुखदायी होती है।

मित्रग्रहों की युति/दृष्टि का प्रभाव
मित्रग्रहों की युति/दृष्टि से जातक को शेयर्ज, सट्टा, लाटरी से आकस्मिक धन मिलता है। वह भूमि, मकान, वाहनादि सुख साधन सम्पन्न होता है।

अशुभ/अनिष्ट राहु
राहु पंचम भाव में हो तथा लग्न 1, 4, 5, 8, 12 राशि की हो, ऐसा राहु अशुभ/अनिष्टकारी माना गया है। जातक दु:खी व मानसिक तनाव में रहता है।

अशुभ/अनिष्ट राहु का प्रभाव
राहु की अशुभ स्थिति में जातक स्वच्छन्द विचारों वाला, प्रत्येक कार्य करने में जल्दबाजी करने वाला, उग्र, क्रोधी व अस्वस्थ होता है भूमि, मकान, वाहन आदि सुख साधनों का अभाव रहता है।

शत्रु ग्रहों की युति/दृष्टि का प्रभाव
पारिवारिक सुख में कमी, पुत्र संतान का अभाव, उच्चविद्या प्राप्ति में बाधा, धनार्जन में कठिनाई, मानसिक तनाव, आर्थिक तंगी, व्यवसाय/नौकरी में संघर्ष, भाग्योन्नति में अड़चनें बनी रहती हैं।

शुभ/अभीष्ट केतु
केतु पंचम भाव में हो और लग्न 3, 4, 5, 6, 8, 9, 10 राशि की हो, केतु शुभ व अभीष्टकारी होता है। जातक को प्रसन्न व सुखी रखता है।

शुभ/अभीष्ट केतु का प्रभाव
जातक पराक्रमी, परिश्रमी, स्वाभिमानी, बुद्धिमान, महत्त्वाकांक्षी, धर्मपरायण, भाग्यशाली

होता है। देश/विदेश भ्रमण के अवसर मिलते हैं। विदेश में भाग्योन्नति के अवसर अधिक होते हैं।

मित्रग्रहों की युति/दृष्टि का प्रभाव

जातक गूढ़विद्याज्ञानी अर्थात् ज्योतिष, यंत्र, मंत्र, योग, धर्म आदि विषयों में पारंगत होता है। भूमि, मकान, वाहन आदि सुख सम्पन्न होता है। उसकी शेयर्ज, सट्टा, लाटरी आदि व्यवसाय में रुचि होती है। वह समाज में प्रतिष्ठित होता है।

अशुभ/अनिष्ट केतु

केतु पंचम भाव में हो और लग्न 1, 6, 7, 12 राशि की हो। जातक सदैव ही किसी न किसी मानसिक तनाव में रहता है। बेचैन रहता है।

अशुभ/अनिष्ट केतु का प्रभाव

जातक क्रोधी व कटुभाषी होता है। भाई-बहन के सहयोग का अभाव, घरेलू सुख में कमी, व्यवसाय में अस्थिरता व संघर्ष, धन संचय में कठिनाई बनी रहती है।

शनि, चन्द्रादि ग्रहों की युति/दृष्टि का प्रभाव

दुर्बल शरीर, नेत्र कष्ट, पत्नी के कारण परेशानी, पिता से विरोध, नीच व्यक्तियों की संगति, जीवन में चढ़ाव-उतार, दुर्घटना भय, धन हानि मुख्य प्रभाव हो सकते हैं।

नोट : पंचम भाव में अशुभ/अनिष्ट नवग्रहों के प्रभाव निवारण की अचूक, अनुभवसिद्ध व चमत्कारी उपाय श्रृंखला अध्याय-5 में दी जा रही है। उन्हें भली-भाँति पढ़े और शीघ्र लाभ के लिये तीन उपाय एक साथ करें। अध्याय-7 में लाल किताब आधारित उपाय/टोटके भी दिये जा रहे हैं। उन्हें भी समझ लें।

(6) षष्ठ भाव में अभीष्ट/अनिष्ट नवग्रह

शुभ/अभीष्ट सूर्य

सूर्य षष्ठ भाव में बैठा हो और लग्न 12 राशि की हो, अर्थात् सूर्य षष्ठेश होकर षष्ठ भाव में बैठा हो, ऐसा सूर्य शुभ/अभीष्टकारी होता है।

शुभ/अभीष्ट सूर्य का प्रभाव

ऐसा सूर्य जातक को परिश्रमी, साहसी, दृढ़निश्चयी, गुणवान, धैर्यवान, उच्च व्यवसायिकशिक्षा प्राप्त, मुकदमे/विवाद आदि में विजयी, शत्रुजीत, महत्त्वाकांक्षी, राजकीय सेवा से लाभ लेने वाला, धनी व प्रतिष्ठित बनाता है। समाज में मान-सम्मान मिलता है।

मित्रग्रहों की युति/दृष्टि प्रभाव

गुरु, मंगल, बुध इस भाव में बैठकर सूर्य से युति/दृष्टि बना रहे हों , जातक का विदेश में भाग्योदय होता है। वह चिकित्सा व्यवसाय में विशेष रुप से सफल हो

सकता है। वह गुप्त युक्तियों से भी धन कमा सकता है। उसकी पाचन शक्ति गजब की होती है।

अशुभ/अनिष्ट सूर्य
सूर्य पंचम भाव में स्थित हो और लग्न 1, 2, 7, 8, 11 राशि की हो अर्थात् सूर्य पंचमेश, चतुर्थेश, एकादशेश, दशमेश, सप्तमेश होकर षष्ठ भाव में स्थित हो,ऐसा सूर्य अशुभ होता है।

अशुभ/अनिष्ट सूर्य का प्रभाव
ऐसी स्थिति में जातक चंचलमना होता है। उसे मुकदमों से धन हानि हो सकती है। व्यवसाय/नौकरी में विघ्न, निवास स्थान, वाहन आदि की सुविधा नहीं रह पाती है।

शत्रु ग्रहों शनि, राहु की युति/दृष्टि का प्रभाव
सूर्य की शनि, राहु की युति/दृष्टि होने व नीचराशिस्थ होने की स्थिति में जातक को रक्तविकार, उदर विकार, हृदय रोग, गुप्त शत्रुभय, मामा, मौसी व मातुल पक्ष को अरिष्ट हो सकता है। राज्य से असंतोष बना रहता है। अपने भी पराये जैसा व्यवहार कर सकते हैं।

शुभ/अभीष्ट चन्द्र
चन्द्र षष्ठ भाव में बैठा हो और लग्न 9, 11 राशि की हो अर्थात् चन्द्र अष्टमेश, षष्ठेश होकर षष्ठ भाव में बैठा हो, ऐसा चन्द्र शुभ एवं अभीष्टकारी होता है।

शुभ/अभीष्ट चन्द्र का प्रभाव
जातक हँसमुख, मिष्ठभाषी, मिलनसार, बुद्धिमान, भावुक, कल्पनाशील, विदेश सम्बन्धी कार्यों में सफल, भूमि, मकान, वाहनादि से सुखी व धनी होता है।

मित्रग्रहों की युति/दृष्टि का प्रभाव
ऐसे जातक की स्मरण शक्ति तेज होती हैं। वह नाना, नानी, मामा, मौसी आदि के लिये भाग्यशाली होता है। उसे अच्छी नौकरी मिल सकती है। जन्म स्थान से दूर निवास व नौकरी हो सकती है। व्यवसाय चलाने के लिये ऋण भी ले सकता है।

अशुभ/अनिष्ट चन्द्र
षष्ठ भाव में चन्द्र हो और लग्न 3, 6, 10 राशि की हो अर्थात् चन्द्र द्वितीयेश, एकादशेश, सप्तमेश होकर षष्ठ भाव में बैठा हो, अशुभ व अनिष्टकारी होता है।

अशुभ/अनिष्ट चन्द्र का प्रभाव
ऐसा जातक चंचलमना, अस्थिरबुद्धि, संघर्षों से घिरा, कर्जदार होता है। व्यवसायिक उलझनें बनी रहती है। जातक सदैव चिन्तित रहता है। आर्थिक संकट बना रहता है।

शनि, राहु तथा बुधादि ग्रहों की युति/दृष्टि का प्रभाव
जातक शनि राहु, बुध युति/दृष्टि होने व चन्द्र के नीचराशिस्थ, अस्त होने की

स्थिति में जातक दु:खी रहता है। उसके प्रत्येक कार्य में अड़चने आती हैं। विवाह भी विलम्ब से होता है। माता को कष्ट, गुप्त शत्रुओं का भय, मानसिक तनाव, वात-कफ आदि रोग हो सकते हैं।

शुभ/अभीष्ट मंगल

मंगल षष्ठ भाव में हो और लग्न 1, 5, 12 राशि की हो अर्थात् मंगल लग्नेश/अष्टमेश, चतुर्थेश/नवमेश, द्वितीयेश/नवमेश होकर षष्ठ भाव में बैठा हो, ऐसा मंगल शुभ होता है। लगन 2, 4, 8, 11 राशि की हो, मिश्रित फल मिलता है।

शुभ/अभीष्ट मंगल का प्रभाव

ऐसा जातक साहसी, पराक्रमी, परिश्रमी, दृढ़निश्चयी, धैर्यवान, बुद्धिमान, धनवान, जमीन-जायदाद, मकान, वाहन वाला, सफल राजनीतिज्ञ, शत्रुजीत व भाग्यशाली होता है।

मित्रग्रहों की युति/दृष्टि का प्रभाव

ऐसी स्थिति में जातक कुटुम्ब को सहयोग देने वाला होता हैं। भाग्योदय विवाहोपरान्त होता है। ऐसे जातक के उच्चाधिकारियों से शीघ्र ही सम्बन्ध बन जाते हैं। विदेश में रहकर नौकरी में सफल होते हैं।

अशुभ/अनिष्ट मंगल

मंगल षष्ठ भाव में बैठा हो और लग्न 3, 6, 7 राशि की हो, अर्थात् मंगल षष्ठेश/एकादशेश, तृतीयेश/अष्टमेश, द्वितीयेश/सप्तमेश होकर षष्ठ भाव में बैठा हो, ऐसा मंगल अशुभ व अनिष्टकारी होता है।

अशुभ/अनिष्ट मंगल का प्रभाव

षष्ठ भाव में मंगल होने से जातक आलसी, कुटिल, षड़यन्त्रकारी व अतिक्रोधी होता है। गुप्त शत्रुओं व विरोधियों से भयभीत, पारिवारिक जायदाद सम्बन्धी मुकदमों/लड़ाई-झगड़ो से परेशान रहता है। व्यवसाय/नौकरी में अस्थिरता और वैवाहिक सुख में कमी होती है। मातुल पक्ष को कष्ट होता है।

शनि, राहु, केतु पापग्रहों की युति/दृष्टि का प्रभाव

शनि, राहु, केतु युति/दृष्टि से स्वास्थ्य हानि, पाचन सम्बन्धी रोग, उदर विकार, दुर्घटना, चोटदि भय बने रहते हैं। इससे धन की हानि उठानी पड़ती है।

शुभ/अभीष्ट बुध

बुध षष्ठ भाव में स्थित हो और लग्न 1, 3, 6, 10 राशि की हो अर्थात् तृतीयेश/षष्ठेश, लग्नेश/चतुर्थेश, लग्नेश/दशमेश, षष्ठेश/नवमेश होकर षष्ठ भाव में बैठा हो, ऐसा बुध शुभ व अभीष्टकारी होता है।

शुभ/अभीष्ट बुध का प्रभाव

जातक बुद्धिमान, विद्वान, व्यवहारकुशल, वाणी पर संयम रखने वाला, सत्यवक्ता, दयालु, धर्मपरायण, धनवान व मातुल पक्ष से लाभ प्राप्त करने वाला होता है।

मित्रग्रहों की युति/दृष्टि का प्रभाव

मित्रग्रहों की युति/दृष्टि जातक को मिलनसार व ज्योतिषविद्याा निपुण बनाती है। वह चिकित्सा क्षेत्र में भी जा सकता है। सम्पादन, प्रकाशन, पत्रकारिता व कृषिकार्य भी कर सकता है।

अशुभ/अनिष्ट बुध

बुध षष्ठ भाव में बैठा हो और लग्न 4, 5, 7, 8, 9, 11, 12 राशि की हो अर्थात् बुध तृतीयेश/द्वादशेश, द्वितीयेश/एकादशेश, नवमेश/द्वादशेश, अष्टमेश/द्वादशेश, सप्तमेश/दशमेश, पंचमेश/अष्टमेश, चतुर्थेश/सप्तमेश होकर षष्ठ भाव में बैठा हो, ऐसा बुध अशुभ व अनिष्टकारी होता है।

अशुभ/अनिष्ट बुध का प्रभाव

अस्त व नीचराशिस्थ बुध अस्थिरमना व अशान्त करता है। शिक्षा में व्यवधान, माता व मातुल पक्ष को कष्ट, पारिवार में कलह, मुकदमे में परेशानी, संतान का अभाव लाता है। जीवन निर्वाह मुश्किल से होता है।

गुरु, चन्द्र, मंगल, केतु युति/दृष्टि का प्रभाव

बुध पर उपरोक्त ग्रहों की युति/दृष्टि से मानसिक तनाव, शूल रोग, चर्म रोग, दुर्बलता, कुष्ठ रोग की संभावना आदि बनी रहती है।

शुभ/अभीष्ट गुरु

गुरु षष्ठ भाव में स्थित हो और लग्न 7, 8, 12 राशि की हो अर्थात् गुरु तृतीयेश/षष्ठेश, द्वितीयेश/पंचमेश, लग्नेश/दशमेश होकर षष्ठ भाव में उच्चराशि में बैठा हो, शुभ/अभीष्टकारी होता है। लग्न 4, 9, 10, 11 राशि की होने पर मिश्रित प्रभाव होते हैं।

शुभ/अभीष्ट गुरु का प्रभाव

ऐसा गुरु जातक को बुद्धिमान, विद्वान, सदाचारी, स्वाभिमानी, शत्रुनाशक, न्यायप्रिय, धर्मपरायण, जमीन-जायदाद वाला व धनवान करता है। वह एक अच्छा ज्योतिषविद्, शिक्षक, लेखक, सम्पादक, वकील हो सकता है।

मंगल, सूर्यादि मित्रग्रहों की युति/दृष्टि प्रभाव

गुरु पर मंगल, सूर्यादि मित्रग्रहों की युति/दृष्टि का प्रभाव होने पर जातक लेखाकार, वकील, चिकित्सक हो सकता है। राजनीति क्षेत्र में भी सफल होसकता है। समाज में प्रतिष्ठित होता हैं।

अशुभ/अनिष्ट गुरु

गुरु षष्ठ भाव में बैठा हो और लग्न 1, 2, 5, 6 राशि की हो अर्थात् गुरु नवमेश/ द्वादशेश, अष्टमेश/एकादशेश, पंचमेश/अष्टमेश, चतुर्थेश/सप्तमेश होकर षष्ठ भाव में बैठा हो, अशुभ व अनिष्टकारी होता है।

अशुभ/अनिष्ट गुरु के प्रभाव

अशुभ/अनिष्टकारी गुरु के कारण प्रभावशाली व्यक्तित्व का अभाव रहता है। जातक शत्रुओं से परेशान रहता है। उसे मातुल पक्ष से भी कष्ट होता है। जातक की विद्या में व्यवधान आते हैं। उसे जीवनयापन की चिन्ता बनी रहती है।

शुक्र, शनि, राहु, केतु युति/दृष्टि का प्रभाव

गुरु अस्त, नीचराशिस्थ, वक्री, अतिचारी होने तथा शुक्र, शनि, राहु, केतु की युति/ दृष्टि होने की स्थिति में उसे पारिवारिक कष्ट, व्यर्थ की दौड़-भाग से व्यर्थ का व्ययभार, नेत्र रोग, पीलिया, उदर रोग, दुर्घटना, चोट, कफादि रोग व धन की हानि हो सकती हैं।

शुभ/अभीष्ट शुक्र

शुक्र षष्ठ भाव में हो और लग्न 2, 5, 6, 7, 10 राशि की हो अर्थात् शुक्र लग्नेश/षष्ठेश, तृतीयेश/दशमेश, द्वितीयेश/नवमेश, लग्नेश/अष्टमेश, पंचमेश/दशमेश होकर षष्ठ भाव में बैठा हो, ऐसा शुक्र शुभ एवं अभीष्टकारी होता है। संभवत: मिश्रित प्रभाव होते हैं।

शुभ/अभीष्ट शुक्र का प्रभाव

जातक सुन्दर, आकर्षक, सौन्दर्यप्रिय, संगीत-कलाप्रेमी, औरतों से शीघ्र मित्रता करने वाला, फैशनपरस्त व फैशनेबिल वस्तुओं पर धन खर्च करने वाला होता है। वह विदेश यात्रा से लाभ उठा सकता है।

मित्रग्रहों की युति/दृष्टि का प्रभाव

शुक्र का षष्ठ भाव में होना, उस पर मित्रग्रहों की युति/दृष्टि से जातक को सुन्दर, सुशील व सहयोगी पत्नी मिलती है। पुत्री संतान होती है। वह भूमि/मकान, वाहन आदि की सुविधा जुटा लेता है।

अशुभ/अनिष्ट शुक्र

शुक्र षष्ठ भाव में हो और लग्न 3, 4, 8, 9, 11, 12 राशि की हो अर्थात् शुक्र पंचमेश/द्वादशेश, चतुर्थेश/एकादशेश, सप्तमेश/द्वादशेश, षष्ठेश/एकादशेश, चतुर्थेश/ नवमेश, तृतीयेश/अष्टमेश होकर षष्ठ भाव में बैठा हो, अशुभ व अनिष्टकारी होता है।

अशुभ/अनिष्ट शुक्र का प्रभाव

अशुभ/अनिष्टकारी शुक्र जातक को अस्थिर विचारों वाला व अल्पशिक्षित करता है।

वह व्यसनी, कामुक, फैशनपरस्त और फैशनेबिल वस्तुओं पर अत्यधिक व्यय करने वाला हो सकता है।

सूर्य, चन्द्र, मंगल, गुरु की युति/दृष्टि का प्रभाव

अस्त, नीचराशिस्थ, वक्री शुक्र जातक को व्यसनों में गमगीन रखता है। शुक्र के पीड़ित होने पर विद्या प्राप्ति में रुकावट, गृहकलेश, स्त्री कष्ट, गुप्त रोग, ऋण चिन्ता, मातुल पक्ष को अरिष्ट, मानसिक तनाव व सुखसाधनों की कमी होने की संभावना बनी रहती है।

शुभ/अभीष्ट शनि

शनि षष्ठ भाव में हो और लग्न 1, 2, 3, 7, 10, 11 राशि की हो अर्थात् शनि दशमेश/एकादशेश, नवमेश/दशमेश, अष्टमेश/नवमेश, लग्नेश/द्वितीयेश, लग्नेश/द्वादशेश, होकर षष्ठ भाव में विराजमान हो, शुभ व अभीष्टकारी होता है।

शुभ/अभीष्ट शनि का प्रभाव

जातक बुद्धिमान, परिश्रमी, कर्मठ, न्यायप्रिय, व्यवहारकुशल, परोपकारी, शत्रुजीत, जीवनयापन के सभी सुख साधनों मकान, वाहनादि से युक्त एवं धनवान होता है। विदेश में भाग्योन्नति के अवसर मिलते हैं।

मित्रग्रहों की युति/दृष्टि का प्रभाव

ऐसा जातक उच्चशिक्षा ग्रहण कर सकता है। वह मिलनसार होता है। प्रौढ़ावस्था में गुप्त तौर तरीकों से धनार्जन करता है। दूरदेशों की यात्रा करने में अधिक व्यय करता है।

अशुभ/अनिष्ट शनि

शनि षष्ठ भाव में हो और लग्न 4, 5, 6, 8, 9 राशि की हो अर्थात् शनि सप्तमेश/अष्टमेश, षष्ठेश/सप्तमेश, पंचमेश/षष्ठेश, तृतीयेशचतुर्थेश, द्वितीयेश/द्वितीयेश होकर षष्ठ भाव में बैठा हो, अशुभ व अनिष्टकारी होता है।

अशुभ/अनिष्ट शनि का प्रभाव

जातक क्रोधी, उदासीन व परेशान रहता है। उच्चशिक्षा प्राप्ति में बाधा, भाईयों/बन्धुओं व शत्रुओं से मिलने वाली पीड़ा व जीवनयापन के सुख साधनों का अभाव बना रहता है।

शत्रुग्रहों की युति/दृष्टि का प्रभाव

शनि अस्त, वक्री हो या सूर्य, चन्द्र मंगल ग्रहों की युति/दृष्टि में हो, जातक को पारिवारिक सुख की कमी हो सकती हैं। मातुल पक्ष को अरिष्ट होता है। जातक को यात्राओं पर अत्यधिक व्यय से उत्पन्न कष्ट, धन का अभाव व मानसिक तनाव बना रहता है।

शुभ/अभीष्ट राहु

राहु षष्ठ भाव में हो और लग्न 1, 5, 6, 9 राशि की हो, राहु शुभ/अभीष्टकारी होता है। जातक को धनलाभ कराता है। अन्य सुख साधन देता है। मिश्रित फल के अवसर अधिक रहते हैं।

अभीष्ट राहु का प्रभाव

राहु षष्ठ भाव में हो जातक बुद्धिमान, सुशिक्षित, वाकपटु, परिश्रमी, कर्मठ, चंचल, भ्रमणशील, देश/विदेश यात्रा करने वाला, शत्रुजीत, उतम नौकरी से लाभान्वित होता है। परिवार का सहयोग मिलता है।

मित्रग्रहों की युति/दृष्टि का प्रभाव

मित्रग्रहों की युति/दृष्टि से जातक को गृहस्थ जीवन का पूर्ण सुख मिलता है। वह भूमि, मकान, वाहन आदि सुख साधन सम्पन्न होता है। व्यवसाय करने पर भी सफल हो सकता है।

अशुभ/अनिष्ट राहु

राहु षष्ठ भाव में हो और लग्न 3, 4, 7, 11, 12 राशि की हो, ऐसा राहु अशुभ/ अनिष्टकारी माना गया है। जातक दुःखी व चिन्तित रहता है।

अशुभ/अनिष्ट राहु का प्रभाव

राहु की अशुभ स्थिति में जातक उग्र, क्रोधी व अस्वस्थ होता है। भूमि, मकान, वाहन आदि सुख साधनों का अभाव रहता है। मामा के लिये अनिष्टकर होता है। व्यवसाय में हानि, शत्रुपक्ष से परेशानी, साझेदारी में कानूनी अड़चन, आय में कमी व खर्च की अधिकता बनी रहती है।

शत्रु ग्रहों की युति/दृष्टि का प्रभाव

शत्रुग्रहों की युति/दृष्टि पारिवारिक सुख में कमी, पुत्र संतान का अभाव, विद्या प्राप्ति में बाधा, धनार्जन हेतु संघर्ष, व्यवसाय/नौकरी में कठिनाई, कमर व पेट के दर्द, मानसिक तनाव लाती हैं।

शुभ/अभीष्ट केतु

केतु षष्ठ भाव में हो और लग्न 3, 4, 7, 10 राशि की हो, केतु शुभ व अभीष्टकारी होता है। जातक को प्रसन्न व सुखी रखता है।

शुभ/अभीष्ट केतु का प्रभाव

जातक हँसमुख, धैर्यवान, पराक्रमी, परिश्रमी, बुद्धिमान, गुणवान, महत्त्वाकांक्षी, परोपकारी, धर्मपरायण व समस्त सुख साधनों से सम्पन्न होता है। देश/विदेश भ्रमण के अवसर मिलते हैं। विदेश में भाग्योन्नति के अवसर अधिक होते हैं।

मित्रग्रहों की युति/दृष्टि का प्रभाव

जातक गूढ़विद्याज्ञानी अर्थात् ज्योतिष, यंत्र, मंत्र, योग, धर्म आदि विषयों में पारंगत होता है। खेलों में विशेष रुचि होती है। अच्छा खिलाड़ी हो कर नाम कमा सकता है। रैस्टोरेन्ट, होटल आदि व्यवसाय में सफल रहता है। वह समाज में मान-सम्मान व प्रतिष्ठा प्राप्त करता है। उसके बहुत मित्र होते हैं।

अशुभ/अनिष्ट केतु

केतु षष्ठ भाव में हो और लग्न 5, 9 राशि की हो। जातक सदैव ही किसी न किसी तनाव में रहता है। अनिष्ट की संभावना बनी रहती है। मातुल पक्ष के सुख में कमी होती है।

अशुभ/अनिष्ट केतु का प्रभाव

जातक क्रोधी व कटुभाषी होता है। उसे भाई-बहन के सहयोग का अभाव, घरेलू सुख में कमी, व्यवसाय में अस्थिरता व संघर्ष, धन संचय में कठिनाई बनी रहती है।

शनि, मंगल, चन्द्रादि ग्रहों की युति/दृष्टि का प्रभाव

जातक षड़यन्त्रकारियों से घिरा रहता है। वह रक्तविकार तथा उदर रोगों से पीड़ित रहता हैं। वह बहुत खर्चीला होता है। जीवन में धन का अभाव बना रहता है।

नोटः षष्ठ भाव में अशुभ/अनिष्ट नवग्रहों के प्रभाव निवारण की अचूक, अनुभवसिद्ध व चमत्कारी उपाय श्रृंखला अध्याय-5 में दी जा रही हैं। उन्हें भली-भाँति पढ़े और शीघ्र लाभ के लिये तीन उपाय एक साथ करें। अध्याय-7 में लाल किताब आधारित उपाय/टोटके भी दिये जा रहे हैं। उन्हें भी समझ लें।

(7) सप्तम भाव में अभीष्ट/अनिष्ट नवग्रह

शुभ/अभीष्ट सूर्य

सूर्य सप्तम भाव में बैठा हो और लग्न 3, 7, 9 राशि की हो, अर्थात् सूर्य तृतीयेश, एकादशेश, नवमेश होकर सप्तम भाव में बैठा हो, ऐसा सूर्य शुभ/अभीष्टकारी होता है।

शुभ/अभीष्ट सूर्य का प्रभाव

ऐसा सूर्य जातक को साहसी, स्वाभिमानी, दृढ़निश्चयी, उदारहृदयी, परोपकारी, साझेदारी में व्यवसायरत, धनी व प्रतिष्ठित बनाता है। समाज उसे मान-सम्मान देता है।

मित्रग्रहों की युति/दृष्टि प्रभाव

गुरु, मंगल, बुध इस भाव में बैठकर सूर्य से युति/दृष्टि बना रहे हो, तो जातक का विवाहोपरान्त विदेश में भाग्योदय होता है। उसकी पत्नी का आर्थिक क्षेत्र में विशेष सहयोग होता है। वह धनीमानी होता है।

अशुभ/अनिष्ट सूर्य

सूर्य सप्तम भाव में स्थित हो और लग्न 1, 4, 6, 8, 10, 12 राशि की हो अर्थात्

सूर्य पंचमेश, द्वितीयेश, द्वादशेश, दशमेश, चतुर्थेश, अष्टमेश, षष्ठेश होकर सप्तम भाव में स्थित हो, ऐसा सूर्य अशुभ/अनिष्टकारी होता है।

अशुभ/अनिष्ट सूर्य का प्रभाव

ऐसी स्थिति में जातक चंचलमना होता है। अस्थिरता के कारण जीवन संघर्षपूर्ण हो सकता है। व्यवसाय/नौकरी में भी अड़चनें आ सकती है। विवाह में विलम्ब, जीवनसाथी को कष्ट, धन की कमी हो सकती है।

शत्रु ग्रहों शनि, राहु की युति/दृष्टि का प्रभाव

सूर्य की शनि, राहु की युति/दृष्टि होने व नीचराशिस्थ होने की स्थिति में जातक को शारीरिक कष्ट यथा रक्तविकार, उदर विकार, हृदय रोग आदि अरिष्ट हो सकते हैं। पारिवारिक उलझनें, आर्थिक असंतोष व मानसिक तनाव बना रहता है।

शुभ/अभीष्ट चन्द्र

चन्द्र सप्तम भाव में बैठा हो और लग्न 1, 4, 7, 8, 10, 12 राशि की हो अर्थात् चन्द्र चतुर्थेश, लग्नेश, दशमेश, नवमेश, सप्तमेश, पंचमेश होकर सप्तम भाव में बैठा हो, ऐसा चन्द्र शुभ/अभीष्टकारी होता है। लग्न 2, 3, 6 राशि की होने पर मिश्रित प्रभाव होते हैं।

शुभ/अभीष्ट चन्द्र का प्रभाव

जातक हँसमुख, मिष्ठभाषी, आकर्षक, मिलनसार, बुद्धिमान, भ्रमणशील, विदेश संबधी कार्यों में सफल, भूमि, मकान, वाहन आदि से सुखी व धनी होता है।

मित्रग्रहों की युति/दृष्टि का प्रभाव

ऐसे जातक की स्मरण शक्ति तेज होती हैं। पत्नी सुन्दर, सुशील व दयालु मिलती है। विवाहोपरान्त उसे अच्छी नौकरी मिल सकती है। व्यवसाय करें, तो अधिक फलफूल सकता है।

अशुभ/अनिष्ट चन्द्र

सप्तम भाव में चन्द्र हो और लग्न 2, 5, 9, 11 राशि की हो अर्थात् चन्द्र तृतीयेश, द्वादशेश, तृतीयेश, अष्टमेश, षष्ठेश होकर सप्तम भाव में बैठा हो, अशुभ व अनिष्टकारी होता है।

अशुभ/अनिष्ट चन्द्र का प्रभाव

ऐसा जातक रुग्ण, चंचलमना, अस्थिरबुद्धि, नौकरी/ व्यवसाय सम्बन्धी उलझनों से घिरा होता है। विवाह में विलम्ब और माता को कष्ट हो सकता है। आर्थिक संकट बना रहता है।

शनि, राहु तथा बुधादि ग्रहों की युति/दृष्टि का प्रभाव

जातक शनि राहु, बुध युति/दृष्टि व नीचराशिस्थ, अस्त होने की स्थिति में जातक

दु:खी रहता है। उसके प्रत्येक कार्य में अड़चने आती हैं। पारिवारिक कष्ट, मानसिक तनाव, आजीविका सम्बन्धी चिन्ता, कफादि रोग हो सकते हैं।

शुभ/अभीष्ट मंगल

मंगल सप्तम भाव में हो और लग्न 4, 7 राशि की हो अर्थात् पंचमेश/दशमेश, द्वितीयेश/सप्तमेश होकर सप्तम भाव में बैठा हो, ऐसा मंगल शुभ/अभीष्टकारी होता है।

शुभ/अभीष्ट मंगल का प्रभाव

ऐसा जातक साहसी, पराक्रमी, दृढ़निश्चयी, बुद्धिमान, जमीन-जायदाद, मकान, वाहन वाला, आर्थिक क्षेत्र में पत्नी के सहयोग से सफल व धनी तथा भाग्यशाली होता है।

मित्रग्रहों की युति/दृष्टि का प्रभाव

ऐसी स्थिति में जातक स्वस्थ होता है और रुचक योग के कारण उसकी आर्थिक स्थिति सबल होती हैं। सप्तम भाव में मंगल होने से मंगलीक दोष होता है। ऐसे जातक के मित्र बड़े समझदार होते हैं।

अशुभ/अनिष्ट मंगल

मंगल सप्तम भाव में बैठा हो और लग्न 2, 3, 6 राशि की हो, अर्थात् मंगल सप्तमेश/द्वादशेश, षष्ठेश/एकादशेश, तृतीयेश/अष्टमेश होकर सप्तम भाव में बैठा हो, ऐसा मंगल अशुभ/अनिष्टकारी होता है।

अशुभ/अनिष्ट मंगल का प्रभाव

सप्तम भाव में मंगल होने से जातक कुटिल, चिड़चिड़ा व अतिक्रोधी होता है। पारिवारिक परेशानियाँ, साझेदारी के व्यवसाय से दु:खी रहता है। शिक्षा क्षेत्र में बाधा, व्यवसाय/नौकरी में अस्थिरता, दाम्पत्य जीवन में सुख की कमी होती है।

शनि, राहु, केतु पापग्रहों की युति/दृष्टि का प्रभाव

शनि, राहु, केतु युति/दृष्टि से स्वास्थ्य हानि, आर्थिक उलझनें, मानसिक तनाव, उदर विकार, दुर्घटना, चोट आदि भय बने रहते हैं। इससे धन की हानि होती है।

शुभ/अभीष्ट बुध

बुध सप्तम भाव में स्थित हो और लग्न 2, 11 राशि की हो अर्थात् बुध द्वितीयेश/पंचमेश, पंचमेश/अष्टमेश होकर सप्तम भाव में बैठा हो, ऐसा बुध शुभ/अभीष्टकारी होता है। लग्न 3, 5, 7, 10 राशि की होने पर मिश्रित फल मिलते हैं।

शुभ/अभीष्ट बुध का प्रभाव

ऐसा जातक बुद्धिमान होता है। गणित, कानून, ज्योतिष विषयों का विद्वान होता है। वह वाणी पर संयम रखने वाला, व्यवहारकुशल, क्रय/विक्रय व्यापार में कुशल, देश/परदेश घूमने वाला, भाग्यशाली व धर्मपरायण होता है।

मित्रग्रहों की युति/दृष्टि का प्रभाव

मित्रग्रहों की युति/दृष्टि जातक को मिलनसार, मनपसन्द पत्नी का पति, आर्थिक क्षेत्र में सफल, कम्प्यूटर इन्जीनियर, अकाउन्टैन्ट आदि बनाती है। वह साझेदारी के व्यवसाय में उन्नति कर सकता है।

अशुभ/अनिष्ट बुध

बुध सप्तम भाव में बैठा हो और लग्न 1, 4, 6, 8 राशि की हो अर्थात् बुध तृतीयेश/षष्ठेश, तृतीयेश/द्वादशेश, लग्नेश/दशमेश, अष्टमेश/एकादशेश हो और सप्तम भाव में बैठा हो, ऐसा बुध अशुभ/अनिष्टकारी होता है।

अशुभ/अनिष्ट बुध का प्रभाव

अस्त व नीचराशिस्थ बुध अस्थिरमना, अशान्त व अल्पशिक्षित करता है। व्यवसाय में परेशानी, पारिवार में कलह पैदा होती है। जीवन निर्वाह मुश्किल से होता है।

गुरु, चन्द्र, मंगल, केतु युति/दृष्टि का प्रभाव

बुध पर उपरोक्त ग्रहों की युति/दृष्टि से जातक की उच्च शिक्षा में बाधा, मानसिक तनाव, दाम्पत्य जीवन में दरार, घर से बाहर अनैतिक सम्बन्ध, उदर विकार, चर्म रोग, शारीरिक दुर्बलता आदि की संभावना बनी रहती है।

शुभ/अभीष्ट गुरु

गुरु सप्तम भाव में स्थित हो और लग्न 3, 5, 6, 10, 11 राशि की हो अर्थात् गुरु सप्तमेश/दशमेश, पंचमेश/अष्टमेश, चतुर्थेश/सप्तमेश, तृतीयेश/द्वादशेश, द्वितीयेश/एकादशेश होकर सप्तम भाव में में बैठा हो, शुभ/अभीष्टकारी होता है। लग्न के 1, 4, 7, 8, 9 राशि की होने पर मिश्रित फल होते हैं।

शुभ/अभीष्ट गुरु का प्रभाव

ऐसा जातक बुद्धिमान, विद्वान, सदाचारी, स्वाभिमानी, शत्रुनाशक, न्यायप्रिय, धर्मपरायण, भाई बहनों की सहायता में सदैव तत्पर, जमीन-जायदाद वाला व धनवान होता है। वह एक अच्छा ज्योतिषविद्, शिक्षक, लेखक, सम्पादक, वकील हो सकता है।

मंगल, सूर्यादि मित्रग्रहों की युति/दृष्टि प्रभाव

गुरु पर मंगल, सूर्यादि मित्रग्रहों की युति/दृष्टि के प्रभाव होने पर उसे सुशील, सुयोग्य व सुशिक्षित पत्नी मिलती है। दाम्पत्य जीवन सुखमय होता है। राजनीतिक व उच्च प्रतिष्ठित लोगों से सीधा सम्बन्ध होता है। विभिन्न स्रोतों से धनार्जन होता है। वह सफल होता है।

अशुभ/अनिष्ट गुरु

गुरु सप्तम भाव में बैठा हो और लग्न 12 स्वयं की अपनी मीन राशि की हो अर्थात् गुरु लग्नेश/दशमेश होकर सप्तम भाव में बैठा हो, अशुभ/अनिष्टकारी होता है।

अशुभ/अनिष्ट गुरु के प्रभाव

अशुभ/अनिष्टकारी गुरु और विशेषत: एकाकी होने के कारण जातक का प्रभाव घटता जाता है। व्यर्थ के भ्रमण व्यय भार बढ़ाते हैं। जातक की विद्या में व्यवधान और व्ययसाय में हानि होती है। जीवनयापन की चिन्ता सताती रहती है।

शुक्र, शनि, राहु, केतु युति/दृष्टि का प्रभाव

गुरु अस्त, नीचराशिस्थ, वक्री, अतिचारी होने तथा शुक्र, शनि, राहु, केतु की युति/दृष्टि होने की स्थिति में जातक असंयमी हो जाता है। दाम्पत्य सुख में कमी होती है। सगे सम्बन्धियों व मित्रों के धोखे का शिकार होता है। शारीरिक दुर्बलता, नेत्र रोग, उदर रोग हो सकते हैं।

शुभ/अभीष्ट शुक्र

शुक्र सप्तम भाव में हो और लग्न 1, 6 राशि की हो अर्थात् शुक्र द्वितीयेश/सप्तमेश, द्वितीयेश/नवमेश उच्चराशिस्थ होकर सप्तम भाव में बैठा हो, तो ऐसा शुक्र शुभ/अभीष्टकारी होता है। लग्न 2, 3, 4, 5, 7, 8, 10, 11 राशि की हो, मिश्रित प्रभाव होते हैं।

शुभ/अभीष्ट शुक्र का प्रभाव

जातक सुन्दर, आकर्षक, संगीत-कलाप्रेमी, सौन्दर्यप्रिय, फैशनेबिल वस्तुओं पर अधिक धन खर्च करने वाला, औरतों से शीघ्र मित्रता करने वाला, विलासी, महत्त्वाकांक्षी, उच्चस्तरीय रहन-सहन वाला, देश/विदेश भ्रमण करने वाला होता है। उसकी विदेश यात्राएँ लाभप्रद होती है।

मित्रग्रहों की युति/दृष्टि का प्रभाव

शुक्र का सप्तम भाव में होना, उस पर मित्रग्रहों की युति/दृष्टि से जातक को सुन्दर, सुशील व सहयोगी पत्नी मिलती है। विवाहोपरान्त भाग्योन्नति होतीहै। वह जमीन-जायदाद, मकान, वाहन आदि की सुविधाओं से युक्त, धनवान व सुखी होता है।

अशुभ/अनिष्ट शुक्र

शुक्र सप्तम भाव में हो और लग्न 9, 12 राशि की हो अर्थात् शुक्र षष्ठेश/एकादशेश, तृतीयेश/अष्टमेश होकर सप्तम भाव में बैठा हो, अशुभ/अनिष्टकारी होता है।

अशुभ/अनिष्ट शुक्र का प्रभाव

अशुभ/अनिष्टकारी शुक्र जातक को अस्थिर विचारों वाला व अल्प शिक्षित करता है। वह व्यसनी, कामुक, फैशनपरस्त और फैशन की वस्तुओं पर अत्यधिक व्यय करने वाला हो सकता है।

सूर्य, चन्द्र, मंगल, गुरु की युति/दृष्टि का प्रभाव

अस्त, नीचराशिस्थ, वक्री शुक्र जातक को व्यसनों में गमगीन रखता है। शुक्र के

पीड़ित होने पर विद्या प्राप्ति में रुकावट, व्यवसाय में हानि, तामसिक भोजन में रुचि, दाम्पत्य जीवन में कटुता, मानसिक तनाव, व्यर्थ के खर्चे व सुख साधनों की कमी होती रहती है।

शुभ/अभीष्ट शनि

शनि सप्तम भाव में हो और लग्न 1, 6 राशि की हो अर्थात् शनि दशमेश/एकादशेश, पंचमेश/षष्ठेश होकर सप्तम भाव में विराजमान हो, शुभ व अभीष्टकारी होता है। लग्न 2, 4, 7, 8, 9, 10, 11, 12 राशि की हो, मिश्रित फल होते हैं।

शुभ/अभीष्ट शनि का प्रभाव

जातक बुद्धिमान, विद्वान, परिश्रमी, कर्मठ, व्यवहारकुशल, परोपकारी, जीवनयापन के सुख साधनों यथा मकान, वाहनादि से सुसम्पन्न व धनवान होता है। विदेश में भाग्योन्नति के अवसर मिलते हैं।

मित्रग्रहों की युति/दृष्टि का प्रभाव

सप्तम भाव में शनि को निष्फली माना जाता है। किन्तु ऐसा जातक उच्चशिक्षा ग्रहण कर सकता है। वह शिक्षक, बैंक में कर्मचारी, लेखाकार, अच्छा व्यापारी हो सकता है। वह मिलनसार होता है। विवाहोपरान्त सफलता प्राप्त कर धनार्जन करता है।

अशुभ/अनिष्ट शनि

शनि सप्तम भाव में हो और लग्न केवल 5 राशि की हो अर्थात् शनि षष्ठेश/सप्तमेश होकर सप्तम भाव में बैठा हो, अशुभ व अनिष्टकारी होता है।

अशुभ/अनिष्ट शनि का प्रभाव

जातक क्रोधी, उदासीन व परेशान रहता है। उच्चशिक्षा प्राप्ति में बाधा, जीवनयापन के सुख साधनों की कमी, शारीरिक दुर्बलता बनी रहती है।

शत्रुग्रहों की युति/दृष्टि का प्रभाव

शनि अस्त, वक्री हो या सूर्य, चन्द्र मंगल ग्रहों की युति/दृष्टि में हो, तो जातक के विवाह में विलम्ब, दाम्पत्य सुख की कमी होती हैं। धनाभाव व मानसिक तनाव बना रहता है।

शुभ/अभीष्ट राहु

राहु सप्तम भाव में हो और लग्न 4, 8, 9 राशि की हो, राहु अति शुभ व अभीष्टकारी होता है। जातक को धनलाभ कराता है तथा अन्य सुखसाधनों में वृद्धि करता है। लग्न 5, 8, 12 राशि की हो, मिश्रित प्रभाव होते हैं।

शुभ/अभीष्ट राहु का प्रभाव

राहु सप्तम भाव में हो जातक बुद्धिमान, सुशिक्षित, परिश्रमी, कर्मठ, चंचल, भ्रमणशील, देश/विदेश यात्र करने वाला, शत्रुजीत, उत्तम नौकरी से लाभान्वित होता है। परिवार का सहयोग मिलता है।

मित्रग्रहों की युति/दृष्टि का प्रभाव

मित्रग्रहों की युति/दृष्टि से जातक को गृहस्थ जीवन का पूर्ण सुख मिलता है। वह भूमि, मकान, वाहन आदि सुख साधन सम्पन्न होता है। व्यवसाय करे, तब भी जातक सफल हो सकता है।

अशुभ/अनिष्ट राहु

राहु सप्तम भाव में हो और लग्न 1, 2, 3, 6, 7, 10, 11 राशि की हो, ऐसा राहु अशुभ/अनिष्टकारी माना गया है। जातक दुःखी/चिन्तित रहता है।

अशुभ/अनिष्ट राहु का प्रभाव

राहु की अशुभ स्थिति में जातक स्वतंत्रताप्रिय, उग्र, क्रोधी व अस्वस्थ होता है। भूमि, मकान, वाहन आदि साधनों का अभाव रहता है। उच्चविद्या में विघ्न, व्यवसाय में हानि, शत्रुपक्ष से परेशानी, आय में कमी व खर्च अधिक बना रहता है। अशुभ स्थिति मानसिक तनाव बढ़ाती है।

शत्रु ग्रहों की युति/दृष्टि का प्रभाव

शत्रुग्रहों की युति/दृष्टि से दाम्पत्य सुख में कमी, तलाक की संभावना, विद्या प्राप्ति में बाधा, व्यवसाय/नौकरी में कठिनाई बनी रहती है। पथरी के रोग, प्रमेह, मधुमेह, पेट के दर्द, चोट आदि का भय बना रहता है।

शुभ/अभीष्ट केतु

केतु सप्तम भाव में हो और लग्न 3, 6, 7 राशि की हो, केतु शुभ व अभीष्टकारी होता है। जातक सदैव प्रसन्न व सुखी रहता है। विचार उत्तम होते हैं।

शुभ/अभीष्ट केतु का प्रभाव

जातक स्वतंत्रताप्रिय, हठी, पराक्रमी, परिश्रमी, बुद्धिमान, गुणवान, धर्मपरायण व सुख साधनों से सम्पन्न होता है। ज्योतिष, योग, मन्त्र, तन्त्र विद्याओं से धन कमाने वाला होता है। देश/विदेश भ्रमण के अवसर मिलते हैं। विदेश में भाग्योन्नति के अवसर अधिक होते हैं।

मित्रग्रहों की युति/दृष्टि का प्रभाव

जातक गूढ़विद्याज्ञानी अर्थात् ज्योतिष, यंत्र, मंत्र, योग, धर्म आदि विषयों में पारंगत होता है। खेलों में विशेष रुचि होती है। वह समाज में मान-सम्मान व प्रतिष्ठा प्राप्त करता है। उसके बहुत मित्र होते हैं।

अशुभ/अनिष्ट केतु

केतु सप्तम भाव में हो और लग्न 4, 5, 9, 11, 12 राशि की हो। जातक सदैव मानसिक तनाव में रहता है। सदैव अनिष्ट की संभावना बनी रहती है।

अशुभ/अनिष्ट केतु का प्रभाव

जातक क्रोधी, कटुभाषी, चिड़चिड़ा व अशान्त होता है। दुर्बलता, कामुकता, विलासिता साफ झलकती है। घरेलू सुख में कमी, व्यवसाय में अस्थिरता व संघर्ष, धन संचय में कठिनाई बनी रहती है।

शनि, मंगल, चन्द्रादि ग्रहों की युति/दृष्टि का प्रभाव

जातक को द्विभार्या योग होता है। पत्नी रोगी हो सकती है। वह नेत्र रोग तथा चर्म रोग से पीड़ित रहता हैं। पिता को कष्ट, जातक को चोट आदि का भय बना रहता है। जीवन में सुख की कमी खटकती रहती है।

नोटः सप्तम भाव में अशुभ/अनिष्ट नवग्रहों के प्रभाव निवारण की अचूक, अनुभवसिद्ध, चमत्कारी उपाय श्रृंखला अध्याय-5 में दी जा रही हैं। उन्हें भली-भाँति पढ़े और शीघ्र लाभ के लिये तीन उपाय एक साथ करें। अध्याय-7 में लाल किताब आधारित उपाय/टोटके भी दिये जा रहे हैं। उन्हें भी समझ लें।

(8) अष्टम भाव में अभीष्ट/अनिष्ट नवग्रह

शुभ/अभीष्ट सूर्य

सूर्य अष्टम भाव में बैठा हो और लग्न 2, 6, 10 राशि की हो, अर्थात् सूर्य चतुर्थेश, द्वादशेश, अष्टमेश होकर अष्टम भाव में बैठा हो, ऐसा सूर्य शुभ/अभीष्टकारी होता है।

शुभ/अभीष्ट सूर्य का प्रभाव

ऐसा सूर्य जातक को हृष्ट-पुष्ट, साहसी, स्वाभिमानी, दृढ़निश्चयी, गूढ़विज्ञानी, परोपकारी, धर्मपरायण व धनीमानी बनाता है। वह समाज में प्रतिष्ठित व सम्मानीय होता है। वह दीर्घायु होता है।

मित्रग्रहों की युति/दृष्टि प्रभाव

गुरु, मंगल, बुध इस भाव में बैठकर सूर्य से युति/दृष्टि बना रहे हों, तो जातक रिसर्च/शोध कार्यों में कुशल होता है और विदेश भ्रमण करता है। उसका भाग्योदय विवाहोपरान्त विदेश में होता है। विदेश रहकर काफी धन कमा लेता है।

अशुभ/अनिष्ट सूर्य

सूर्य अष्टम भाव में स्थित हो और लग्न 4, 7, 12 राशि की हो अर्थात् सूर्य द्वितीयेश, एकादशेश, षष्ठेश होकर अष्टम भाव में स्थित हो, तो ऐसा सूर्य अशुभ/अनिष्टकारी होता है।

अशुभ/अनिष्ट सूर्य का प्रभाव

ऐसी स्थिति में जातक चंचलमना होता है। जीवन संघर्षपूर्ण हो सकता है। उच्चविद्याप्राप्ति में विघ्न और व्यवसाय/नौकरी में भी अड़चनें आ सकती है। जीवनसाथी के साथ कटु सम्बन्ध हो सकते हैं।

शत्रु ग्रहों शनि, राहु की युति/दृष्टि का प्रभाव

सूर्य की शनि, राहु की युति/दृष्टि होने व नीचराशिस्थ होने की स्थिति में जातक को शारीरिक कष्ट, रक्तविकार, नेत्र रोग, गुप्त रोग, दुर्घटना, चोट, भय आदि अरिष्ट हो सकते हैं। पारिवारिक उलझनें, आर्थिक असंतोष व मानसिक तनाव बना रहता है।

शुभ/अभीष्ट चन्द्र

चन्द्र अष्टम भाव में बैठा हो और लग्न 7, 9 राशि की हो अर्थात् चन्द्र दशमेश, अष्टमेश होकर अष्टम भाव में बैठा हो, ऐसा चन्द्र शुभ/अभीष्टकारी होता है। लग्न 2, 3, 6, 8, 12 राशि की हो, मिश्रित प्रभाव होते हैं।

शुभ/अभीष्ट चन्द्र का प्रभाव

जातक हँसमुख, मिष्ठभाषी, मिलनसार, बुद्धिमान, भावुक, कल्पनाशील, भ्रमणशील, विदेश सम्बन्धी कार्यों में सफल, भूमि, मकान, वाहन आदि साधनों से सम्पन्न, धनी व सुखी होता है।

मित्रग्रहों की युति/दृष्टि का प्रभाव

ऐसे जातक की स्मरण शक्ति तेज होती हैं। नाना, नानी, मामा, मौसी के लिये वह भाग्यशाली होता है। विवाहोपरान्त उसे अच्छी नौकरी मिल सकती है।

अशुभ/अनिष्ट चन्द्र

अष्टम भाव में चन्द्र हो और लग्न 3, 6, 8, 12 राशि की हो अर्थात् चन्द्र द्वितीयेश, एकादशेश, नवमेश, पंचमेश होकर अष्टम भाव में बैठा हो, तो अशुभ व अनिष्टकारी होता है।

अशुभ/अनिष्ट चन्द्र का प्रभाव

ऐसा जातक बाल्यकाल में रुग्ण रहता है। फलतः स्वास्थ्य की समस्या बांये खड़ी रहती है। जातक चंचलमना, अस्थिरबुद्धि व आलसी होता है। वह नौकरी/ व्यवसाय सम्बन्धी उलझनों से घिरा होता है और आर्थिक संकट बना रहता है।

शनि, राहु तथा बुधादि ग्रहों की युति/दृष्टि का प्रभाव

चन्द्र की शनि राहु, बुध युति/दृष्टि व नीचराशिस्थ, अस्त होने की स्थिति में जातक के प्रत्येक कार्य में अड़चने आती हैं। आजीविका सम्बन्धी चिन्ता बनी रहती है। दाम्पत्य जीवन में कटुता/ कलह, मानसिक तनाव, नेत्र रोग, सिरदर्द, गुप्तरोग व कफादि रोग हो सकते हैं। वह दुःखी/अशान्त रहता है।

शुभ/अभीष्ट मंगल

मंगल अष्टम भाव में हो और लग्न 1 अपनी स्वयं की राशि की हो अर्थात् मंगल लग्नेश/अष्टमेश होकर अष्टम भाव में बैठा हो, ऐसा मंगल शुभ/अभीष्टकारी होता है।

शुभ/अभीष्ट मंगल का प्रभाव

ऐसा जातक साहसी, पराक्रमी, कर्मठ, सत्यवक्ता, स्वाभिमानी, बुद्धिमान, विद्वान,

जमीन-जायदाद, मकान, वाहन वाला, धनी व दीर्घायु होता है। समाज उसे पूजता है। वह यश प्राप्त करता है।

मित्रग्रहों की युति/दृष्टि का प्रभाव

ऐसी स्थिति में जातक स्वस्थ एवं साहसी होता है। उसकी आर्थिक स्थिति भी सबल होती हैं। किन्तु उसे सर्वाधिक 250 प्रतिशत मंगलीक दोष होता है। ऐसे जातक साहस के बल पर आगे बढ़ते रहते हैं और धन कमा लेते है।

अशुभ/अनिष्ट मंगल

मंगल अष्टम भाव में बैठा हो और लग्न 2, 5, 7 राशि की हो, अर्थात् मंगल सप्तमेश/द्वादशेश, चतुर्थेश/नवमेश, द्वितीयेश/सप्तमेश होकर अष्टम भाव में बैठा हो, ऐसा मंगल अशुभ/अनिष्टकारी होता है।

अशुभ/अनिष्ट मंगल का प्रभाव

अष्टम भाव में मंगल होने से जातक चिड़चिड़ा व क्रोधी होता है। जीवन संघर्षशील रहता है। पारिवारिक परेशानियाँ, व्यवसाय संकट, भाई-बन्धुओं के सहयोग का अभाव, विवाह में विलम्ब आदि गुप्त चिन्ताएँ रहती है।

शनि, राहु, केतु पापग्रहों की युति/दृष्टि का प्रभाव

शनि, राहु, केतु युति/दृष्टि से स्वास्थ्य हानि, आर्थिक उलझनें, मानसिक तनाव, रक्तविकार, पाचन क्रिया, उदर विकार, गुप्त रोग, दुर्घटना, चोट आदि भय बने रहते हैं। इससे धन की हानि होती है।

शुभ/अभीष्ट बुध

बुध अष्टम भाव में स्थित हो और लग्न 8, 11 राशि की हो अर्थात् बुध अष्टमेश/एकादशेश, पंचमेश/अष्टमेश होकर अष्टम भाव में बैठा हो, ऐसा बुधशुभ व अभीष्टकारी होता है। लग्न 1, 2, 3, 6 राशि की हो, मिश्रित प्रभाव होते हैं।

शुभ/अभीष्ट बुध का प्रभाव

ऐसा जातक अनेक विषयों का विद्वान, बुद्धिमान, न्यायप्रिय, सेवाभावी, आध्यात्मिक विषयों का ज्ञानी, धर्मपरायण व दीर्घायु होता है। उसका वाणी पर पूर्ण संयम होता है।

मित्रग्रहों की युति/दृष्टि का प्रभाव

मित्रग्रहों की युति/दृष्टि होने पर जातक को मनपसन्द पत्नी मिलती है। विवाहोपरान्त विशेष भाग्योन्नति होती है। वह अपनी आजीविका हेतु धन कमा लेता है।

अशुभ/अनिष्ट बुध

बुध अष्टम भाव में बैठा हो और लग्न 7, 9, 10, 12 राशि की हो अर्थात् बुध नवमेश/द्वादशेश, सप्तमेश/दशमेश, षष्ठेश/नवमेश, चतुर्थेश/सप्तमेश होकर अष्टम भाव में बैठा हो, ऐसा बुध अशुभ/अनिष्टकारी होता है।

अशुभ/अनिष्ट बुध का प्रभाव

अस्त व नीचराशिस्थ बुध जातक को अस्थिरमना, अशान्त, अल्पबुद्धि, दुर्व्यसनी, कामुक, कृतघ्न व परस्त्रीगामी बनाता है। जीवन निर्वाह मुश्किल से होता है। सदैव आर्थिक संकट बना रहता है।

गुरु, चन्द्र, मंगल, केतु युति/दृष्टि का प्रभाव

बुध पर उपरोक्त ग्रहों की युति/दृष्टि से मानसिक तनाव, दुःखी जीवन, उदर विकार, चर्म रोग, दुर्बलता की संभावना बनी रहती है।

शुभ/अभीष्ट गुरु

गुरु अष्टम भाव में स्थित हो और लग्न 5, 9, 10 राशि की हो अर्थात् गुरु पंचमेश/अष्टमेश, लग्नेश/चतुर्थेश, तृतीयेश/द्वादशेश होकर अष्टम भाव में उच्चराशि में बैठा हो, शुभ/अभीष्टकारी होता है। लग्न 1, 2, 3, 4, 6, 7, 8, 12 राशि की हो, मिश्रित प्रभाव होते हैं।

शुभ/अभीष्ट गुरु का प्रभाव

ऐसा गुरु जातक को बुद्धिमान, विद्वान, सदाचारी, स्वाभिमानी, न्यायप्रिय, परोपकारी, धर्मपरायण, जमीन-जायदाद वाला, समाज में प्रतिष्ठित, सम्मानित, धनवान व दीर्घायु करता है। वह एक अच्छा ज्योतिषविद्, शिक्षक, लेखक हो सकता है।

मंगल, सूर्यादि मित्रग्रहों की युति/दृष्टि प्रभाव

गुरु पर मंगल, सूर्यादि मित्रग्रहों की युति/दृष्टि के प्रभाव होने पर उसे सुशील, सुयोग्य व सुशिक्षित पत्नी मिलती है। पारिवारिक जीवन सुखमय होता है। राजनीतिक क्षेत्रों में दबदबा होता है। विभिन्न स्रोतों से धनार्जन होता हैं। उसे विदेश जाने के अवसर मिलते है। वह वहाँ सफल होता है।

अशुभ/अनिष्ट गुरु

गुरु अष्टम भाव में बैठा हो और लग्न 3, 11 राशि की हो अर्थात् गुरु सप्तमेश/दशमेश, द्वितीयेश/एकादशेश होकर अष्टम भाव में बैठा हो, अशुभ व अनिष्टकारी होता है।

अशुभ/अनिष्ट गुरु के प्रभाव

अशुभ/अनिष्टकारी गुरु और विशेषतः एकाकी होने के कारण जातक को प्रभावहीन करता है। जातक की विद्या में व्यवधान और व्यवसाय में हानि होती है। जीवनयापन की चिन्ता बनी रहता है और गुजारा मुश्किल से होता है।

शुक्र, शनि, राहु, केतु युति/दृष्टि का प्रभाव

गुरु अस्त, नीचराशिस्थ, वक्री, अतिचारी होने तथा शुक्र, शनि, राहु, केतु की युति/दृष्टि होने की स्थिति में जातक असंयमी हो जाता है। पारिवारिक सुख में कमी होती है। दुर्बलता, उच्चरक्तचाप, मधुमेह रोग, उदर रोग, नेत्र रोग हो सकते हैं।

शुभ/अभीष्ट शुक्र

शुक्र अष्टम भाव में हो और लग्न 2, 4, 5, 6, 7, 10, 11, 12 राशि की हो अर्थात् शुक्र लग्नेश/षष्ठेश, चतुर्थेश/एकादशेश, तृतीयेश/दशमेश, द्वितीयेश/नवमेश, लग्नेश/अष्टमेश, पंचमेश/दशमेश, चतुर्थेश/नवमेश, तृतीयेश/अष्टमेश होकर अष्टमभाव में बैठा हो, ऐसा शुक्र शुभ/अभीष्टकारी होता है।

शुभ/अभीष्ट शुक्र का प्रभाव

जातक सुन्दर, आकर्षक, बुद्धिमान, विद्वान, संगीत-नृत्य-गायन आदि कलाप्रेमी, महत्त्वाकांक्षी, व्यवहारकुशल, उच्चस्तरीय रहन-सहन वाला, देश/विदेश भ्रमण करने वाला होता है।

मित्रग्रहों की युति/दृष्टि का प्रभाव

शुक्र का अष्टम भाव में होना, उस पर मित्रग्रहों की युति/दृष्टि से जातक को सुन्दर, सुशील तथा आर्थिक क्षेत्र में सहयोग करने वाली पत्नी मिलती है। जातक की विवाहोपरान्त भाग्योन्नति होती है। जातक जमीन-जायदाद, मकान, वाहन आदि की सुविधाओं से युक्त, धनवान व सुखी होता है।

अशुभ/अनिष्ट शुक्र

शुक्र अष्टम भाव में हो और लग्न 3, 8, 9 राशि की हो अर्थात् शुक्र पंचमेश/द्वादशेश, सप्तमेश/द्वादशेश, षष्ठेश/एकादशेश होकर अष्टम भाव में बैठा हो, अशुभ व अनिष्टकारी होता है।

अशुभ/अनिष्ट शुक्र का प्रभाव

अशुभ/अनिष्टकारी शुक्र के कारण जातक कृश शरीर व अस्थिर विचारों का होता है। वह व्यसनी, कामुक, विलासी व विलासिता की वस्तुओं पर अत्यधिक व्यय करने वाला हो सकता है। सुख साधनों की कमी होती रहती है।

सूर्य, चन्द्र, मंगल, गुरु की युति/दृष्टि का प्रभाव

अस्त, नीचराशिस्थ, वक्री शुक्र जातक को व्यसनों में गमगीन रखता है। शुक्र के पापपीड़ित होने पर विद्या प्राप्ति में रुकावट, व्यवसाय में हानि, दाम्पत्य जीवन में कटुता, बाहर अधिक प्रणय सम्बन्ध, तामसिक भोजन में रुचि बढ़ती रहती है।

शुभ/अभीष्ट शनि

शनि अष्टम भाव में हो और लग्न अकेले 2 राशि की हो अर्थात् शनि नवमेश/दशमेश होकर अष्टम भाव में विराजमान हो तथा लग्नेश की लग्न पर पूर्ण दृष्टि हो, ऐसा शनि शुभ/अभीष्टकारी होता है। लग्न 1, 3, 5, 6, 7, 8, 9, 10, 11, 12 राशि की हो मिश्रित फल देता है।

शुभ/अभीष्ट शनि का प्रभाव

जातक बुद्धिमान, विद्वान, परिश्रमी, कर्मठ, व्यवहारकुशल, परोपकारी, गुणवान, जीवनयापन के सुख साधनों मकान, वाहन से सम्पन्न, धनवान, दीर्घायु व भाग्यशाली होता है। विदेश में भाग्योन्नति के अवसर मिलते हैं।

मित्रग्रहों की युति/दृष्टि का प्रभाव

ऐसा जातक उच्चशिक्षा ग्रहण करता है। वह शिक्षक, बैंक कर्मचारी, लेखाकार व अच्छा ज्योतिषी हो सकता है। विवाहोपरान्त अधिक सफल होता है।

अशुभ/अनिष्ट शनि

शनि अष्टम भाव में हो और लग्न 4, 6 राशि की हो अर्थात् शनि सप्तमेश/अष्टमेश, पंचमेश/षष्ठेश होकर अष्टम भाव में बैठा हो, अशुभ व अनिष्टकारी होता है।

अशुभ/अनिष्ट शनि का प्रभाव

जातक दुर्बल व क्रोधी होता है। उच्चशिक्षा प्राप्ति में बाधा, व्यवसाय/नौकरी में कठिनाई, जीवनयापन के सुख साधनों की कमी, परिवार से मतभेद, संतान कष्ट बना रहता है।

शत्रुग्रहों की युति/दृष्टि का प्रभाव

शनि अस्त, वक्री हो या सूर्य, चन्द्र मंगल ग्रहों की युति/दृष्टि में हो, तो जातक तामसिक वृति का होता है। शराब, मांस आदि भोजन का प्रेमी होता हैं। उसे रक्तविकार, चर्मरोग व उदरविकार हो सकते हैं। धनाभाव के कारण मानसिक तनाव बना रहता है।

शुभ/अभीष्ट राहु

राहु अष्टम भाव में हो और लग्न 4, 7, 8, 11 राशि की हो, राहु अति शुभ व अभीष्टकारी होता है। जातक को धनलाभ कराता है व अन्य सुखसाधनोंमें वृद्धि करता है।

शुभ/अभीष्ट राहु का प्रभाव

राहु अष्टम भाव में हो, जातक बुद्धिमान, विद्वान, उच्चशिक्षाप्राप्त, साहसी, परिश्रमी, दृढ़निश्चयी, कर्तव्यनिष्ठ, ईमानदार, व्यवहारकुशल, दीर्घायु, भ्रमणशील, देश/विदेश यात्रा करने वाला होता है। उसे पूरे परिवार का सहयोग मिलता है।

मित्रग्रहों की युति/दृष्टि का प्रभाव

मित्रग्रहों की युति/दृष्टि से जातक को गृहस्थ जीवन का पूर्ण सुख मिलता है। वह समस्त सुख साधनों भूमि, मकान, वाहन आदि से सम्पन्न होता है। वह प्रत्येक व्यवसाय में सफलता प्राप्त कर सकता है।

अशुभ/अनिष्ट राहु

राहु अष्टम भाव में हो और लग्न 1, 2, 3, 5, 6, 9, 10, 12 राशि की हो, ऐसा राहु अशुभ/अनिष्टकारी होता है। जातक दु:खी व चिन्तित रहता है।

अशुभ/अनिष्ट राहु का प्रभाव

राहु की अशुभ स्थिति में जातक अस्वस्थ, किन्तु उग्र, चिड़चिड़ा, क्रोधी व कलहप्रिय होता है। भूमि, मकान, वाहन आदि साधनों की कमी रहती है। वाणी कटु होती है। व्यवसाय में हानि, आर्थिक तंगी, कानूनी उलझनें, मानसिक तनाव, खर्च का आधिक्य बना रहता है।

शत्रु ग्रहों की युति/दृष्टि का प्रभाव

शत्रुग्रहों की युति/दृष्टि दाम्पत्य सुख में कमी, विद्या प्राप्ति में बाधा, व्यवसाय/नौकरी में कठिनाई, मानसिक तनाव, मृत्युतुल्य कष्ट व वाहन से चोट-घाव आदि का भय बना रहता है।

शुभ/अभीष्ट केतु

केतु अष्टम भाव में हो और लग्न 1, 2, 5, 6, 12 राशि की हो, केतु शुभ व अभीष्टकारी होता है। जातक सदैव प्रसन्न व सुखी रहता है। लग्न 4, 10 राशि की हो, मिश्रित फल मिलता है।

शुभ/अभीष्ट केतु का प्रभाव

ऐसा जातक प्रसन्नचित्त, मिलनसार, पराक्रमी, परिश्रमी, बुद्धिमान, गुणवान, धर्मपरायण व दीर्घायु होता है। वह सुख साधनों से सम्पन्न होता है। वह जीवनयापन हेतु आवश्यक धन कमा लेता है। देश/विदेश भ्रमण के अवसर मिलते हैं।

मित्रग्रहों की युति/दृष्टि का प्रभाव

जातक गूढ़विद्याज्ञानी अर्थात् ज्योतिष, यंत्र, मंत्र, योग, धर्म आदि विषयों में पारंगत होता है। उसके बहुत से मित्र होते हैं। वह समाज में मान-सम्मान व प्रतिष्ठा प्राप्त करता है।

अशुभ/अनिष्ट केतु

केतु अष्टम भाव में हो और लग्न 1, 3, 7, 8, 9, 10, 11 राशि की हो, तो जातक सदैव मानसिक तनाव में रहता है। अनिष्ट की संभावना बनी रहती है।

अशुभ/अनिष्ट केतु का प्रभाव

जातक क्रोधी, कटुभाषी, उतेजित व अशान्त होता है। व्यवसाय में अस्थिरता, आर्थिक तंगी, पारिवारिक सुख में कमी साफ झलकती है। मानसिक अशान्ति बनी रहती है।

शनि, मंगल, चन्द्रादि ग्रहों की युति/दृष्टि का प्रभाव

जातक को मंगल युति से नेत्र पीड़ा, उदर विकार, रक्तचाप व औरतों को रक्तस्राव

जैसे रोग हो सकते हैं। दुर्घटना व चोट, शनि युति से भूतप्रेत बाधा आदि का भय बना रहता है। जीवन में सुख की कमी रहती है। सप्तमेश की युति होने पर विवाह में विलम्ब होता है।

नोटः अष्टम भाव में अशुभ/अनिष्ट नवग्रहों के प्रभाव निवारण की अचूक, अनुभवसिद्ध, चमत्कारी उपाय श्रृंखला अध्याय-5 में दी जा रही हैं। उन्हें भली-भाँति पढ़े और शीघ्र लाभ के लिये तीन उपाय एक साथ करें। अध्याय-7 में लाल किताब आधारित उपाय/टोटके भी दिये जा रहे हैं। उन्हें भी समझ लें।

(९) नवम भाव में अभीष्ट/अनिष्ट नवग्रह

शुभ/अभीष्ट सूर्य

सूर्य नवम भाव में बैठा हो और लग्न 1, 3, 5, 7, 9, राशि की हो, अर्थात् सूर्य पंचमेश, तृतीयेश, लग्नेश, एकादशेश, नवमेश होकर नवम भाव में बैठा हो, ऐसा सूर्य शुभ/अभीष्टकारी होता है। लग्न 4, 8 राशि की हो, मिश्रित फल होते हैं।

शुभ/अभीष्ट सूर्य का प्रभाव

ऐसा सूर्य जातक को हृष्ट-पुष्ट, साहसी, उच्चशिक्षाप्राप्त, उच्चपदासीन, प्रबन्ध क्षमतावान, परोपकारी, धर्मपरायण, धनवान, दीर्घायु व प्रतिष्ठित बनाता है। वह परिवारपोषक होता है और माता-पिता का सेवादार व आज्ञाकारी होता है। वह भाग्यशाली होता है।

मित्रग्रहों की युति/दृष्टि प्रभाव

गुरु, मंगल, बुध इस भाव में बैठकर सूर्य से युति/दृष्टि बना रहे हों, जातक डॉक्टर/वैद्य होता है। वह विदेश जा सकता है और रिसर्च/शोध कार्यों में भाग्य आजमा सकता है। काफी धन कमा सकता है। मान-सम्मान पा सकता है।

अशुभ/अनिष्ट सूर्य

सूर्य नवम भाव में स्थित हो और लग्न 6, 11, 12 राशि की हो अर्थात् सूर्य द्वादशेश, सप्तमेश, षष्ठेश होकर नवम भाव में स्थित हो, ऐसा सूर्य अशुभ/अनिष्टकारी होता है।

अशुभ/अनिष्ट सूर्य का प्रभाव

ऐसी स्थिति में जातक चंचल व अस्थिरमना होता है। जीवन संघर्षपूर्ण होता है। सभी कार्यों में असफलता ही हाथ लगती है। व्यवसाय/नौकरी में अड़चनें व अस्थिरता आ सकती है। माता-पिता, भाई-बहन आदि से सौहार्द्रपूर्ण सम्बन्ध नहीं रहते हैं। जीवनसाथी के साथ भी कटु सम्बन्ध हो सकते हैं। मानसिक तनाव व अशान्ति बनी रहती है।

शत्रु ग्रहों शनि, राहु की युति/दृष्टि का प्रभाव

सूर्य की शनि, राहु की युति/दृष्टि होने व नीचराशिस्थ होने की स्थिति में जातक

को पारिवारिक असहयोग, शारीरिक कष्ट, नेत्र रोग, दुर्घटना, चोट, भय आदि अरिष्ट होने की संभावना बनी रहती है। धनहानि और दुर्भाग्य पीछा नहीं छोड़ते हैं।

शुभ/अभीष्ट चन्द्र
चन्द्र नवम भाव में बैठा हो और लग्न 1, 3, 4, 6, 8, 10, 12 राशि की हो अर्थात् चन्द्र चतुर्थेश, तृतीयेश, लग्नेश, एकादशेश, नवमेश, सप्तमेश, पंचमेश होकर नवम भाव में बैठा हो, ऐसा चन्द्र शुभ/अभीष्टकारी होता है।

शुभ/अभीष्ट चन्द्र का प्रभाव
जातक सुन्दर, आकर्षक, हँसमुख, मिष्ठभाषी, मिलनसार, बुद्धिमान, भावुक, परोपकारी, धार्मिक विचारों वाला, भूमि, मकान, वाहन आदि साधनों से सम्पन्न, धनी व सुखी होता है।

मित्रग्रहों की युति/दृष्टि का प्रभाव
ऐसे जातक के मन, मस्तिष्क की गति तेज होती हैं। उसे शुभ लक्षणों वाली पत्नी मिलती है। वह भाग्यशाली होता है और धार्मिक स्थलों की यात्रा करता है। देश/ विदेश की यात्राएँ करता है।

अशुभ/अनिष्ट चन्द्र
नवम भाव में चन्द्र हो और लग्न 11, 12 राशि की हो अर्थात् चन्द्र षष्ठेश, पंचमेश नीचराशिस्थ होकर नवम भाव में बैठा हो, तो चन्द्र अशुभ/अनिष्टकारी होता है।

अशुभ/अनिष्ट चन्द्र का प्रभाव
ऐसा जातक बाल्यकाल में रुग्ण होने से दुर्बल, चंचल, अस्थिरबुद्धि और मन–मस्तिष्क से कमजोर मन्दबुद्धि हो सकता है। नौकरी/व्यवसाय सम्बन्धी कठिनाईयों से घिरा हो सकता है और आर्थिक संकट बना रहता है।

शनि, राहु तथा बुधादि ग्रहों की युति/दृष्टि का प्रभाव
चन्द्र की शनि राहु, बुध युति/दृष्टि व नीचराशिस्थ, अस्त होने की स्थिति में जातक के प्रत्येक कार्य में अड़चने आती हैं। माता व पत्नी को कष्ट, मानसिक तनाव, गुप्त शत्रु से ड़र व भाग्योन्नति में उलझनों के कारण दुःखी रहता है। आकस्मिक व्यय भी तंग करते रहते हैं।

शुभ/अभीष्ट मंगल
मंगल नवम भाव में हो और लग्न 1, 2, 5, 9, 11, 12 की राशि की हो अर्थात् मंगल लग्नेश/अष्टमेश, सप्तमेश/द्वादशेश, चतुर्थेश/नवमेश, पंचमेश/द्वादशेश, तृतीयेश/दशमेश, द्वितीयेश/नवमेश होकर नवम भाव में बैठा हो, ऐसा मंगल शुभ/ अभीष्टकारी होता है।

शुभ/अभीष्ट मंगल का प्रभाव

ऐसा जातक साहसी, पराक्रमी, स्वाभिमानी, बुद्धिमान, विद्वान, जमीन-जायदाद, मकान, वाहन वाला, धनवान, धर्मपरायण, शुभ कार्यों के लिये धन खर्च करने वाला, ज्योतिष विद्या में रुचि तथा विश्वास रखने वाला व समाज में प्रतिष्ठित होता है।

मित्रग्रहों की युति/दृष्टि का प्रभाव

ऐसी स्थिति में जातक व्यवहारकुशल होता है। वह साहस के बल पर आगे बढ़ता है और जीवन में उन्नति करता है। उसकी आर्थिक स्थिति दिन-प्रतिदिन अच्छी होती चली जाती है। वह भाग्यशाली होता है।

अशुभ/अनिष्ट मंगल

मंगल नवम भाव में बैठा हो और लग्न 6, 8 राशि की हो, अर्थात् मंगल तृतीयेश/अष्टमेश, लग्नेश/षष्ठेश नीचराशिस्थ होकर नवम भाव में बैठा हो, ऐसा मंगल अशुभ/अनिष्टकारी होता है।

अशुभ/अनिष्ट मंगल का प्रभाव

नवम भाव में मंगल होने से जातक चंचलमना, स्वतंत्रताप्रिय, कामुक व क्रोधी होता है। वह सभी किस्म के लोगों से सम्बन्ध रखने वाला, एशो-आराम की जिन्दगी जीने वाला संघर्षशील व्यक्ति होता है। पारिवारिक कष्ट, माता-पिता से वैमनस्य, पत्नी से झगड़े, भाई-बन्धुओं से असहयोग बना रहता है।

शनि, राहु, केतु पापग्रहों की युति/दृष्टि का प्रभाव

मंगल की शनि, राहु, केतु युति/दृष्टि से स्वास्थ्य हानि, व्यवसाय का संकट, आर्थिक उलझनें, मानसिक तनाव, रक्तविकार, दुर्घटना, चोट आदि भय बने रहते हैं। इससे व्ययभार में वृद्धि होती है।

शुभ/अभीष्ट बुध

बुध नवम भाव में बैठा हो और लग्न 2, 3, 5, 6 राशि की हो अर्थात् बुध द्वितीयेश/पंचमेश, लग्नेश/चतुर्थेश, द्वितीयेश/एकादशेश, लग्नेश/दशमेश होकर नवम भाव में बैठा हो, ऐसा बुध शुभ/अभीष्टकारी होता है।

शुभ/अभीष्ट बुध का प्रभाव

ऐसा जातक बुद्धिमान, विद्वान, न्यायप्रिय, धर्मपरायण, सुख साधनों से सम्पन्न, विदेश में सफल होता है। उसका अपनी वाणी पर पूर्ण नियंत्रण होता है।

मित्रग्रहों की युति/दृष्टि का प्रभाव

बुध की मित्रग्रहों की युति/दृष्टि होने पर जातक को मनपसन्द पत्नी मिलती है। विवाहोपरान्त 32वें वर्ष में जातक की विशेष भाग्योन्नति होती है। गुरु युति आध्यात्मिक विषयों का ज्ञानी बनाती है। शुक्र युति संगीत, गायन, वादन में रुचि दर्शाती है।

अशुभ/अनिष्ट बुध
बुध नवम भाव में बैठा हो और लग्न 1, 4, 8 राशि की हो अर्थात् बुध तृतीयेश/षष्ठेश, तृतीयेश/द्वादशेश, अष्टमेश/एकादशेश होकर नवम भाव में बैठा हो, ऐसा बुध अशुभ/अनिष्टकारी होता है।

अशुभ/अनिष्ट बुध का प्रभाव
अस्त व नीचराशिस्थ बुध जातक को अस्थिरमना, अशान्त, अल्पबुद्धि, अल्पशिक्षित, अविश्वासी, अधर्मी, अस्वस्थ करता है। अच्छी नौकरी न मिलने या व्यवसाय में असफल होने के कारण जीवन निर्वाह मुश्किल से होता है। आर्थिक संकट सदैव बना रहता है।

गुरु, चन्द्र, मंगल, केतु युति/दृष्टि का प्रभाव
बुध पर उपरोक्त ग्रहों की युति/दृष्टि से मानसिक तनाव, दुःखी जीवन, उदर विकार, चर्म रोग, दुर्बलता की संभावना बनी रहती है।

शुभ/अभीष्ट गुरु
गुरु नवम भाव में स्थित हो और लग्न 1, 4, 5, 8, 9, 12 राशि की हो अर्थात् गुरु नवमेश/द्वादशेश, षष्टेश/नवमेश, पंचमेश/अष्टमेश, द्वितीयेश/पंचमेश, लग्नेश/चतुर्थेश, चतुर्थेश/पंचमेश होकर नवम भाव में उच्चराशि में बैठा हो, शुभ/अभीष्टकारी होता है।

शुभ/अभीष्ट गुरु का प्रभाव
ऐसा गुरु जातक को बुद्धिमान, विद्वान, सदाचारी, स्वाभिमानी, न्यायप्रिय, जमीन-जायदाद वाला, समाज में प्रतिष्ठित/सम्मानित, धनवान, परोपकारी, धर्मपरायण, व भाग्यशाली बनाता है। वह तीर्थ यात्राएँ बहुत करता है। वह एक अच्छा ज्योतिषविद् हो सकता है।

मंगल, सूर्यादि मित्रग्रहों की युति/दृष्टि प्रभाव
गुरु पर मंगल, सूर्यादि मित्रग्रहों की युति/दृष्टि के प्रभाव होने पर उसे सुशील, सुयोग्य व सुशिक्षित पत्नी मिलती है। पारिवारिक जीवन सुखमय होता है। राजनीतिक क्षेत्रों में दबदबा होता है। विभिन्न स्रोतों से धनार्जन होता हैं। वह विदेश में जाकर अधिक सफल होता है।

अशुभ/अनिष्ट गुरु
गुरु नवम भाव में बैठा हो और लग्न 2, 3, 6, 7, 10, 11 राशि की हो अर्थात् गुरु अष्टमेश/एकादशेश, सप्तमेश/दशमेश, चतुर्थेश/सप्तमेश, तृतीयेश/षष्ठेश, तृतीयेश/द्वादशेश, द्वितीयेश/एकादशेश होकर नवम भाव में बैठा हो, अशुभ व अनिष्टकारी होता है।

अशुभ/अनिष्ट गुरु के प्रभाव

अशुभ/अनिष्टकारी गुरु और विशेषतः एकाकी होने के कारण जातक को प्रभावहीन करता है। जातक की विद्या में व्यवधान और व्ययसाय में हानि होती है। जीवनयापन की चिन्ता बनी रहता है। परिवार का गुजारा मुश्किल से होता है।

शुक्र, शनि, राहु, केतु युति/दृष्टि का प्रभाव

गुरु अस्त, नीचराशिस्थ, वक्री, अतिचारी होने तथा शुक्र, शनि, राहु, केतु की युति/दृष्टि होने की स्थिति में जातक असंयमी हो जाता है। परिवार में भाईयों से वैमनस्य, दाम्पत्य सुख में कमी व संतान का दुःख बना रहता है। शारीरिक दुर्बलता, उच्चरक्तचाप, उदर रोग, नेत्र रोगादि हो सकते हैं।

शुभ/अभीष्ट शुक्र

शुक्र नवम भाव में हो और लग्न 2, 3, 4, 5, 6, 7, 11 राशि की हो अर्थात् शुक्र लग्नेश/षष्ठेश, पंचमेश/द्वादशेश, चतुर्थेश/एकादशेश, तृतीयेश/दशमेश, द्वितीयेश/नवमेश, लग्नेश/अष्टमेश, चतुर्थेश/नवमेश होकर नवम भाव में बैठा हो, ऐसा शुक्र शुभ एवं अभीष्टकारी होता है।

शुभ/अभीष्ट शुक्र का प्रभाव

जातक सुन्दर, आकर्षक, बुद्धिमान, विद्वान, महत्त्वाकांक्षी, व्यवहारकुशल, वाहन, वस्त्र, कम्पयूटर्स आदि व्यवसायरत, जमीन-जायदाद, मकान, वाहन आदि की सुविधाओं से युक्त, धनी, परोपकारी,भाग्यशाली व देश/विदेश भ्रमण करने वाला होता है।

मित्रग्रहों की युति/दृष्टि का प्रभाव

शुक्र का नवम भाव में होना, उस पर मित्रग्रहों की युति/दृष्टि से जातक विदेश रहकर अधिक सफल हो सकता है। एक से अधिक संसाधन हो सकते हैं। इससे जातक को बहुत लाभ हो सकता है। वह परिवार का सुख भोगता है। विवाहोपरान्त उसकी भाग्योन्नति होती है।

अशुभ/अनिष्ट शुक्र

शुक्र नवम भाव में हो और लग्न 1, 8, 9, 10, 12 राशि की हो अर्थात् शुक्र द्वितीयेश/सप्तमेश, सप्तमेश/द्वादशेश, षष्ठेश/एकादशेश, पंचमेश/दशमेश, तृतीयेश/अष्टमेश नीचराशिस्थ होकर नवम भाव में बैठा हो, अशुभ/अनिष्टकारी होता है।

अशुभ/अनिष्ट शुक्र का प्रभाव

अशुभ/अनिष्टकारी शुक्र जातक को शरीर से दुर्बल करता है। वह अस्थिर विचारों का होता है। वह व्यसनी, कामुक व विलासी हो सकता है। जीवनयापन के सुख-साधनों की कमी होती है। शिक्षाप्राप्ति व व्यवसाय संचालन में अड़चनें आती हैं। धन की कमी अखरती रहती है।

सूर्य, चन्द्र, मंगल, गुरु की युति/दृष्टि का प्रभाव

उपरोक्त ग्रहों से युत/दृष्ट तथा अस्त, नीचराशिस्थ, वक्री शुक्र जातक को तामसिक व मादक वस्तुओं के सेवन करने की ओर ढ़केलता है। फलत: वह गमगीन रहता है। दाम्पत्य जीवन में कटुता, भाईयों–रिश्तेदारों–मित्रों से वैमनस्य, उदर रोग, नेत्र पीड़ा में वृद्धि होती है।

शुभ/अभीष्ट शनि

शनि नवम भाव में हो और लग्न 1, 2, 3, 7, 10, 11 राशि की हो अर्थात् शनि दशमेश/एकादशेश, नवमेश/दशमेश, अष्टमेश/नवमेश, चतुर्थेश/पंचमेश, लग्नेश/ द्वितीयेश, लग्नेश/द्वादशेश उच्चराशिस्थ होकर नवम भाव में विराजमान हो, ऐसा शनि शुभ/अभीष्टकारी होता है।

शुभ/अभीष्ट शनि का प्रभाव

जातक बुद्धिमान, विद्वान, परिश्रमी, कर्मठ, प्रभावशाली, शत्रुजीत, जीवनयापन के सुख साधनों यथा भूमि, भवन, वाहनादि से सुसम्पन्न, भाग्यशाली व धनवान होता है। वह परोपकारी और धर्मात्मा होता है। वह प्रवासी होता है। विदेश में उन्नति होती है।

मित्रग्रहों की युति/दृष्टि का प्रभाव

ऐसा जातक उच्चशिक्षा ग्रहण करता है। वह शिक्षक, वकील व व्यापारी हो सकता है। शुक्र युति होने पर व्यापार में अधिक सफल होता है। अधिक धन कमा लेता है।

अशुभ/अनिष्ट शनि

शनि नवम भाव में हो और लग्न 4, 5, 8, 9, 12 राशि की हो अर्थात् शनि सप्तमेश/अष्टमेश, अष्टमेश/नवमेश, तृतीयेश/चतुर्थेश, द्वितीयेश/तृतीयेश, एकादशेश/ द्वादशेश होकर नवम भाव में बैठा हो, अशुभ व अनिष्टकारी होता है।

अशुभ/अनिष्ट शनि का प्रभाव

जातक दुर्बल व क्रोधी होता है। उच्चशिक्षा प्राप्ति में बाधा, व्यवसाय/नौकरी में कठिनाई, जीवनयापन के सुख साधनों की कमी, परिवार से मतभेद, संतान कष्ट बना रहता है।

शत्रुग्रहों की युति/दृष्टि का प्रभाव

शनि अस्त, वक्री हो या सूर्य, चन्द्र मंगल ग्रहों की युति/दृष्टि में हो, तो जातक तामसिक वृति का होता है। उसे रक्तविकार, चर्मरोग व उदरविकार हो सकते हैं। धनाभाव के कारण मानसिक तनाव व अशान्ति बनी रहती है।

शुभ/अभीष्ट राहु

राहु नवम भाव में हो और लग्न 2, 3, 6, 10, 11 राशि की हो, राहु अति शुभ व अभीष्टकारी होता है। जातक को धनलाभ कराता है तथा अन्य सुख–साधनों में वृद्धि करता है। लग्न सिंह राशि की होने पर मिश्रित प्रभाव होते हैं।

शुभ/अभीष्ट राहु का प्रभाव

राहु नवम भाव में हो जातक पराक्रमी, परिश्रमी, बुद्धिमान, उच्चशिक्षाप्राप्त, गुणवान, कर्तव्यनिष्ठ, ईमानदार, गूढ़विद्यानिपुण, देश/विदेश यात्र करने वाला होता है। परिवार का पूर्ण सहयोग मिलता है।

मित्रग्रहों की युति/दृष्टि का प्रभाव

राहु की मित्रग्रहों की युति/दृष्टि से जातक गृहस्थ जीवन का पूर्ण सुख भोगता है। वह समस्त सुख साधनों भूमि, भवन, वाहनादि जुटा लेता है। वह विदेश में रहना पसन्द करता है।

अशुभ/अनिष्ट राहु

राहु नवम भाव में हो और लग्न 1, 4, 8, 9, 12 राशि की हो, ऐसा राहु अशुभ व अनिष्टकारी माना गया है। जातक सदैव ही दुःखी व चिन्तित रहता है। जीवन में उतार-चढ़ाव आते रहते हैं।

अशुभ/अनिष्ट राहु का प्रभाव

राहु की अशुभ स्थिति में जातक का प्रारम्भिक जीवन संघर्षमय रहता है। वह अस्वस्थ, उग्र व चिड़चिड़ा हो सकता है। भूमि, भवन, वाहनादि साधनों की कमी रहती है। वाणी कटु होती है। माता-पिता से कलह, भाईयों से लड़ाई-झगड़े, संतान कष्ट व आर्थिक तंगी से दुःखी रहता है।

शत्रु ग्रहों की युति/दृष्टि का प्रभाव

शत्रुग्रहों की युति/दृष्टि दाम्पत्य से सुख में कमी, विद्या प्राप्ति में बाधा, व्यवसाय/नौकरी में कठिनाई, मानसिक तनाव और मृत्युतुल्य कष्ट आदि का भय बना रहता है।

शुभ/अभीष्ट केतु

केतु नवम भाव में हो और लग्न 1, 4, 5, 11 राशि की हो, केतु शुभ व अभीष्टकारी होता है। जातक सदैव प्रसन्न व सुखी रहता है।

शुभ/अभीष्ट केतु का प्रभाव

ऐसा जातक प्रसन्नचित, मिलनसार, पराक्रमी, परिश्रमी, बुद्धिमान, गुणवान, उच्चाभिलाषी, उदारहृदयी, धर्मपरायण व दीर्घायु होता है। वह सुख साधनों से सम्पन्न होता है। वह जीवनयापन हेतु आवश्यक धन कमा लेता है। विदेश में अधिक उन्नति होती है।

मित्रग्रहों की युति/दृष्टि का प्रभाव

जातक गूढ़विद्याज्ञानी अर्थात् ज्योतिष, यंत्र, मंत्र, योग, धर्म आदि विषयों में पारंगत होता है। उसके बहुत सारे मित्र होते हैं। वह समाज में मान-सम्मान व प्रतिष्ठा प्राप्त करता है।

अशुभ/अनिष्ट केतु

केतु नवम भाव में हो और लग्न 2, 3, 7, 8, 9, 10 राशि की हो। जातक मानसिक तनाव में रहता है। अनिष्ट की संभावना बनी रहती है।

अशुभ/अनिष्ट केतु का प्रभाव

जातक उग्र, उत्तेजित व अशान्त होता है। व्यवसाय में अस्थिरता/अनिश्चतता, आर्थिक अभाव, भाईयों से विरोध साफ झलकता है। जातक नीच लोगों की संगति के कारण गम्भीर संकटों में फंस सकता है।

शनि, मंगल, गुरु, चन्द्रादि ग्रहों की युति/दृष्टि का प्रभाव

गुरु युति से जातक का पिता से विरोध, मंगल व चन्द्र युति से पत्नी से झगड़े, रक्तचाप, उदर विकार, नेत्र पीड़ादि रोग हो सकते हैं। दुर्घटना व चोटादि का भय बना रहता है।

नोट: नवम भाव में अशुभ/अनिष्ट नवग्रहों के प्रभाव निवारण की अचूक, अनुभवसिद्ध व चमत्कारी उपाय श्रृंखला अध्याय-5 में दी जा रही हैं। उन्हें भली-भाँति पढ़े और शीघ्र लाभ के लिये तीन उपाय एक साथ करें। अध्याय-7 में लाल किताब आधारित उपाय/टोटके भी दिये जा रहे हैं। उन्हें भी समझ लें।

(10) दशम भाव में अभीष्ट/अनिष्ट नवग्रह
शुभ/अभीष्ट सूर्य

सूर्य दशम भाव में बैठा हो और लग्न 5, 6, 8, 12 राशि की हो, अर्थात् सूर्य लग्नेश, द्वादशेश, दशमेश, षष्ठेश होकर दशम भाव में बैठा हो, ऐसा सूर्य शुभ/अभीष्टकारी होता है।

शुभ/अभीष्ट सूर्य का प्रभाव

ऐसा सूर्य जातक को हृष्ट-पुष्ट, साहसी, उच्चशिक्षाप्राप्त, उच्चपदासीन/कुशल व्यवसायी, परोपकारी, प्रतिष्ठित, उच्चस्तरीय जीवनशैली वाला व धनवान बनाता है। उसकी राजकीय व राजनीतिक क्षेत्रों में पहुँच होती है। उसके पिता भी प्रतिष्ठित व साधन सम्पन्न होते हैं। वह भी साधन सम्पन्न व भाग्यशाली होता है।

मित्रग्रहों की युति/दृष्टि प्रभाव

गुरु, मंगल, बुध इस भाव में बैठकर सूर्य से युति/दृष्टि बना रहे हों, जातक विदेश जा सकता है और विभिन्न कार्यों में भाग्य आजमा सकता है। काफी धन कमा सकता है। मान-सम्मान यश प्राप्त कर सकता है।

अशुभ/अनिष्ट सूर्य

सूर्य दशम भाव में स्थित हो और लग्न 11 राशि की हो अर्थात् सूर्य सप्तमेश होकर दशम भाव में स्थित हो, ऐसा सूर्य अशुभ/अनिष्टकारी होता है।

अशुभ/अनिष्ट सूर्य का प्रभाव

ऐसी स्थिति में जातक चंचलबुद्धि होता है। जीवन संघर्षपूर्ण होता है। जातक के पिता को शरीर कष्ट हो सकता है। उसका पिता के विचारों से मतभेद हो सकता है। वह नौकरी/व्यवसाय में असफल हो सकता है। नौकरी में हो, तो प्रोन्नति में अड़चनें आ सकती है। सगे सम्बन्धी उससे परायों जैसा व्यवहार करने लगते हैं। मानसिक तनाव व अशान्ति बनी रहती है।

शत्रु ग्रहों शनि, राहु की युति/दृष्टि का प्रभाव

सूर्य पर शनि, राहु की युति/दृष्टि होने व सूर्य के नीचराशिस्थ होने की स्थिति में जातक को शारीरिक कष्ट, धन की हानि, राजकीय व राजनीतिक क्षेत्रें में असफलता मिलती हैं। जीवनयापन के सुख साधनों की कमी होती है। वह निराश व हताश हो सकता है।

शुभ/अभीष्ट चन्द्र

चन्द्र दशम भाव में बैठा हो और लग्न 4, 5, 7, 8,10, 12 राशि की हो अर्थात् चन्द्र लग्नेश, द्वादशेश, दशमेश, नवमेश, सप्तमेश, पंचमेश होकर दशम भाव में बैठा हो, ऐसा चन्द्र शुभ/अभीष्टकारी होता है। लग्न 1, 2, 3 राशि की होने पर मिश्रित प्रभाव होते हैं।

शुभ/अभीष्ट चन्द्र का प्रभाव

जातक आकर्षक, मिष्ठभाषी, मिलनसार, बुद्धिमान, भावनाप्रधान, महत्त्वाकांक्षी, धार्मिक विचारों वाला, भूमि, भवन, वाहनादि साधनों से सम्पन्न, धनवान, परोपकारी व सुखी होता है। वह भाग्यशाली होता है।

मित्रग्रहों की युति/दृष्टि का प्रभाव

ऐसा जातक चतुरबुद्धि होता है और उसके मन व मस्तिष्क की गति तेज होती हैं। उसे शुभ लक्षणों वाली पत्नी मिलती है। उसे कार्य व्यवसाय में माता व पत्नी का पूर्ण सहयोग मिलता है। वह विदेश यात्रा कर सकता है। आयु का 36वां वर्ष विशेष लाभकारी होता है।

अशुभ/अनिष्ट चन्द्र

दशम भाव में चन्द्र हो और लग्न 11 राशि की हो अर्थात् चन्द्र षष्ठेश होकर नवम भाव में बैठा हो, तो चन्द्र अशुभ/अनिष्टकारी होता है।

अशुभ/अनिष्ट चन्द्र का प्रभाव

ऐसा जातक चंचलबुद्धि, अस्थिरमना व अस्वस्थ हो सकता है। पैतृक धन नहीं मिलता है। नौकरी/व्यवसाय सम्बन्धी कठिनाईयों से घिरा हो सकता है। आर्थिक संकट बना रहता है। राजनीतिक क्षेत्रों में भी असफल होता है।

शनि, राहु तथा बुधादि ग्रहों की युति/दृष्टि का प्रभाव

चन्द्र की शनि राहु, बुध युति/दृष्टि व नीचराशिस्थ या अस्त होने की स्थिति में जातक के प्रत्येक कार्य में अड़चनें आती हैं। वह असंतुष्ट रहता है। माता व पत्नी को कष्ट होने से मानसिक तनाव के कारण दु:खी रहता है। अपव्यय से भी तंग रहता है।

शुभ/अभीष्ट मंगल

मंगल दशम भाव में हो और लग्न 1, 8, 9, 12 राशि की हो अर्थात् मंगल लग्नेश/अष्टमेश, लग्नेश/षष्ठेश, पंचमेश/द्वादशेश, द्वितीयेश/नवमेश होकर दशम भाव में बैठा हो, ऐसा मंगल शुभ/अभीष्टकारी होता है। लग्न 2, 4, 6, 10, 11 राशि की हो, मिश्रित प्रभाव होते हैं।

शुभ/अभीष्ट मंगल का प्रभाव

ऐसा जातक स्वस्थ, संतुलित शरीर, साहसी, पराक्रमी, स्वाभिमानी, बुद्धिमान, विद्वान, सेना/पुलिस/प्रशासनिक सेवा में उच्चपदासीन, जमीन-जायदाद, मकान, वाहन युक्त, धनी, भाग्यशाली व समाज में प्रतिष्ठित होता है।

मित्रग्रहों की युति/दृष्टि का प्रभाव

ऐसी स्थिति में जातक व्यवहारकुशल और प्रभावशाली व्यक्तित्व वाला होता है। वह साहस के बल पर आगे बढ़ता है और जीवन में उन्नति करता है। उसकी आर्थिक स्थिति अच्छी होती है। सूर्य, बुध युति उसे गूढ़विज्ञानी, ज्योतिषज्ञानी व धर्मात्मा बनाती है।

अशुभ/अनिष्ट मंगल

मंगल दशम भाव में बैठा हो और लग्न 3, 7 राशि की हो, अर्थात् मंगल षष्ठेश/एकादशेश, द्वितीयेश/सप्तमेश होकर दशम भाव में बैठा हो, ऐसा मंगल अशुभ/अनिष्टकारी होता है।

अशुभ/अनिष्ट मंगल का प्रभाव

दशम भाव में मंगल होने से जातक चंचलबुद्धि, स्वतंत्रताप्रिय, चिन्तित व क्रोधी होता है। उसका मन सदैव अशान्त एवं असंतुष्ट रहता है। अल्प लाभ में संतोष करना होता है। पैतृक सम्पति के मुकदमे, परिवार में कलह, संतान सुख में कमी, मातृसुख का अभाव, पिता से वैमनस्य आदि बना रहता है।

शनि, राहु, केतु पापग्रहों की युति/दृष्टि का प्रभाव

शनि, राहु, केतु युति/दृष्टि से स्वास्थ्य हानि, व्यवसाय का संकट, आर्थिक उलझनें, मानसिक असंतोष, दुर्घटना, चोट आदि भय बने रहते हैं। इससे धनहानि की आशंका बनी रहती है।

शुभ/अभीष्ट बुध

बुध दशम भाव में स्थित हो और लग्न 2, 5, 6, 9, 10 राशि की हो अर्थात् बुध द्वितीयेश/पंचमेश, द्वितीयेश/एकादशेश, लग्नेश/दशमेश, सप्तमेश/दशमेश, षष्ठेश/नवमेश होकर दशम भाव में बैठा हो, ऐसा बुध शुभ/अभीष्टकारी होता है। लग्न 1, 7, 8, 11, 12 राशि की हो, मिश्रित फल होते हैं।

शुभ/अभीष्ट बुध का प्रभाव

ऐसा जातक बुद्धिमान, विद्वान, उच्चभिलाषी, गुणवान, मित्रवान, न्यायप्रिय, मकान, वाहनादि सुख साधनों से सम्पन्न, यशस्वी होता है। उसका अपनी वाणी पर पूर्ण संयम होता है। वह समाज में प्रतिष्ठित होता है।

मित्रग्रहों की युति/दृष्टि का प्रभाव

मित्रग्रहों की युति/दृष्टि होने पर जातक को मनपसन्द, सदैव सहयोगी पत्नी मिलती है। विवाहोपरान्त विशेष भाग्योन्नति होती है। सूर्य, शुक्र, शनि युति होने पर उच्चस्तरीय जीवन होता है। पैतृक व्यवसाय अधिक लाभकारी होता है।

अशुभ/अनिष्ट बुध

बुध दशम भाव में बैठा हो और लग्न 3, 4, राशि की हो अर्थात् बुध लग्नेश/चतुर्थेश, तृतीयेश/द्वादशेश होकर दशम भाव में बैठा हो, ऐसा बुध अशुभ/अनिष्टकारी होता है।

अशुभ/अनिष्ट बुध का प्रभाव

अस्त व नीचराशिस्थ बुध अस्थिरमना, अशान्त, अल्पबुद्धि, अविश्वासी, अधर्मी, अस्वस्थ करता है। अच्छी नौकरी न मिलने या व्यवसाय में असफल होने के कारण जीवन निर्वाह में कठिनाइयाँ आती है। आर्थिक दृष्टि से कमजोर होता है।

गुरु, चन्द्र, मंगल, केतु युति/दृष्टि का प्रभाव

बुध पर उपरोक्त ग्रहों की युति/दृष्टि से जातक की विद्याप्राप्ति में बाधा, नौकरी/व्यवसाय में अड़चनें, घरेलू सुख में कमी रहती है। समीपस्थ रिश्तेदारों/मित्रों से मनमुटाव, चिन्ता का वातावरण, मानसिक तनाव बना रहता है। उदर विकार व चर्म रोग हो सकते हैं।

शुभ/अभीष्ट गुरु

गुरु दशम भाव में स्थित हो और लग्न 3, 4, 7, 8, 11, 12 राशि की हो अर्थात् गुरु सप्तमेश/दशमेश, षष्ठेश/नवमेश, तृतीयेश/षष्ठेश, द्वितीयेश/पंचमेश, द्वितीयेश/एकादशेश, लग्नेश/दशमेश होकर दशम भाव में उच्चराशि में बैठा हो, शुभ/अभीष्टकारी होता है।

शुभ/अभीष्ट गुरु का प्रभाव

ऐसा गुरु जातक को बुद्धिमान, उच्चविद्याप्राप्त विद्वान, सदाचारी, स्वाभिमानी, उच्चपदासीन/

उच्चव्यवसायी, न्यायप्रिय, जमीन-जायदाद वाला, परोपकारी, समाज में प्रतिष्ठित/सम्मानित व धनवान बनाता है। उसके सिर पर माता-पिता का हाथ होता है।

मंगल, सूर्यादि मित्रग्रहों की युति/दृष्टि प्रभाव

गुरु पर मंगल, सूर्यादि मित्रग्रहों की युति/दृष्टि के प्रभाव होने पर उसे सुशील, सुयोग्य, सुशिक्षित व सहयोगी पत्नी मिलती है। घरेलू पारिवारिक जीवन सुखमय होता है। राजनीतिक क्षेत्रों में दबदबा होता है। वह शिक्षक, ईनजीनियर, चिकित्सक हो सकता हैं।

अशुभ/अनिष्ट गुरु

गुरु दशम भाव में बैठा हो और लग्न 1, 2, 6, 9, 10 राशि की हो अर्थात् गुरु नवमेश/द्वादशेश, अष्टमेश/एकादशेश, चतुर्थेश/सप्तमेश, लग्नेश/चतुर्थेश, तृतीयेश/द्वादशेश होकर दशम भाव में बैठा हो, अशुभ व अनिष्टकारी होता है।

अशुभ/अनिष्ट गुरु के प्रभाव

अशुभ/अनिष्टकारी गुरु और विशेषतः एकाकी होने पर फल देने में असमर्थ होता है। जातक के स्वास्थ्य में गिरावट, विद्या प्राप्ति में व्यवधान और व्यवसाय में अड़चनें व राजनीतिक क्षेत्र में असफलता होती है। जीवनयापन मुश्किल से होता है।

शुक्र, शनि, राहु, केतु युति/दृष्टि का प्रभाव

गुरु अस्त, नीचराशिस्थ, वक्री, अतिचारी होने तथा शुक्र, शनि, राहु, केतु की युति/दृष्टि होने की स्थिति में माता-पिता के प्यार की कमी, विवाहित जीवन में अशान्ति लाता है। आय कम व खर्च अधिक होता है। शारीरिक दुर्बलता, उच्च रक्तचाप, उदर रोग, नेत्र रोग हो सकते हैं।

शुभ/अभीष्ट शुक्र

शुक्र दशम भाव में हो और लग्न 1, 2, 3, 5, 6, 10 राशि की हो अर्थात् शुक्र द्वितीयेश/सप्तमेश, लग्नेश/षष्ठेश, पंचमेश/द्वादशेश, तृतीयेश/दशमेश, द्वितीयेश/नवमेश, पंचमेश/दशमेश होकर दशम भाव में बैठा हो, शुभ एवं अभीष्टकारी होता है। लग्न 4, 7, 11 राशि की होने पर मिश्रित फल होते हैं।

शुभ/अभीष्ट शुक्र का प्रभाव

जातक सुन्दर, आकर्षक, बुद्धिमान, उच्च व्यवसायिकविद्या प्राप्त, महत्त्वाकांक्षी, सिद्धान्तवादी, व्यवहारकुशल, ईमानदार, उदारहृदयी, पुरुषार्थी, धनी एवं परोपकारी होता है।

मित्रग्रहों की युति/दृष्टि का प्रभाव

शुक्र का दशम भाव में होना, उस पर मित्रग्रहों की युति/दृष्टि से जातक की आय के एक से अधिक संसाधन हो सकते हैं। वह लोक कल्याण के काम भी कर सकता है।

वह जमीन, मकान, वाहनादि सुविधाओं से युक्त होता है। व्यवसायिक गतिविधियों में वाणिज्य, वकालत, स्टेशनरी, कम्प्यूटर्स, फिल्में, संगीत आदि में योगदान कर सकता है। विवाहोपरान्त उसकी भाग्योन्नति होती है।

अशुभ/अनिष्ट शुक्र

शुक्र दशम भाव में हो और लग्न 8, 9, 12 राशि की हो अर्थात् शुक्र सप्तमेश/द्वादशेश, षष्ठेश/एकादशेश, तृतीयेश/अष्टमेश होकर दशम भाव में बैठा हो, अशुभ/अनिष्टकारी होता है।

अशुभ/अनिष्ट शुक्र का प्रभाव

अशुभ/अनिष्टकारी शुक्र जातक के विचारों में अस्थिरता लाता है। इससे उच्चशिक्षा प्राप्ति में विघ्न, व्यवसाय संचालन में उलझनें एवं जीवनयापन के सुख साधनों में कमी आती है। निरन्तर बढ़ता हुआ खर्च और धन की कमी अखरती रहती है।

सूर्य, चन्द्र, मंगल, गुरु की युति/दृष्टि का प्रभाव

अस्त, नीचराशिस्थ, वक्री शुक्र जातक को तामसिक बनाता है। फलतः वह गमगीन रहता है। संयुक्त परिवार की जिम्मेदारी नहीं निभा पाता है। माता-पिता की परेशानी, जीवनसाथी के सुख का अभाव, रिश्तेदारों, मित्रें से दूरी, उदर रोग, नेत्र पीड़ा में वृद्धि होती रहती है।

शुभ/अभीष्ट शनि

शनि दशम भाव में हो और लग्न 1, 2, 3 राशि की हो अर्थात् शनि दशमेश/एकादशेश, नवमेश/दशमेश, अष्टमेश/नवमेश होकर दशम भाव में विराजमान हो, ऐसा शनि शुभ/अभीष्टकारी होता है। लग्न 4, 5, 6, 7, 8, 9, 10, 12 राशि की हो, मिश्रित फल होते हैं।

शुभ/अभीष्ट शनि का प्रभाव

जातक बुद्धिमान, विद्यावान, परिश्रमी, दृढ़निश्चयी, महत्त्वाकांक्षी, प्रभावशाली, जीवनयापन के साधनों भूमि, भवन, वाहनादि से सम्पन्न, धनवान व भाग्यशाली होता है। वह नौकरी कर सकता है। भूगर्भ से निकले तरल पदार्थों यथा तेल, डीजल, पैट्रोल का व्यवसायी हो सकता है। वह कृषि व्यवसाय भी अपना सकता है और अधिक धन कमा सकता है।

मित्रग्रहों की युति/दृष्टि का प्रभाव

ऐसा जातक उच्चशिक्षा ग्रहण करता है। वह शिक्षक, कृषक, तेल व्यापारी, राजनीतिज्ञ व ज्योतिषविद् हो सकता है। विभिन्न स्रोतों से धन कमा सकता है।

अशुभ/अनिष्ट शनि

शनि दशम भाव में हो और लग्न स्वयं की 11 राशि की हो अर्थात् शनि लग्नेश/

द्वादशेश होकर दशम भाव में बैठा हो, अशुभ/अनिष्टकारी होता है।

अशुभ/अनिष्ट शनि का प्रभाव

जातक दुर्बल, शीघ्र उत्तेजित होने वाला व क्रोधी होता है। उसकी महत्वाकांक्षा पूरी नहीं हो पाती हैं। उच्चशिक्षा प्राप्ति में बाधा, नौकरी/व्यवसाय में कठिनाई, जीवनयापन के सुख साधनों की कमी, पैतृक सम्पदा की कमी, दाम्पत्य सुख का अभाव बना रहता है।

शत्रुग्रहों की युति/दृष्टि का प्रभाव

शनि अस्त, वक्री हो या सूर्य, चन्द्र मंगल ग्रहों की युति/दृष्टि में हो, तो जातक तामसिक, कामुक व विलासी वृति का होता है। उसे रक्तविकार, उदरविकार आदि हो सकते हैं। शनि नीचराशि या शत्रुराशि में होने पर माता-पिता को कष्ट होता है विवाहित जीवन का आनन्द नहीं रहता है। धन का अपव्यय होता है। धनाभाव के कारण मानसिक तनाव, असंतोष व अशान्ति बनी रहती है।

शुभ/अभीष्ट राहु

राहु दशम भाव में हो और लग्न 1, 2, 6, 10 राशि की हो, राहु अति शुभ व अभीष्टकारी होता है। जातक को धनलाभ कराता है तथा अन्य सुख साधनों में वृद्धि करता है।

शुभ/अभीष्ट राहु का प्रभाव

राहु दशम भाव में हो जातक परिश्रमी, धैर्यवान, बुद्धिमान, उच्च शिक्षा प्राप्त विद्वान, महत्त्वाकांक्षी, साहित्यकार, लेखक, कवि, ईमानदार और दीर्घायु करता है। वह सफल राजनीतिज्ञ होता है। वह अध्यात्मवादी होता है।

मित्रग्रहों की युति/दृष्टि का प्रभाव

राहु की मित्रग्रहों की युति/दृष्टि से जातक जीवनयापन हेतु समस्त सुख साधन यथा भूमि, मकान, वाहन आदि जुटा लेता है। व्यवसाय में अपने अथक साहस व कर्मठता के बल पर उन्नति करता है और धन संचय कर लेता है।

अशुभ/अनिष्ट राहु

राहु दशम भाव में हो और लग्न 3, 9, 12 राशि की हो, ऐसा राहु अशुभ व अनिष्टकारी माना गया है। जातक सदैव ही दुःखी व चिन्तित रहता है। जीवन में उतार-चढ़ाव आते रहते हैं।

अशुभ/अनिष्ट राहु का प्रभाव

राहु की अशुभ स्थिति में जातक अस्वस्थ व चिड़चिड़ा हो जाता है। वाणी में कड़वाहट आ जाती है। व्यवसाय में अस्थिरता, आर्थिक तंगी, पैतृक सुखका अभाव बना रहता है। जीवन संघर्षशील रहता है।

शत्रु ग्रहों की युति/दृष्टि का प्रभाव

शत्रुग्रहों यथा सूर्य की युति/दृष्टि से दाम्पत्य सुख में कमी, विद्या प्राप्ति में बाधा, मानसिक तनाव और सांसारिक कष्ट आदि का भय बना रहता है।

शुभ/अभीष्ट केतु

केतु दशम भाव में हो और लग्न 4, 10, 11, 12 राशि की हो, केतु शुभ/अभीष्टकारी होता है। जातक सदैव प्रसन्न व सुखी रहता है।

शुभ/अभीष्ट केतु का प्रभाव

ऐसा जातक प्रसन्नचित, परिश्रमी, बुद्धिमान, गुणवान, मिलनसार, स्वाभिमानी, उच्चाभिलाषी, संगीतकलानिपुण, धर्मपरायण व दीर्घायु होता है। उसका प्रतिष्ठित लोगों से सम्बन्ध होता है। उसे माता-पिता का पूर्ण सुख मिलता है। राजनीतिक एवं वैदेशिक क्षेत्रों में उन्नति करता है और सफल होता है।

मित्रग्रहों की युति/दृष्टि का प्रभाव

जातक गूढ़विद्याज्ञानी अर्थात् ज्योतिष, यंत्र, मंत्र, योग, धर्म आदि विषयों में पारंगत होता है। उसके बहुत मित्र होते हैं। वह समाज में मान-सम्मान व प्रतिष्ठा प्राप्त करता है। जीवनयापन की समस्त सुख सुविधायें जुटा लेता है।

अशुभ/अनिष्ट केतु

केतु दशम भाव में हो और लग्न 1, 2, 6, 8, 9 राशि की हो। जातक सदैव मानसिक तनाव में रहता है। अनिष्ट की आशंका बनी रहती है।

अशुभ/अनिष्ट केतु का प्रभाव

जातक असंतुष्ट व अशान्त रहता है। व्यवसाय में अस्थिरता व आर्थिक अभाव साफ़ झलकता है। इससे जीवन में परेशानियाँ बढ़ जाती हैं। पैतृक सम्पति भी हाथ से चली जाती है।

शनि, मंगल, चन्द्रादि ग्रहों की युति/दृष्टि का प्रभाव

अशुभ ग्रहों की युति/दृष्टि जातक के पिता को अरिष्टकर होती है। किसी एक की मृत्यु भी हो सकती है। घरेलू जीवन में कलह, पत्नी से झगड़े, रक्तचाप, उदर विकार, नेत्र रोग हो सकते हैं। दुर्घटना व चोटादि भय बना रहता है।

नोटः दशम भाव में अशुभ/अनिष्ट नवग्रहों के प्रभाव निवारण की अचूक, अनुभव सिद्ध व चमत्कारी उपाय श्रृंखला अध्याय-5 में दी जा रही हैं। उन्हें भली-भाँति पढ़े और शीघ्र लाभ के लिये तीन उपाय एक साथ करें। अध्याय-7 में लाल किताब आधारित उपाय/टोटके भी दिये जा रहे हैं। उन्हें भी समझ लें।

(11) एकादश भाव में अभीष्ट/अनिष्ट नवग्रह

शुभ/अभीष्ट सूर्य

सूर्य एकादश भाव में बैठा हो और लग्न 1, 3, 5, 7, 8, 11 राशि की हो, अर्थात्

सूर्य पंचमेश, तृतीयेश, लग्नेश, एकादशेश, दशमेश, सप्तमेश होकर एकादश भाव में बैठा हो, ऐसा सूर्य शुभ/अभीष्टकारी होता है। लग्न 2, 9, 10 राशि की हो, मिश्रित फल मिलते हैं।

शुभ/अभीष्ट सूर्य का प्रभाव

ऐसा सूर्य का जातक हृष्ट-पुष्ट, उच्च शिक्षा प्राप्त, उच्चाधिकारपदासीन, उच्चस्तरीय व्यक्तियों से मित्रवत संबध रखने वाला, प्रतिष्ठित, परोपकारी व भाग्यशाली होता है। वह सुख साधन सम्पन्न धनी परिवार से होता है। उसकी राजकीय व राजनीतिक क्षेत्रों में पहुँच होती है।

मित्रग्रहों की युति/दृष्टि प्रभाव

गुरु, मंगल, बुध इस भाव में बैठकर सूर्य से युति/दृष्टि बना रहे हों, जातक विदेश में रहकर धन कमा सकता है। उसे भाई-बहन का सुख और संतान सुख मिलता है। वह धर्मात्मा होता है और ज्योतिष व गूढ़ विषयों में उसकी काफी रुचि होती है।

अशुभ/अनिष्ट सूर्य

सूर्य एकादश भाव में स्थित हो और लग्न 4, 6, 12 राशि की हो अर्थात् सूर्य द्वितीयेश, द्वादशेश, षष्ठेश होकर एकादश भाव में स्थित हो, ऐसा सूर्य अशुभ/अनिष्टकारी होता है।

अशुभ/अनिष्ट सूर्य का प्रभाव

ऐसी स्थिति में जातक का जीवन संघर्षपूर्ण होता है। जातक नौकरी/व्यवसाय में असफल हो सकता है। आय के साधनों में मुश्किल आ सकती है। उच्च शिक्षा में व्यवधान आ सकता है। भाई-बहनों के विचारों से मतभेद होने पर घर में कलह बढ़ सकती है। राजनीतिक क्षेत्रों में विरोध के स्वर गूँज सकते है। मानसिक तनाव व अशान्ति बनी रहती है।

शत्रु ग्रहों शनि, राहु की युति/दृष्टि का प्रभाव

सूर्य पर शनि, राहु की युति/दृष्टि होने व सूर्य के नीचराशिस्थ होने की स्थिति में जातक को शारीरिक कष्ट यथा उदर विकार, चोटादि भय, धन की हानि, जीवनयापन के सुख साधनों की कमी हो सकती है। जातक जीवन से निराश व हताश हो सकता है।

शुभ/अभीष्ट चन्द्र

चन्द्र एकादश भाव में बैठा हो और लग्न 2, 3, 4, 6, 7, 8 राशि की हो अर्थात् चन्द्र तृतीयेश, द्वितीयेश, लग्नेश, एकादशेश, दशमेश, नवमेश होकर एकादश भाव में बैठा हो, ऐसा चन्द्र शुभ/अभीष्टकारी होता है। लग्न 1, 11, 12 राशि की होने पर मिश्रित प्रभाव होते हैं।

शुभ/अभीष्ट चन्द्र का प्रभाव

जातक सुन्दर, सुशील, मिष्ठभाषी, दूरदर्शी, मिलनसार, बुद्धिमान, उच्चशिक्षा प्राप्त, सदैव सतर्क, महत्त्वाकांक्षी, धार्मिक विचारों वाला, साहित्य में रुचि रखने वाला, भूमि-भवन-वाहन आदि सुख साधनों से सम्पन्न, दयालु, धनी व सुखी होता है।

मित्रग्रहों की युति/दृष्टि का प्रभाव

ऐसा जातक चतुरबुद्धि और भाग्यशाली होता है। उसके मन, मस्तिष्क की गति तेज होती हैं। उसे शुभ लक्षणों वाली सुन्दर व सुशील पत्नी मिलती है। संतान सुख मिलता है। कार्य व्यवसाय में पत्नी का पूर्ण सहयोग मिलता हैं। विदेश यात्रा कर सकता है।

अशुभ/अनिष्ट चन्द्र

एकादश भाव में चन्द्र हो और लग्न 5, 9, 10 राशि की हो अर्थात् चन्द्र द्वादशेश, अष्टमेश, सप्तमेश होकर एकादश भाव में बैठा हो, तो चन्द्र अशुभ/अनिष्टकारी होता है।

अशुभ/अनिष्ट चन्द्र का प्रभाव

ऐसा जातक चंचलमना व अस्थिरबुद्धि हो सकता है। वह नौकरी/व्यवसाय सम्बन्धी उलझनों/कठिनाईयों से घिरा हो सकता है। आर्थिक संकट बना रहता है। उसकी शिक्षा व कैरियर में व्यवधान होता है। बनते काम बिगड़ सकते हैं।

शनि, राहु तथा बुधादि ग्रहों की युति/दृष्टि का प्रभाव

चन्द्र की शनि राहु, बुध युति/दृष्टि व नीचराशिस्थ, अस्त होने की स्थिति में जातक असंतुष्ट रहता है। माता को कष्ट, विवाह में विलम्ब या विवाहोपरान्त पत्नी को कष्ट हो सकता है। पुत्र सुख की कमी मानसिक तनाव देती है। जातक अपव्यय से तंग रहता है।

शुभ/अभीष्ट मंगल

मंगल एकादश भाव में हो और लग्न 4, 9, 11 की राशि की हो अर्थात् मंगल पंचमेश/दशमेश, पंचमेश/द्वादशेश, तृतीयेश/दशमेश होकर एकादश भाव में बैठा हो, ऐसा मंगल शुभ/अभीष्टकारी होता है। लग्न 1, 5, 6, 8, 10, 12 राशि की हो, शुभाशुभ प्रभाव हाते हैं।

शुभ/अभीष्ट मंगल का प्रभाव

ऐसा जातक स्वस्थ, साहसी, पराक्रमी, स्वाभिमानी, बुद्धिमान, विद्वान, उच्चपदासीन, जमीन-जायदाद, मकान, वाहनयुक्त, शत्रुजीत, धनी, भाग्यशाली व समाज में प्रतिष्ठित होता है। वह पत्नी व संतान से सुखी होता है।

मित्रग्रहों की युति/दृष्टि का प्रभाव

ऐसी स्थिति में जातक व्यवहारकुशल और प्रभावशाली व्यक्तित्व वाला होता है। वह

साहस के बल पर आगे बढ़ता है और जीवन में उन्नति करता है। उसकी आर्थिक स्थिति अच्छी होती है। उच्च प्रतिष्ठित मित्र होते हैं। वह डॉक्टर, इन्जीनियर, वकील हो सकता है।

अशुभ/अनिष्ट मंगल

मंगल एकादश भाव में बैठा हो और लग्न 2, 3, 7 राशि की हो, अर्थात् मंगल सप्तमेश/द्वादशेश, षष्ठेश/एकादशेश, द्वितीयेश/सप्तमेशहोकर एकादश भाव में बैठा हो, ऐसा मंगल अशुभ/अनिष्टकारी होता है।

अशुभ/अनिष्ट मंगल का प्रभाव

एकादश भाव में मंगल होने से जातक चंचलमना, साहसहीन, कटुभाषी व क्रोधी होता है। उसका मन सदैव अशान्त एवं असंतुष्ट रहताहै। अथक परिश्रम का पूरा लाभ नहीं मिलता है। अल्प लाभ में संतोष करना होता है। माता को कष्ट, पत्नी व संतान सुख में कमी, सगे सम्बन्धियों से मनमुटाव आदि बना रहता है।

शनि, राहु, केतु पापग्रहों की युति/दृष्टि का प्रभाव

शनि, राहु, केतु युति/दृष्टि से स्वास्थ्य हानि, व्यवसाय का संकट, आर्थिक उलझनें, मानसिक असंतोष, रक्तविकार, पेटदर्द, दुर्घटना, चोटादि भय बने रहते हैं। इससे धन अधिक खर्च होता है। स्त्री की कुण्डली में ऐसी स्थिति हो, तो गर्भपात होने की संभावना होती है।

शुभ/अभीष्ट बुध

बुध एकादश भाव में स्थित हो और लग्न 3, 5 राशि की हो अर्थात् बुध लग्नेश/चतुर्थेश, द्वितीयेश/एकादशेश होकर एकादश भाव में बैठा हो, ऐसा बुध शुभ/अभीष्टकारी होता है। लग्न 1, 2, 6, 7, 8, 10, 11 राशि की हो, शुभाशुभ फल होते हैं।

शुभ/अभीष्ट बुध का प्रभाव

ऐसा जातक बुद्धिमान, विद्वान, उच्चभिलाषी, महत्त्वाकांक्षी, विभिन्न भाषाभाषी, गुणवान, मित्रवान, दयालु, भूमि-मकान-वाहनादि सुख साधनों से सम्पन्न, यशस्वी व धनवान होता है। उसका अपनी वाणी पर पूर्ण नियंत्रण होता है। वह समाज में सम्मानीय व प्रतिष्ठित होता है। विदेश में सफल होता है। वह गणित, वाणिज्य, कम्पयूटर्स, ईन्जीनियरिंग विषयों का अच्छा व सफल ज्ञाता हो सकता है।

मित्रग्रहों की युति/दृष्टि का प्रभाव

मित्रग्रहों की युति/दृष्टि होने पर जातक को मनपसन्द, समझदार, सदैव सहयोगी पत्नी मिलती है। संतान सुख मिलता है। भाई-बहनों का प्यार मिलता है। विवाहोपरान्त विशेष भाग्योन्नति होती है। वह उच्चस्तरीय जीवन जीता है।

अशुभ/अनिष्ट बुध

बुध एकादश भाव में स्थित हो और लग्न 4, 11 राशि की हो अर्थात् बुध तृतीयेश/द्वादशेश, पंचमेश/अष्टमेश होकर एकादश भाव में बैठा हो, ऐसा बुध अशुभ व अनिष्टकारी होता है।

अशुभ/अनिष्ट बुध का प्रभाव

अस्त व नीचराशिस्थ बुध अस्थिरमना, अशान्त, अल्पबुद्धि, अविश्वासी, अधर्मी, अस्वस्थ करता है। अच्छी नौकरी न मिलने या व्यवसाय में असफल होने के कारण जीवन निर्वाह भी मुश्किल से होता है। आर्थिक संकट बना रहता है। निकट सम्बन्धी धोखा दे सकते हैं।

गुरु, चन्द्र, मंगल, केतु युति/दृष्टि का प्रभाव

बुध पर उपरोक्त ग्रहों की युति/दृष्टि से विद्याप्राप्ति में बाधा, नौकरी/व्यवसाय में अड़चनें, घरेलू सुख में कमी, पुत्री संतान, धन का अपव्यय, मानसिक तनाव, मंगल की राशि में होने पर उदर विकार, मन्दाग्नि व चर्म रोग बने रहते हैं।

शुभ/अभीष्ट गुरु

गुरु एकादश भाव में स्थित हो और लग्न 1, 5, 6, 7, 9, 10, 11 राशि की हो अर्थात् गुरु नवमेश/द्वादशेश, पंचमेश/अष्टमेश, चतुर्थेश/सप्तमेश, तृतीयेश/षष्ठेश, लग्नेश/चतुर्थेश, तृतीयेश/द्वादशेश, द्वितीयेश/एकादशेश, होकर एकादश भाव में उच्च राशि में बैठा हो, शुभ/अभीष्टकारी होता है।

शुभ/अभीष्ट गुरु का प्रभाव

ऐसा गुरु जातक को बुद्धिमान, गुणवान, मित्रवान, उच्चविद्याप्राप्त विद्वान, सदाचारी, स्वाभिमानी, उच्चपदासीन/उच्चव्यवसायी, न्यायप्रिय, जमीन-जायदाद वाला, समाज में प्रतिष्ठित/सम्मानित, धनवान व दीर्घायु बनाता है। उसे परिवार व भाई-बहन का सुख मिलता है।

मंगल, सूर्यादि मित्रग्रहों की युति/दृष्टि प्रभाव

गुरु पर मंगल, सूर्यादि मित्रग्रहों की युति/दृष्टि के प्रभाव होने पर उसे सुयोग्य, सुशिक्षित, धर्मपरायण पत्नी मिलती है। घरेलू जीवन सुखमय होता है। संतान सुख मिलने के पश्चात लाभ के विशेष अवसर मिलते हैं।

अशुभ/अनिष्ट गुरु

गुरु एकादश भाव में बैठा हो और लग्न 3, 4 राशि की हो अर्थात् गुरु सप्तमेश/दशमेश, षष्ठेश/नवमेश होकर एकादश भाव में बैठा हो, अशुभ व अनिष्टकारी होता है।

अशुभ/अनिष्ट गुरु के प्रभाव

अशुभ/अनिष्टकारी गुरु और विशेषतः एकाकी होने पर फल देने में असमर्थ होता है।

जातक के स्वास्थ्य में गिरावट, विद्या प्राप्ति में व्यवधान और व्यवसाय में अड़चनें व राजनीतिक क्षेत्र में असफलता होती है। सगे सम्बन्धियों से वैमनस्य बढ़ता है।

शुक्र, शनि, राहु, केतु युति/दृष्टि का प्रभाव

गुरु अस्त, नीचराशिस्थ, वक्री, अतिचारी होने तथा शुक्र, शनि, राहु, केतु की युति/दृष्टि होने की स्थिति में गुरु विवाह में देरी, विवाहित जीवन में अशान्ति व असंतोष, पुत्र संतान से कष्ट, आय कम व खर्च अधिक, उच्चरक्तचाप, उदर रोग, नेत्र रोग हो सकते हैं।

शुभ/अभीष्ट शुक्र

शुक्र एकादश भाव में हो और लग्न 1, 2, 3, 5 राशि की हो अर्थात् शुक्र द्वितीयेश/सप्तमेश, लग्नेश/षष्ठेश, पंचमेश/द्वादशेश, तृतीयेश/दशमेश होकर एकादश भाव में बैठा हो, ऐसा शुक्र शुभ एवं अभीष्टकारी होता है।

शुभ/अभीष्ट शुक्र का प्रभाव

जातक सुन्दर, आकर्षक, उच्चशिक्षाप्राप्त, बुद्धिमान, विद्वान्, महत्त्वाकांक्षी, व्यवहारकुशल, उदारहृदयी, संगीत-साहित्य-ज्योतिष में रुचि रखने वाला, जमीन-मकान-वाहन आदि सुविधाओं से युक्त, लम्बी विदेश यात्राएँ करने वाला, धनी, विख्यात व दीर्घायु होता है।

मित्रग्रहों की युति/दृष्टि का प्रभाव

शुक्र का एकादश भाव में होना, उस पर मित्रग्रहों की युति/दृष्टि से जातक का विवाह उचित समय आने पर हो जाता है। उसकी पत्नी सुशील व सुयोग्य होती है। विवाह पश्चात भाग्य निखरता है और जातक की आय में वृद्धि होती है। जातक को कन्या संतान होती है। फिल्म व कम्पयूटर उद्योगों से सम्बन्धित कार्यों से अधिक लाभ होता है।

अशुभ/अनिष्ट शुक्र

शुक्र एकादश भाव में हो और लग्न 8 राशि की हो अर्थात् शुक्र सप्तमेश/द्वादशेश होकर एकादश भाव में बैठा हो, अधिक अशुभ/अनिष्टकारी होता है।

अशुभ/अनिष्ट शुक्र का प्रभाव

अशुभ/अनिष्टकारी शुक्र जातक के विचारों में अस्थिरता व अनिश्चितता लाता है। इससे उच्चशिक्षाप्राप्ति में विघ्न, व्यवसाय संचालन में उलझनें एवं जीवनयापन के सुख साधनों में कमी आती है। निरन्तर बढ़ता हुआ खर्च और धन की तंगी अखरती रहती है।

सूर्य, चन्द्र, मंगल, गुरु की युति/दृष्टि का प्रभाव

अस्त, नीचराशिस्थ, वक्री शुक्र जातक को तामसिक बनाता है। वह व्यसनी व कामुक हो सकता है। वह परिवार की जिम्मेदारी से दूर भागता है। कन्या संतान होती

है। दाम्पत्य जीवन में कलह, रिश्तेदारों, मित्रों से दूरी, एड्स, कैंसर, रक्तविकार, गुप्त रोग आदि होते हैं।

शुभ/अभीष्ट शनि

शनि एकादश भाव में हो और लग्न 2, 7, 11 राशि की हो अर्थात् शनि नवमेश/दशमेश, चतुर्थेश/पंचमेश, लग्नेश/द्वादशेश होकर एकादश भाव में विराजमान हो, ऐसा शनि शुभ/अभीष्टकारी होता है। लग्न 1, 3, 5, 6, 8, 9, 10, 12 राशि की हो, शुभाशुभ फल होते हैं।

शुभ/अभीष्ट शनि का प्रभाव

जातक आकर्षक, मिष्ठभाषी, बुद्धिमान, विद्यावान, परिश्रमी, दृढ़निश्चयी, दयालु, प्रभावशाली, जीवनयापन के साधनों भूमि, भवन, वाहन से सम्पन्न, धनवान व दीर्घायु होता है। वह नौकरी कर सकता है। लोहे व मशीनरी के व्यवसाय से भी लाभ कमा सकता है।।

मित्रग्रहों की युति/दृष्टि का प्रभाव

ऐसा जातक उच्चशिक्षा ग्रहण करता है। वह कार्यकुशल होता है। वह शिक्षक, वकील, राजनीतिज्ञ हो सकता है। चन्द्र, शुक्र शुभ भावस्थ हों, तो श्रेष्ठ संतान को जन्म देने वाली सुन्दर, सुशील पत्नी मिलती है। ज्योतिष, योग, मन्त्रादि में रुचि होती है। वह दीर्घायु होता है।

अशुभ/अनिष्ट शनि

शनि एकादश भाव में हो और लग्न 4 राशि की हो अर्थात् शनि सप्तमेश/अष्टमेश होकर एकादश भाव में बैठा हो, अशुभ व अनिष्टकारी होता है।

अशुभ/अनिष्ट शनि का प्रभाव

जातक दुर्बल, शीघ्र उतेजित होने वाला क्रोधी व अस्वस्थ होता है। उसकी महत्वाकांक्षा पूरी नहीं हो पाती है। उच्चशिक्षा प्राप्ति में बाधा, नौकरी/व्यवसाय में संघर्ष, जीवनयापन के सुख साधनों की कमी, दाम्पत्य सुख का अभाव रहता है। माता-पिता को कष्ट होता है और धन का अपव्यय होता है।

शत्रुग्रहों की युति/दृष्टि का प्रभाव

शनि अस्त, वक्री नीचराशि या शत्रुराशि में होने या सूर्य, चन्द्रादि ग्रहों की युति/दृष्टि में हो, तो विवाहित जीवन का आनन्द नहीं रहता है। संतान सम्बन्धी कष्ट हो सकता है। जातक को निकटस्थ व्यक्ति धोखा दे सकते हैं। नौकरी जा सकती है या व्यवसाय में घाटा आ सकता है। ऋण की परेशानी हो सकती है। उसे उदर विकार कर्ण पीड़ा, नेत्र रोग आदि हो सकते हैं। धनाभाव से मानसिक अशान्ति रहती है।

शुभ/अभीष्ट राहु

राहु एकादश भाव में हो और लग्न 1, 4, 5 राशि की हो, राहु अति शुभ व अभीष्टकारी होता है। जातक को धनलाभ कराता है तथा अन्य सुखसाधनों में वृद्धि करता है।

शुभ/अभीष्ट राहु का प्रभाव

राहु एकादश भाव में हो जातक परिश्रमी, बुद्धिमान, तकनीकिशिक्षाप्राप्त, महत्त्वाकांक्षी, शत्रुजीत, सुरक्षाकार्यनिपुण, शेयर-सट्टा में रुचि रखने वाला, आकस्मिक धन से लाभान्वित होने वाला, गूढ़विज्ञानी और अध्यात्मवादी होता है।

मित्रग्रहों की युति/दृष्टि का प्रभाव

मित्रग्रहों की युति/दृष्टि से जातक जुटा लेता है। व्यवसाय में अपने परिश्रम, साहस व कर्मठता के बल पर उन्नति करता है। धन संचय कर लेता है। जीवनयापन के सुख साधन यथा भूमि, मकान, वाहन आदि भी जुटा लेता है। जीवन सुखमय होता है।

अशुभ/अनिष्ट राहु

राहु एकादश भाव में हो और लग्न 2, 6, 7, 10, 11 राशि की हो, ऐसा राहु अशुभ/अनिष्टकारी माना गया है। जातक सदैव ही दुःखी व चिन्तित रहता है। जीवन में उतार-चढ़ाव आते रहते हैं।

अशुभ/अनिष्ट राहु का प्रभाव

राहु की अशुभ स्थिति में जातक अस्वस्थ व क्रोधी हो जाता है। व्यवसाय में अस्थिरता, आर्थिक तंगी, शेयर्स/सट्टा/लाटरी के कारण धन का अपव्यय, कानूनी झंझट, पारिवारिक सुख व सहयोग में कमी लाता है। जीवन संघर्षशील बना रहता है।

शत्रु ग्रहों की युति/दृष्टि का प्रभाव

शत्रुग्रहों यथा सूर्य की युति/दृष्टि से दाम्पत्य सुख में कमी, विद्या प्राप्ति में बाधा, कन्या संतान, अपनों से धोखा, अकस्मात दुर्घटना एवं चोट आदि का भय, मानसिक तनाव और अन्य सांसारिक कष्ट बने रहते हैं।

शुभ/अभीष्ट केतु

केतु एकादश भाव में हो और लग्न 3, 9, 10, 11 राशि की हो, केतु शुभ/अभीष्टकारी होता है। जातक सदैव प्रसन्न व सुखी रहता है।

शुभ/अभीष्ट केतु का प्रभाव

ऐसा जातक प्रसन्नचित, मिष्ठभाषी, परिश्रमी, बुद्धिमान, विद्वान, तार्किक, तेज स्मरणशक्ति, धैर्यवान, न्यायप्रिय, स्वाभिमानी, उच्चाभिलाषी, शेयर्स एवं लाटरी में भाग्य आजमाने वाला होता है। उसका प्रतिष्ठित लोगों से सम्बन्ध होता है। विदेश में भाग्य चमकता है।

मित्रग्रहों की युति/दृष्टि का प्रभाव

जातक गूढ़विद्याज्ञानी अर्थात् ज्योतिष, यंत्र, मंत्र, योग, धर्म आदि विषयों में पारंगत होता है। उसके बहुत सारे मित्र होते हैं। वह समाज में मान-सम्मान व प्रतिष्ठा प्राप्त करता है। जीवनयापन की समस्त सुख सुविधायें जुटा लेता है।

अशुभ/अनिष्ट केतु

केतु एकादश भाव में हो और लग्न 1, 5, 6, 8, 12 राशि की हो, जातक सदैव मानसिक तनाव में रहता है। अनिष्ट की आशंका बनी रहती है। उच्च विद्या प्राप्ति में बाधा और व्यवसाय में अस्थिरता रहती है।

अशुभ/अनिष्ट केतु का प्रभाव

जातक असंतुष्ट व अशान्त होता है। आर्थिक तंगी साफ झलकती है। इससे जीवन में परेशानियाँ बढ़ जाती हैं। इष्ट मित्र ही धोखा दे जाते हैं। पैतृक सम्पति भी हाथ से चली जाती है।

शनि, मंगल, चन्द्रादि ग्रहों की युति/दृष्टि का प्रभाव

अशुभ ग्रहों की युति/दृष्टि से जातक का भाई बन्धुओं से विरोध, परिवार में कलह, संतान कष्ट रहता है। शेयर्स व लाटरी से धन हानि होती है। घरेलू जीवन में पत्नी से कलह, रक्तचाप, उदर विकार, नेत्र पीड़ा, चर्म रोग गुप्त रोग, दुर्घटना व चोटादि भय हो सकते हैं।

नोटः एकादश भाव में अशुभ/अनिष्ट नवग्रहों के प्रभाव निवारण की अचूक, अनुभवसिद्ध, चमत्कारी उपाय श्रृंखला अध्याय-5 में दी जा रही हैं। उन्हें भली-भाँति पढे़ और शीघ्र लाभ के लिये तीन उपाय एक साथ करें। अध्याय-7 में लाल किताब आधारित उपाय/टोटके भी दिये जा रहे हैं। उन्हें भी समझ लें।

(12) द्वादश भाव में अभीष्ट/अनिष्ट नवग्रह

शुभ/अभीष्ट सूर्य

सूर्य द्वादश भाव में बैठा हो और लग्न 2, 6, 9, 12 राशि की हो, अर्थात् सूर्य चतुर्थेश, द्वादशेश, नवमेश, षष्ठेश होकर द्वादश भाव में बैठा हो, ऐसा सूर्य शुभ/अभीष्टकारी होता है।

शुभ/अभीष्ट सूर्य का प्रभाव

ऐसे सूर्य का जातक हृष्ट-पुष्ट, उच्चशिक्षाप्राप्त, उच्चस्तरीय व्यक्तियों से मित्रवत संबध रखने वाला, व्यवसायिक एवं गूढ़विद्याओं में पारंगत, परोपकारी, जीवनयापन के सुख साधन सम्पन्न, धनी व प्रतिष्ठित होता है। वह डॉक्टर/वैद्य या सफल व्यापारी हो सकता है।

मित्रग्रहों की युति/दृष्टि प्रभाव

गुरु, मंगल, बुध इस भाव में बैठकर सूर्य से युति/दृष्टि बना रहे हों, जातक भाई-बहनों को सुख देने वाला, समाज में पिता को यश दिलाने वाला एवं धर्मात्मा होता है। वह विदेश में रहकर सफलता प्राप्त कर सकता है।

अशुभ/अनिष्ट सूर्य

सूर्य द्वादश भाव में स्थित हो और लग्न 3, 4, 8, 10, 11 राशि की हो अर्थात् सूर्य तृतीयेश, द्वितीयेश, दशमेश, अष्टमेश, सप्तमेश होकर द्वादश भाव में स्थित हो, ऐसा सूर्य अशुभ/अनिष्टकारी होता है।

अशुभ/अनिष्ट सूर्य का प्रभाव

ऐसी स्थिति में जातक का जीवन संघर्षपूर्ण होता है। जातक नौकरी/व्यवसाय में अनुचित साधनों से धनार्जन करने वाला होता है। फलतः आय के अपेक्षा धनहानि व बदनामी होती है। परस्त्री सम्बन्धों से मान-सम्मान गिरता है। शत्रु तंग कर सकते हैं। अपव्यय के कारण ऋण लेना पड़ता है। मानसिक तनाव व अशान्ति बनी रहती है।

शत्रु ग्रहों शनि, राहु की युति/दृष्टि का प्रभाव

सूर्य पर शनि, शुक्र, राहु की युति/दृष्टि होने व सूर्य के नीचराशिस्थ होने की स्थिति में जातक को शारीरिक कष्ट यथा उदर विकार, नेत्र रोग आदि हो सकते हैं। पारिवारिक क्लेश भी होते हैं। जातक जीवन से निराश व हताश हो सकता है।

शुभ/अभीष्ट चन्द्र

चन्द्र द्वादश भाव में बैठा हो और लग्न 2, 5, 10 राशि की हो अर्थात् चन्द्र तृतीयेश, द्वादशेश, सप्तमेश होकर द्वादश भाव में बैठा हो, ऐसा चन्द्र शुभ/अभीष्टकारी होता है।

शुभ/अभीष्ट चन्द्र का प्रभाव

जातक सुन्दर, सुशील, मिष्ठभाषी, मिलनसार, चतुरबुद्धि, उच्चशिक्षा प्राप्त, व्यवहारकुशल, कल्पनाशील, संगीत व साहित्यप्रिय, सौन्दर्य प्रसाधनों का शौकीन, महिलाओं में प्रिय और भ्रमणशील होता है। भूमि-मकान-वाहन आदि सुख साधनों से सम्पन्न होता है।

मित्रग्रहों की युति/दृष्टि का प्रभाव

ऐसा जातक के मन व मस्तिष्क की गति तेज होती हैं। वह विदेशी सम्बन्धों से काफी धन कमा लेता है। विदेश यात्राएँ करता रहता है। मनोरंजन की गतिविधियों में भाग लेता है और धन खर्च करता है।

अशुभ/अनिष्ट चन्द्र

द्वादश भाव में चन्द्र हो और लग्न 1, 3, 4, 6, 9, 11 राशि की हो अर्थात् चन्द्र चतुर्थेश, द्वितीयेश, लग्नेश, एकादशेश, अष्टमेश, षष्ठेश होकर द्वादश भाव में बैठा हो, तो चन्द्र अशुभ/अनिष्टकारी होता है।

अशुभ/अनिष्ट चन्द्र का प्रभाव

ऐसा जातक चंचलमना व अस्थिर बुद्धि हो सकता है। उसके लिये नौकरी से ही अल्प लाभ हो सकता है। व्यवसाय करने में हानि की संभावना बनी रहती है।

आर्थिक संकट, मानसिक तनाव, प्रेमप्रसंगों में असफलता, सगे सम्बन्धियों व पत्नी से मनमुटाव बना रहता है। उसकी शिक्षा व कैरियर में व्यवधान होता है। बनते काम बिगड़ सकते हैं।

शनि, राहु तथा बुधादि ग्रहों की युति/दृष्टि का प्रभाव

चन्द्र की शनि राहु, बुध युति/दृष्टि व नीचराशिस्थ, अस्त होने की स्थिति में जातक को भाग-दौड़ के कारण स्वास्थ्य हानि, नेत्र कष्ट, श्वांस रोग होते हैं। उच्च शिक्षा और कैरियर में बाधा, धन का अपव्यय और मानसिक तनाव बना रहता है।

शुभ/अभीष्ट मंगल

मंगल द्वादश भाव में हो और लग्न 2, 4, 6, 8, 11 की राशि की हो अर्थात् मंगल सप्तमेश/द्वादशेश, पंचमेश/दशमेश, तृतीयेश/अष्टमेश, लग्नेश/षष्ठेश, तृतीयेश/दशमेश होकर द्वादश भाव में बैठा हो, ऐसा मंगल शुभ/अभीष्टकारी होता है।

शुभ/अभीष्ट मंगल का प्रभाव

ऐसा जातक साहसी, पराक्रमी, स्वाभिमानी, बुद्धिमान, विद्वान, पुरुषार्थ से धन कमाने वाला, जमीन-जायदाद, मकान, वाहनादि युक्त, भ्रमणशील, अपव्ययी, विदेश में नाम कमाने वाला एवं भाग्यशाली होता है। "परिवर्तन ही जीवन है" विचारधारा का होता है।

मित्रग्रहों की युति/दृष्टि का प्रभाव

ऐसी स्थिति में जातक व्यवहारकुशल व्यक्तित्व का होता है। वह साहस के बल पर आगे बढ़ता है और जीवन में उन्नति करता है। उसकी आर्थिक स्थिति सुदृढ़ होती है।

अशुभ/अनिष्ट मंगल

मंगल द्वादश भाव में बैठा हो और लग्न 1, 3, 5, 7, 9, 10, 12 राशि की हो, अर्थात् मंगल लग्नेश/अष्टमेश, षष्ठेश/एकादशेश, चतुर्थेश/नवमेश, द्वितीयेश/सप्तमेश, पंचमेश/द्वादशेश, चतुर्थेश/एकादशेश, द्वितीयेश/नवमेश होकर द्वादश भाव में बैठा हो, ऐसा मंगल अशुभ/अनिष्टकारी होता है।

अशुभ/अनिष्ट मंगल का प्रभाव

द्वादश भाव में मंगल होने से जातक कटुभाषी व क्रोधी होता है। उसका मन सदैव अशान्त एवं असंतुष्ट रहता है। अथक परिश्रम करने का पूरा लाभ नहीं मिलता है। अल्प लाभ में संतोष करना होता है। सगे सम्बन्धियों के सुख में कमी, पत्नी को कष्ट, व्यवसाय सम्बन्धी संकट बना रहता है।

शनि, राहु, केतु पापग्रहों की युति/दृष्टि का प्रभाव

मंगल की शनि, राहु, केतु युति/दृष्टि से, तामसिक भोजन से, स्वास्थ्य हानि, आर्थिक उलझनें, लड़ाई-झगड़े, रक्तविकार, गुप्तरोग, पेटदर्द, नेत्ररोग, दुर्घटना, चोट आदि भय बने रहते हैं। इससे धन अधिक खर्च होता है।

शुभ/अभीष्ट बुध

बुध द्वादश भाव में स्थित हो और लग्न 7, 11 राशि की हो अर्थात् बुध नवमेश/द्वादशेश, पंचमेश/अष्टमेश होकर द्वादश भाव में बैठा हो, ऐसा बुध शुभ/अभीष्टकारी होता है। लग्न 2, 3 राशि की हो, शुभाशुभ प्रभाव होते हैं।

शुभ/अभीष्ट बुध का प्रभाव

ऐसा जातक बुद्धिमान, उच्चशिक्षाप्राप्त विद्वान, उच्चाभिलाषी, महत्त्वाकांक्षी, विभिन्न भाषाभाषी, नीतिशास्त्राता, भूमि-मकान-वाहनादि सुखसाधनों सेसम्पन्न, यशस्वी व धनवान होता है। वह देश/विदेश की लम्बी यात्रऐं करता है और विदेश में सफल होता है। वह एक अच्छा लेखक या वकील हो सकता है। स्मरण रहे कि एकाकी बुध प्राय शुभ फल नहीं देता है।

मित्रग्रहों की युति/दृष्टि का प्रभाव

मित्रग्रहों की युति/दृष्टि होने पर जातक का परिवार समझदार व मिलनसार होता है। जातक को भाई-बहनों का प्यार मिलता है। उच्चस्तरीय जीवन होता है।

अशुभ/अनिष्ट बुध

बुध द्वादश भाव में बैठा हो और लग्न 1, 2, 3, 4, 5, 6, 8, 9, 12 राशि की हो अर्थात् बुध तृतीयेश/षष्ठेश, तुतीयेश/द्वादशेश, द्वितीयेश/एकादशेश, लग्नेश/दशमेश, अष्टमेश/एकादशेश, सप्तमेश/दशमेश, चतुर्थेश/सप्तमेश होकर द्वादश भाव में बैठा हो, ऐसा बुध अशुभ/अनिष्टकारी होता है।

अशुभ/अनिष्ट बुध का प्रभाव

अस्त व नीचराशिस्थ बुध जातक को अस्थिरमना, अशान्त, आलसी एवं क्रोधी करता है। अच्छी नौकरी न मिलने या व्यवसाय में असफल होने के कारण जीवन निर्वाह मुश्किल से होता है। आर्थिक संकट बना रहता है। निकट सगे संबंधियों से भी मनमुटाव बना रहता है।

गुरु, चन्द्र, मंगल, केतु युति/दृष्टि का प्रभाव

बुध पर उपरोक्त ग्रहों की युति/दृष्टि से विद्याप्राप्ति में बाधा, नौकरी/व्यवसाय में अड़चनें, शेयर, सट्टे, लाटरी, मनोरंजन कार्यों में अपव्यय, मानसिक तनाव, चर्म रोग बने रहते हैं।

शुभ/अभीष्ट गुरु

गुरु द्वादश भाव में स्थित हो और लग्न 1, 5, 7 राशि की हो अर्थात् गुरु नवमेश/द्वादशेश, पंचमेश/अष्टमेश, तृतीयेश/षष्ठेश होकर द्वादश भाव में उच्चराशि में बैठा हो, शुभ/अभीष्टकारी होता है। लग्न 2, 6, 9, 10, 12 राशि की होने पर मिश्रित शुभाशुभ प्रभाव होते हैं।

शुभ/अभीष्ट गुरु का प्रभाव

ऐसा गुरु जातक को बुद्धिमान, गुणवान, उच्चविद्याप्राप्त विद्वान, सदाचारी, स्वाभिमानी, जमीन-जायदाद वाला, परोपकारी, धर्मपरायण, गूढ़विषयज्ञानी व भ्रमणशील बनाता है। परिवार का सुख मिलता है। 42वें वर्ष के बाद भाग्य में अचानक ही परिवर्तन आने से विशेष लाभ मिलता है।

मंगल, सूर्यादि मित्रग्रहों की युति/दृष्टि प्रभाव

गुरु पर मंगल, सूर्यादि मित्रग्रहों की युति/दृष्टि के प्रभाव होने पर उसे सुयोग्य, सुशिक्षित, धर्मपरायण पत्नी व बच्चों का सुख मिलता है। घरेलू जीवन सुखमय होता है। ऐसा जातक ट्रान्सपोर्टर, डॉक्टर, पायलट, ज्योतिषी आदि हो सकता है।

अशुभ/अनिष्ट गुरु

गुरु द्वादश भाव में बैठा हो और लग्न 3, 4, 8, 11 राशि की हो अर्थात् गुरु सप्तमेश/दशमेश, षष्ठेश/नवमेश, द्वितीयेश/पंचमेश, द्वितीयेश/एकादशेश होकर द्वादश भाव में बैठा हो, अशुभ व अनिष्टकारी होता है।

अशुभ/अनिष्ट गुरु के प्रभाव

अशुभ/अनिष्टकारी गुरु और विशेषतः एकाकी होने पर निष्क्रिय व प्रभावहीन होता है। जातक के स्वास्थ्य में गिरावट, विद्या प्राप्ति में व्यवधान और व्यवसाय में अड़चनें आती हैं। सगे सम्बन्धियों से वैमनस्य बढ़ता है।

शुक्र, शनि, राहु, केतु युति/दृष्टि का प्रभाव

गुरु अस्त, नीचराशिस्थ, वक्री, अतिचारी होने तथा शुक्र, शनि, राहु, केतु की युति/दृष्टि होने की स्थिति में जातक नास्तिक, अविश्वसनीय, व्यर्थ की यात्राएँ करने वाला, अपव्ययी होता है। दाम्पत्य जीवन में अशान्ति, संतान कष्ट रहता है। उच्चरक्तचाप, उदर रोग, नेत्र रोग हो सकते हैं।

शुभ/अभीष्ट शुक्र

शुक्र द्वादश भाव में हो और लग्न 3 राशि की हो अर्थात् शुक्र पंचमेश/द्वादशेश होकर द्वादश भाव में बैठा हो, ऐसा शुक्र शुभ एवं अभीष्टकारी होता है। लग्न 1, 4, 8, 10, 11 राशि की हो, प्रभाव शुभाशुभ होते हैं।

शुभ/अभीष्ट शुक्र का प्रभाव

जातक आकर्षक, उच्चशिक्षाप्राप्त, बुद्धिमान, विद्वान, व्यवहारकुशल, उदारहृदयी, कामुक, भावुक, संगीत-साहित्य-ज्योतिष में रुचि रखने वाला, जमीन-मकान-वाहन आदि सुविधाओं से युक्त, लम्बी विदेश यात्राएँ करने वाला, धनी एवं विख्यात होता है।

मित्रग्रहों की युति/दृष्टि का प्रभाव

शुक्र का द्वादश भाव में होना, उस पर मित्रग्रहों की युति/दृष्टि से जातक को सुशील व समझदार पत्नी मिलती है। विवाह पश्चात भाग्य निखरता है। जातक की आय में वृद्धि होती है किन्तु जातक विलासी व खर्चीला होता है।

अशुभ/अनिष्ट शुक्र

शुक्र द्वादश भाव में हो और लग्न 2, 5, 6, 7, 9, 12 राशि की हो अर्थात् शुक्र लग्नेश/षष्ठेश, तृतीयेश/दशमेश, द्वितीयेश/नवमेश, लग्नेश/अष्टमेश, षष्ठेश/एकादशेश, तृतीयेश/अष्टमेश होकर द्वादश भाव में बैठा हो, अधिक अशुभ/अनिष्टकारी होता है।

अशुभ/अनिष्ट शुक्र का प्रभाव

अशुभ/अनिष्टकारी शुक्र जातक के विचारों में अस्थिरता लाता है। वह अस्वस्थ व दुर्बल होता है। इससे व्यवसाय संचालन में उलझनें व जीवनयापन के सुख साधनों में कमी आती है। निरन्तर बढ़ता हुआ खर्च और धन की तंगी अखरती रहती है।

सूर्य, चन्द्र, मंगल, गुरु की युति/दृष्टि का प्रभाव

अस्त, नीचराशिस्थ, वक्री शुक्र जातक को तामसिक बनाता है। वह व्यसनी, कामुक, विलासप्रिय व विषयासक्त होता है। वह परिवार की जिम्मेदारी भली-भाँति नहीं निभा पाता है। मनोरंजन पर अधिक खर्च करता है। दाम्पत्य जीवन में कलह, रिश्तेदारों से दूरी व गुप्त रोग होते हैं।

शुभ/अभीष्ट शनि

शनि द्वादश भाव में हो और लग्न 10, 11 राशि की हो अर्थात् शनि लग्नेश/द्वितीयेश, लग्नेश/द्वादशेश होकर द्वादश भाव में विराजमान हो, ऐसा शनि शुभ/अभीष्टकारी होता है। लग्न 1, 2, 3, 6, 7, 8, 9, राशि की हो, शुभाशुभ मिश्रित फल मिलते हैं।

शुभ/अभीष्ट शनि का प्रभाव

जातक मिष्ठभाषी, बुद्धिमान, विद्यावान, परिश्रमी, प्रभावशाली, जीवनयापन के सुख-साधनों भूमि, मकान, वाहन सम्पन्न, धर्मपरायण, धनवान व भाग्यशाली होता है। वह अयात/निर्यात व्यापारी हो सकता है। अनेक देशों की यात्रा कर सकता है। प्रतिष्ठित लोगों से सम्पर्क हो सकते हैं। लोहे व मशीनरी के व्यवसाय से भी लाभ कमा सकता है।

मित्रग्रहों की युति/दृष्टि का प्रभाव

ऐसा जातक उच्चशिक्षा ग्रहण करता है। वह व्यवसायिक हो सकती है। वह कार्यकुशल होता है। वह राजनीतिज्ञ हो सकता है। चन्द्र, शुक्र शुभ भावस्थ हो, तो श्रेष्ठ संतान को जन्म देने वाली सुन्दर, सुशील, सहयोगी पत्नी मिल सकती है। जातक ज्योतिष व अध्यात्म विद्याओं का ज्ञाता हो सकता है।

अशुभ/अनिष्ट शनि

शनि द्वादश भाव में हो और लग्न 4, 5, 12 राशि की हो अर्थात् शनि सप्तमेश/अष्टमेश होकर द्वादश भाव में बैठा हो, अशुभ व अनिष्टकारी होता है।

अशुभ/अनिष्ट शनि का प्रभाव

जातक दुर्बल, शीघ्र उतेजित होने वाला, क्रोधी व अस्वस्थ होता है। उसकी महत्वाकांक्षा पूरी नहीं हो पाती है। उच्चशिक्षा प्राप्ति में बाधा, नौकरी/व्यवसाय में संघर्ष, जीवनयापन के सुख साधनों की कमी, आय कम, व्यर्थ के आकस्मिक खर्चे अधिक होते हैं।

शत्रुग्रहों की युति/दृष्टि का प्रभाव

शनि अस्त, वक्री नीचराशि या शत्रुराशि में होने या सूर्य, चन्द्रादि ग्रहों की युति/दृष्टि में हो, तो विवाहित जीवन का आनन्द नहीं रहता है। संतान सम्बन्धी कष्ट हो सकता है। सगे सम्बन्धियों के सहयोग न मिलने से मानसिक तनाव रहता है। दुर्घटना का ड़र बना रहता है।

शुभ/अभीष्ट राहु

राहु द्वादश भाव में हो और लग्न 2, 3, 4, 8, 11 राशि की हो, राहु अति शुभ व अभीष्टकारी होता है। जातक को धनलाभ कराता है तथा अन्य सुखसाधनों में वृद्धि करता है।

शुभ/अभीष्ट राहु का प्रभाव

राहु द्वादश भाव में हो, जातक परिश्रमी, बुद्धिमान, ऐश-आराम की जिन्दगी बिताने वाला, महत्त्वाकांक्षी, विदेश में जीवन बिताने वाला, शत्रुजीत, आकस्मिक धन लाभ कमाने वाला, गूढ़विज्ञानी और अध्यात्मवादी होता है।

मित्रग्रहों की युति/दृष्टि का प्रभाव

मित्रग्रहों की युति/दृष्टि से जातक जीवनयापन के सुख साधन यथा भूमि, मकान, वाहन आदि जुटा लेता है। व्यवसाय में अपने परिश्रम, साहस व कर्मठता के बल पर उन्नति करता है और धन संचय कर लेता है। पारिवारिक जीवन सुखमय होता है।

अशुभ/अनिष्ट राहु

राहु द्वादश भाव में हो और लग्न 1, 5, 6, 9, 10 राशि की हो, ऐसा राहु अशुभ/ अनिष्टकारी माना गया है। जातक सदैव ही दुःखी व चिन्तित रहता है। जीवन में उतार-चढ़ाव आते रहते हैं।

अशुभ/अनिष्ट राहु का प्रभाव

राहु की अशुभ स्थिति में जातक अस्वस्थ व क्रोधी हो जाता है। नीति/अनीति सोचे बिना काम करने से व्यवसाय में अस्थिरता व आर्थिक संकट बना रहता है। पारिवारिक सहयोग में भी राहु कमी करता है। जीवन संघर्षशील बना रहता है।

राहु पर शत्रु ग्रहों की युति/दृष्टि का प्रभाव

शत्रुग्रहों यथा सूर्य की युति/दृष्टि से दाम्पत्य सुख में कमी, विद्या प्राप्ति में बाधा, विलासी जीवन की सोच से अपव्यय, अकस्मात दुर्घटना में चोट आदि का भय, मानसिक तनाव और अन्य सांसारिक कष्ट बने रहते हैं।

शुभ/अभीष्ट केतु

केतु द्वादश भाव में हो और लग्न 2, 3, 8, 9 राशि की हो, केतु शुभ/अभीष्टकारी होता है। जातक सदैव प्रसन्न व सुखी रहता है। लग्न 2, 8 राशि की हो, मिश्रित प्रभाव होते हैं।

शुभ/अभीष्ट केतु का प्रभाव

ऐसा जातक प्रसन्नचित, परिश्रमी, बुद्धिमान, विद्वान, धैर्यवान, दयावान, परोपकारी, आस्तिक, स्वाभिमानी, न्यायप्रिय व धनी होता है। उसका प्रतिष्ठित लोगों से सम्बन्ध होता है। विदेश में भाग्य चमकता है। वह राजनीतिक क्षेत्र में भी सफलता प्राप्त कर लेता है।

मित्रग्रहों की युति/दृष्टि का प्रभाव

जातक गूढ़ विषयों का ज्ञानी अर्थात् ज्योतिष, यंत्र, मंत्र, योग, धर्म आदि विषयों में पारंगत होता है। उसके बहुत मित्र होते हैं। वह माता-पिता का सुख, समाज में मान-सम्मान व प्रतिष्ठा प्राप्त करता है। जीवनयापन की समस्त सुख सुविधायें जुटा लेता है।

अशुभ/अनिष्ट केतु

केतु द्वादश भाव में हो और लग्न 1, 4, 5, 6, 7, 10, 11, 12 राशि की हो। जातक सदैव मानसिक तनाव में रहता है। अनिष्ट की आशंका बनी रहती है। उच्च विद्या प्राप्ति में बाधा, व्यवसाय में अस्थिरता रहती है।

अशुभ/अनिष्ट केतु का प्रभाव

जातक असंतुष्ट व अशान्त होता है। आर्थिक तंगी साफ झलकती है। इससे जीवन में परेशानियाँ बढ़ जाती हैं। इष्ट मित्र ही धोखा दे जाते हैं। पैतृक सुख साधनों में कमी आती है। माता-पिता में से एक को मृत्युतुल्य कष्ट हो सकता है।

शनि, मंगल, चन्द्रादि ग्रहों की युति/दृष्टि का प्रभाव

अशुभ ग्रहों की युति/दृष्टि से जातक का भाई बन्धुओं से विरोध, परिवार में कलह रहता है। घरेलू जीवन में पत्नी से कटुसम्बन्ध, शरीर पीड़ा, गुप्त रोग, दुर्घटना व चोटादि भय हो सकते हैं।

नोटः द्वादश भाव में अशुभ/अनिष्ट नवग्रहों के प्रभाव निवारण की अचूक, अनुभवसिद्ध व चमत्कारी उपाय श्रृंखला अध्याय-5 में दी जा रही है। उन्हें भली-भाँति पढ़े और शीघ्र लाभ के लिये तीन उपाय एक साथ करें। अध्याय-7 में लाल किताब आधारित उपाय/टोटके भी दिये जा रहे हैं। उन्हें भी समझ लें।

अन्त में....

हम आशा करते हैं कि प्रस्तुत पुस्तक में आपके सम्पूर्ण जिज्ञासाओं का समाधान हो गया होगा। अपनी अन्य जिज्ञासाओं के समाधान हेतु आप हमारे यहाँ से प्रकाशित कोई दूसरी पुस्तक लेकर अपने ज्ञान में वृद्धि कर सकते हैं।

आत्म–विकास/व्यक्तित्व विकास

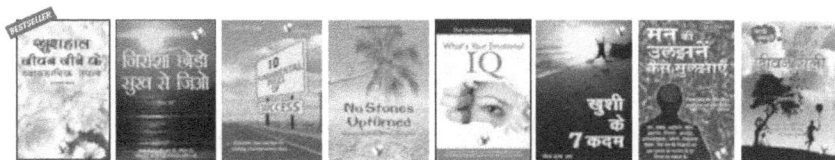

Also Available in Hindi

Also Available in Hindi

Also Available in Kannada, Tamil

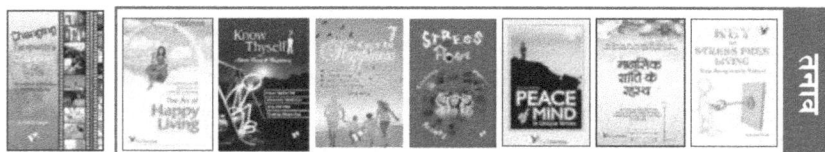

Also Available in Kannada

Also Available in Kannada

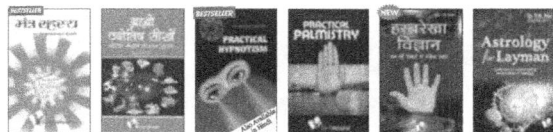

धर्म एवं आध्यात्मिकताज्योतिष/हस्तरेखा/वास्तु/सम्मोहन शास्त्र	कैरियर एण्ड बिजनेस मैनेजमेंट

Also Available
in Hindi, Kannada

Also Available
in Hindi, Kannada

www.ingramcontent.com/pod-product-compliance
Lightning Source LLC
Chambersburg PA
CBHW071802090426
42737CB00012B/1917
* 9 7 8 9 3 5 0 5 7 6 5 4 0 *